权威·前沿·原创

皮书系列为
“十二五”“十三五”国家重点图书出版规划项目

智库成果出版与传播平台

河南省社会科学院哲学社会科学创新工程试点项目

河南文化发展报告（2020）

ANNUAL REPORT ON CULTURAL DEVELOPMENT OF HENAN (2020)

文化与旅游融合发展

主　编／谷建全
副主编／李立新　杨　波

社会科学文献出版社
SOCIAL SCIENCES ACADEMIC PRESS (CHINA)

图书在版编目（CIP）数据

河南文化发展报告. 2020：文化与旅游融合发展 / 谷建全主编. --北京：社会科学文献出版社，2020.1
（河南蓝皮书）
ISBN 978-7-5201-5886-2

Ⅰ.①河… Ⅱ.①谷… Ⅲ.①文化产业-研究报告-河南-2020 Ⅳ.①G127.61

中国版本图书馆 CIP 数据核字（2019）第 288346 号

河南蓝皮书

河南文化发展报告（2020）

——文化与旅游融合发展

主　　编 / 谷建全
副 主 编 / 李立新　杨　波

出 版 人 / 谢寿光
组稿编辑 / 任文武
责任编辑 / 李　淼
文稿编辑 / 徐　宇

出　　版 / 社会科学文献出版社 · 城市和绿色发展分社（010）59367143
地址：北京市北三环中路甲 29 号院华龙大厦　邮编：100029
网址：www.ssap.com.cn
发　　行 / 市场营销中心（010）59367081　59367083
印　　装 / 天津千鹤文化传播有限公司

规　　格 / 开 本：787mm × 1092mm　1/16
印 张：22　字 数：328 千字
版　　次 / 2020 年 1 月第 1 版　2020 年 1 月第 1 次印刷
书　　号 / ISBN 978-7-5201-5886-2
定　　价 / 128.00 元

本书如有印装质量问题，请与读者服务中心（010-59367028）联系

河南蓝皮书编委会

主要编撰者简介

谷建全 河南省社会科学院院长、研究员，经济学博士，博士生导师。郑州大学、河南科技大学、河南工业大学、河南理工大学兼职教授。国家“万人计划”首批人选、国家哲学社会科学领军人才、国务院特殊津贴专家、文化名家暨全国宣传文化系统“四个一批”优秀人才、河南省优秀专家、河南省宣传文化系统“四个一批”优秀人才、河南省跨世纪学术技术带头人。中国劳动经济学会副会长，河南省信息化专家委员会副主任委员，主要从事产业经济、科技经济、区域经济研究。公开发表学术论文200余篇，出版学术专著15部，主持国家、省级重大研究课题30余项，获得省部级奖励20余项，主持编制各类区域发展规划100余项，30余项应用对策研究得到省委省政府领导批示。

李立新 河南省社会科学院文学研究所副所长、研究员。兼任河南省社会科学院中原文化研究中心副主任、河南省姓氏祖地与名人里籍研究认定中心副主任兼秘书长、河南省姓氏文化研究会副会长兼秘书长、《黄河文化》副主编。长期致力于甲骨学殷商史与中原文化研究，在《考古与文物》《中国历史文物》等杂志发表论文50余篇，并编著《中原文化解读》《华夏历史文明传承创新研究》等专著。主持并完成国家社科基金课题1项。连续多年参与河南省委省政府文化建设相关文件的起草工作和省内外文化专题调研活动，对河南文化建设有一定的实践感悟和理论积累。

杨　波 河南省社会科学院文学研究所副所长、副研究员，第二届河南省直青联委员，河南省宣传思想文化战线第六批“四个一批”人才。兼任中国《三国演义》学会理事、河南省文学学会副秘书长等职。主要从事中国古典文学和中原文化研究，已发表《张之象〈唐诗类苑〉编刻考》《中原人文精神的文化价值和当代意义》等学术论文30多篇，出版《唐诗类苑研究》《三国戏曲集成·明代卷》《诰命敕命真迹》等专著8部，主持并完成国家社科基金青年项目1项，参与完成省部级以上课题“华夏历史文明传承创新区建设的战略布局及发展路径研究”“新农村建设中的豫西窑院文化保存现状及保护对策研究”等7项，科研成果多次获得省部级优秀社科成果奖。

摘 要

2019年是中华人民共和国成立70周年，处于“两个100年”奋斗目标的历史交汇点，这一年，是决胜全面建成小康社会的关键之年，也是谱写新时代中原更加出彩绚丽篇章的关键之年。河南文化事业和文化产业继续蓬勃发展，五级公共文化服务体系基本建成，文艺创作不断出新出彩，文化和旅游深度融合，重点文化产业和特色文化产业竞相发展，物质文化遗产的保护利用和非物质文化遗产的活态传承齐头并进，全域旅游、生态旅游、智慧旅游助推旅游产业稳步转型，“老家河南”整体形象的推广宣传成为对外文化交流的亮点。2018年，河南省规模以上文化及相关产业营业收入达到3617.2亿元，连续13年实现增速高于GDP增速；河南电影市场以22亿元票房成绩稳居全国票房榜第9位，与全国票房前10的省市相比，河南票房同比增幅名列首位；全省共接待入境游客321.73万人次，入境游客创汇10.34亿美元，同比分别增长4.69%和5.01%，取得了喜人的成绩。2020年，河南应不忘文化强省建设的初心和使命，积极推动文化和旅游工作各领域、多方位、全链条融合发展，持续提升河南文化软实力和旅游影响力，在推动文化供给侧结构性改革、差异化推出更多高质量文化产品、倾力打造一批高端文化创新品牌、不断增强文化企业核心竞争力、构建规范有序的现代文化市场体系、拓展延伸文化与旅游融合的产业链条、深入实施文化人才建设工程等方面多下功夫，努力做到发展有思路、传承有抓手、创新有路径、转化有成效，以文化建设高质量发展助推中原更加出彩。

关键词： 文化旅游　文化品牌　文化软实力　核心竞争力　高质量发展

目　录

Ⅰ　总报告

Ⅱ　分报告

Ⅲ　专题报告

Ⅳ 区域报告

皮书数据库阅读使用指南

总 报 告

General Report

B.1
2019～2020年河南文化发展态势分析与展望

河南省社会科学院课题组*

摘 要： 2019年是中华人民共和国成立70周年。河南紧紧围绕"谱写新时代中原更加出彩的绚丽篇章"这一重大任务，努力推动文化旅游融合发展，文化事业工作蓬勃向前；公共文化服务活动有序开展，群众幸福感、获得感不断增强；文艺创作佳作频出，优秀文艺作品接连获奖；文化和旅游产业向着深度融合的方向迈进，产业增加值持续增长；非物质文化遗产保护与传承手段不断更新，"非遗＋景区"促进非遗"活"起来；积极融入"一带一路"建设，以中国功夫为代表的

* 课题组长：谷建全；副组长：李立新、杨波；课题组成员：田丹、郭海荣、陈勤娜。执笔人：杨波，文学博士，河南省社会科学院文学研究所副所长、副研究员，研究方向为中国文学和文化学；田丹，河南省社会科学院文学研究所研究实习员，研究方向为新媒体研究。

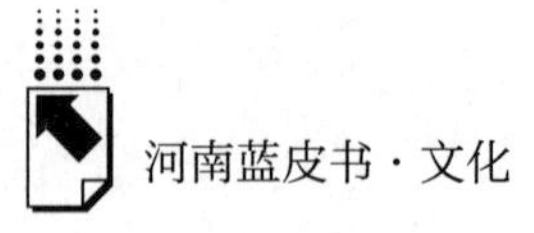

“中华源”文化品牌已经在对外交流活动中叫响。同时也应看到，河南在文化建设过程中仍然存在着高质量文化产品供给不足、文化与旅游深度融合进程较慢、文化企业科技创新能力不强等突出问题，在对内满足人民需求、对外扩大文化影响力等方面还有不少差距。2020 年，河南文化建设将表现出以下几个趋势，即文化事业在积极探索中勇攀高峰、文化旅游在深度融合中转型升级、文化人才向城市转移的趋势比较明显、多样化文化需求催生出多元文化消费模式。解决河南文化建设中存在的共性问题，应当在推动文化供给侧结构性改革、差异化推出更多高质量文化产品、倾力打造一批高端文化创新品牌、不断增强文化企业核心竞争力、构建规范有序的现代文化市场体系、拓展延伸文化与旅游融合的产业链条、分类施策改善营商环境、深入实施文化人才建设工程等方面下一番功夫，努力做到发展有思路、传承有抓手、创新有路径、转化有成效，以文化建设高质量发展助推中原更加出彩。

关键词： 文化旅游融合　文化品牌　核心竞争力　营商环境　高质量发展

一　2019年河南文化建设基本态势

（一）中华人民共和国成立70周年迎来文化更加出彩

2019 年是中华人民共和国成立 70 周年，是决胜全面建成小康社会的关键之年，也是谱写新时代中原更加出彩绚丽篇章的奠基之年。伴随着中国特色社会主义进入新时代，迎着中华民族从站起来、富起来到强起来的历史机遇，河南文化工作经历了“加快从文化资源大省向文化强省跨越”“加快建设文化强省”“加快构筑全国重要文化高地”“肩负起新时代中原更加出彩的历史使命”重要发展阶段，站在了文化“更加出彩”的新的历史起点。70年来，河南省继续扎实推进公共文化服务建设，持续推出一批深入人心的文化惠民品牌，文化事业迎来繁荣发展的大格局。70年来，河南省从文化产业整体布局和顶层设计入手，大力支持产业集聚和发展新型业态，文化产业从无到有一步步成长为河南经济发展新的增长点。70年来，河南省不断加大文艺创作资金投入，始终坚持“二为”方向和“双百”方针，产生了一批文艺名家和文艺精品，文艺创作从“高原”向“高峰”迈进。70年来，文化遗产保护工作形式不断创新，“文物+科技”“非遗+景区”等丰富了文化遗产生活化的方式，文化遗产不断“活”起来。70年来，河南省坚持推动中原文化走出去，联合多省共同推介功夫旅游，积极与丝路沿线国家开展文化交流，成功将功夫打造成为第三张中国名片。70年文化建设的宝贵经验，为实现新时代中原更加出彩的奋斗目标奠定了坚实的基础。

（二）公共文化服务体系有效运行

公共文化服务网络趋于完善。根据《关于加快构建现代公共文化服务体系的意见》2020年建成覆盖城乡、便捷高效、保基本、促公平的现代公共文化服务体系的要求，以及《河南省现代公共文化服务体系建设绩效考核办法》中的相关规定，河南省加强对各地现代公共文化服务体系建设进行绩效考核，对于考核成绩为“好”的市县给予资金奖励，以考核促建设，在全省范围内形成了良好的完善公共文化服务体系的氛围。各地根据要求，把公共文化服务体系建设纳入国民经济发展规划，并以此为指导建立起公共文化服务体系建设协调机制，财政、人力等相关保障制度持续完善。各市县结合实际，规划新建一批现代化公共文化服务设施，强化公共文化服务精准供给，促进以人为本提升城市文化品位。在农村地区，村级综合性文化服务中心建成率进一步提高，基本实现“村（社区）有综合文化中心”的目标要求。截至2019年，全省建成160个公共图书馆，206个文化馆，335个博物馆①，村级综合文化中心4.7万个，形成城乡全覆盖的五级公共文化服务网络。全省3000多个文化单位实行免费开放，年均接待群众人数8860万人次以上，1994处省级以上文物保护单位，年均接待观众数量为上亿人次，使文化建设成果全民共享变为现实。

公共文化服务体系示范区（项目）各项工作顺利推进。公共文化服务体系示范区（项目）创建工作，是全面建成现代化公共文化服务体系的重要实践，是充分发挥先进示范作用、实现公共文化服务体系长效化的有益探索。2019年4月，河南省文化和旅游厅公布了对河南省第三批、第四批公共文化服务体系示范区（项目）的验收结果（名单见表1），两批共12个示范区和12个示范项目顺利通过验收。截至2019年，河南省已全部完成四批共48个公共文化服务体系示范区（项目）创建工作。国家第四批公共文化服务示范区（项目）创建中期评估工作于2019年9月17日至18日在北京举行，许昌市、焦作市“百姓文化超市”，鹤壁市“淇水亲子故事乐园”顺利通过评估，为后期创建国家公共文化服务体系示范区（项目）验收工作打下了良好基础。各级公共文化服务示范区（项目）各项工作顺利推进，并在创建过程中形成了具有本土特色的公共文化供给路径，为河南全省公共文化服务体系创建工作提供了有益的示范。河南省各地市在不同历史年代均留下了丰富而灿烂的历史文化遗存，利用、转化这些历史文化资源形成特色品牌是因地制宜地提供公共文化产品的有效手段。其中，汝州市“互联网+乡土文化”的探索，立足于本地特色乡土文化，挖掘文化遗产资源，通过利用新媒体的手段，构建了“互联网+公共文化服务”的新型模式。

文化惠民活动精彩纷呈。2019年新春期间，河南共举办5.8万场文化活动，1836场非物质文化遗产展演活动，“春满中原　老家河南”的春节文化大餐奏响文化惠民的号角。“春满中原　老家河南——河南省首届百场乡

① 《2018年河南省国民经济和社会发展统计公报》[EB/OL]，https：//www.henan.gov.cn/2019/03－02/736255.html，2019年3月27日。

表1　河南省第三、四批公共文化服务体系示范区（项目）名单

批次	示范区	示范项目
第三批	新郑市	郑州市二七区“田园二七”文化志愿者服务
	洛阳市老城区	平顶山市“茉莉芬芳”鹰城名家讲读音乐会
	西峡县	汝州市“互联网＋乡土文化”项目
	民权县	鹤壁市“淇水百花苑”文化共建项目
	淮滨县	焦作市“百姓文化超市”
	西平县	信阳市浉河区网格化一站式社区文化建设
第四批	荥阳市	郑州市“天中讲坛”
	洛阳市瀍河区	开封市“回族文化微展馆”
	汤阴县	安阳文化大舞台
	鹤壁市鹤山区	鹤壁市山城区“十百千群众文化提升工程”
	濮阳县	原阳县文化惠民信息平台
	方城县	三门峡市陕州区地坑院民俗文化园

注：表格中排名按行政区划排序。

村春晚大联欢”共历时一个半月，全省共有1160个村举办乡村春晚大联欢，参与表演的群众数量达13万，数以千万计的农村群众观看了“村晚”演出。此次“春满中原　老家河南”百场“村晚”演出活动，激发了广大农村群众创造文化新民俗的自觉性，调动了农村群众参与文化活动的主动性，由文化志愿者辅导、农村群众自编、自导的文艺演出节目达830多个，在培育“文明乡风　淳朴民风”上迈出了重要一步。“春满中原　老家河南”已经成为“百场乡村春晚、十万群众参与、千万农民受益、亿万人民关注”的文化惠民活动品牌。郑州市下发的《郑州市人民政府关于印发2019年郑州市重点民生实事的通知》中明确要求，2019年郑州地区引进文化和旅游部“大地情深”精选剧目10台以丰富郑州市民精神文化生活，按照此要求郑州市邀请上海芭蕾舞团演出经典剧目《白毛女》，近3000名观众现场重温了这部红色经典。驻马店市从2019年4月至11月，在全市范围内举办了40场文化惠民下基层文艺演出，共有近千名文化志愿者参与演出。目前，河南省开展的“春满中原”系列文化活动、“群星耀中原”群众文化展演活动、“戏曲进校园”、“全民阅读”、“中原文化大舞台”、“一元剧场”等活动，已经形成了城乡共享的文化惠民格局。

（三）文化产业稳步壮大

河南省文化产业发展态势良好，截至2019年全省文化市场经营机构数量达到15000余家，从业人员数量达到10万人左右。2018年河南省规模以上文化及相关产业营收3617.2亿元，连续13年实现增速高于GDP增速。2018年河南电影市场以22亿元票房成绩稳居全国票房榜第9位，在全国票房前10的省份中，河南票房同比增幅名列首位。2019年，河南省共有3家企业、3个项目入选2019～2020年度国家文化出口重点企业和重点项目名录。2019年上半年，全国规模以上文化及相关产业企业数量达5.6万家，营业收入超过4万亿元，文化产业增速保持在8%左右。以上成绩的取得与国家系列利好政策的相继出台、落实有着很大关联，同时这些指引性政策助推大批新技术化身文化产业发展新动能，大数据、云计算、5G、AI等信息技术推动文化产品创作、传播方式发生变革，网络文学、视频直播、动漫游戏等成为文化新业态。根据河南省发布的《关于做好2019年度河南省省级高成长服务业专项引导资金扶持文化产业项目申报工作的通知》，2019年共确定了36个省级专项引导资金扶持的文化产业项目，《多多来了》动漫、《象棋侠》三维动画、《大宋·汴河灯影》灯光秀、绞胎瓷文化产品3D打印等高科技项目赫然在列。“文化+科技”的组合正在扩充文化消费的可容空间，河南省文化产业的发展队伍及力量正稳步壮大。

文旅融合助推高质量发展。2018年11月，河南省文化和旅游厅揭牌成立，文化旅游融合发展在中原大地上正式拉开帷幕。河南作为中华民族的重要发祥地之一，拥有丰富的历史文化遗存，为河南文旅融合提供了宝贵的资源，“老家河南”成为当前认可度较高的河南旅游形象，为河南省带来了可观的旅游收入（见表2）。2019年4月举行的河南省生态旅游招商暨文化产业项目洽谈会上，共签约95个文旅项目，签约总金额共计577.18亿元。2019年7月，全国第一批乡村旅游重点村中河南共有10个村入选（见表3），文化旅游助推乡村振兴迈出新步伐。河南省脱贫攻坚任务重，贫困人口总量在全国居第3位。文化旅游融合发展以来，旅游脱贫成效显著，2019

年上半年新增脱贫人口3.6万人，人均年增收达3500余元。以新县为例，新县依托当地丰富的红色旅游资源，坚持走旅游产业融合发展道路，共建86处“旅游扶贫·多彩田园”创业示范基地，带动2.2万名贫困人口就业。2018年新县共接待游客636.3万人次，旅游综合收入达33.1亿元，2019年新县顺利通过全国首批全域旅游示范区验收，探索出了全域旅游助推脱贫摘帽的致富之路。文旅融合发展适应了大众消费新需求，文化越来越被游客所需要，文旅融合成为助推河南实现高质量发展的新引擎。

表2　2019年河南省主要节庆日旅游数据

节　日	接待游客数(万人次)	旅游收入(亿元)
春　节	3212	180.3
清明节	1437	89.14
端午节	944.2	45.12
劳动节	3639.12	230.27
中秋节	1618	79.65
国庆节	6632	502

资料来源：根据公开资料整理所得。

表3　河南省全国第一批乡村旅游重点村名单

序号	全国乡村旅游重点村
1	洛阳市栾川县潭头镇重渡村
2	南阳市西峡县太平镇东坪村
3	焦作市温县赵堡镇陈家沟村
4	三门峡市卢氏县官道口镇新坪村
5	开封市兰考县东坝头乡张庄村
6	信阳市新县八里畈镇丁李湾村
7	郑州市新郑市龙湖镇泰山村
8	驻马店市平舆县东皇街道大王寨村
9	周口市淮阳县城关回族镇从庄村
10	鹤壁市淇县灵山街道赵庄村

文化新业态顺势勃发。文化旅游融合发展是顺应文化产业、旅游产业转型升级的需求，新需求催生新业态。2019年是文化旅游融合发展元年，河

南省勇抓机遇，从智慧旅游、民宿、演艺等新业态入手，加快实现文化产业和旅游产业的深度融合。河南省选择30个重点县、100个乡村作为试点，新运营100个民宿品牌，以民宿引领转型发展。截至2019年，嵩县新建、旧房改造等民宿共739套，建成数目为224套，每户年平均收入2万元以上。2019年4月，中国河南首届民宿投资大会在郑州召开，44个项目顺利签约，签约金额在50亿元左右，预计可以带动近200个村庄。截至2019年7月底，河南省运营民宿共457家，特色民宿兴起。文化和旅游融合发展加速了智慧旅游在景区的普及应用，河南省作为文化和旅游部全国全域全息信息化试点，全省智慧旅游走在前列。2019年2月，河南省召开智慧旅游工作推进会，并成立文化和旅游部数据中心河南分中心。目前全省共有70多家5A、4A景区实施规范化智慧旅游建设，“刷脸游”“扫码游”极大缓解各大景区客流高峰时造成的拥堵。2019年6月，河南省发展和改革委员会印发《2019年河南省数字经济工作要点》，指出要在安阳、开封、信阳等地开展5G智慧旅游试点示范。《大宋·东京梦华》《禅宗少林·音乐大典》等演艺项目场场爆满，体验型的文化业态应时而生，华谊兄弟·建业电影小镇开门迎客，同时郑州国际产业园九大主题园区已经全面开工，“只有河南”、隋唐洛阳城、商都历史文化区等一批文旅项目即将面世。文化旅游产业的新业态顺势勃发，河南省文化旅游产业的高质量发展未来可期。

（四）文艺创作引起社会强烈反响

2019年，河南省文艺工作以“与时代同步伐、以人民为中心、以精品奉献人民、用明德引领风尚”为指导，创作出一批优秀的文艺精品，在社会上引起了强烈反响。在戏曲影视方面，豫剧现代戏《重渡沟》荣获第十六届中国文化艺术政府奖“文华大奖”，第十五届精神文明建设“五个一工程”奖。《重渡沟》根据洛阳栾川旅游开发、脱贫摘帽的真实事迹创作而成，刻画出一个真实、鲜明的新时代基层共产党员形象。河南省戏剧剧目连续6届获得“文华大奖”，“戏曲之乡”当之无愧。歌曲《小村微信群》获第十五届精神文明建设“五个一工程”奖，讲述了新时代“小村人”利用新媒体手段传授经验、交流想法，奋斗打拼的动人故事，迎着乡村振兴的春风，新农民用智慧和科技创造美丽新生活。由河南导演霍猛自编自导的本土影片《过昭关》在第32届中国电影金鸡奖提名名单中，获得最佳中小成本故事片、最佳导演、最佳男主角、最佳男配角四项提名。《过昭关》讲述的是爷爷带领孙子跨越千里探访老友的故事，电影以朴素的手法表达深刻的寓意，以小人物的经历表现出生死大格局，被不少观众认为是2019年度最温暖的华语电影。豫籍作家李洱创作的长篇小说《应物兄》获得第十届茅盾文学奖，作家李洱在第17届华语文学传媒盛典颁奖典礼上获年度杰出作家奖。《应物兄》创作耗时13年，借用《经史子集》的叙述方式，反映各式各样的当代人尤其是知识分子的言谈举止。此外，长篇小说《省府前街》《三十六声枪响》《镇》《轩辕黄帝》《老街坊》等相继面世，河南文艺创作在社会上引起热切关注。中篇小说方面李佩甫的《杏的眼》，邵丽的《节日》《天台上的父亲》，乔叶的《朵朵的星》等质量上乘，颇令人瞩目。

新闻出版方面，由河南文艺出版社出版的《歌声里的中国——为祖国70岁献礼》、由大象出版社出版的《给青少年讲红色纪念馆里的故事》丛书入选中宣部2019年主题出版重点出版物图书类，对于此次入选的出版物，国家出版基金规划管理办公室将给予专项支持。2019中国综艺匠心盛典上，河南卫视制作的《2019河南卫视首届老年春晚》《童心欢歌新时代——2019河南卫视少儿春晚》《2019年度“梨园春”全国戏迷擂台赛成人年终总决赛》《“武林风”2019全球功夫盛典》《老家的味道》等节目一举揽获8个奖项。2019年召开的中国媒体创新论坛发布了“影响中国传媒”2018年度推介调查，河南卫视荣获“影响中国传媒”2018年度十大领军品牌媒体称号，《老家的味道》喜获“影响中国传媒”2018年度最具影响力节目，《武林风》制片人于雷荣获“影响中国传媒”2018年度金牌制片人称号。在2019创意共享大会暨创新创意超级杯盛典上，《河南商报》荣获2019创新创意超级杯“创意融媒体”大奖，与东方网、读特、读者集团、封面新闻、芒果TV、人民网、《现代快报》、《新周刊》、《中国经营报》并列。其他方面，在第十届全国杂技展演中，河南省杂技集团有限公司的《侠义·蹦床技巧》、开封市杂技团有限责任公司的《顶板凳》、新蔡县冰上职业艺术学校的《男女技巧》和青年魔术师梁毅虎的《流光掠影》被评为“第十届全国杂技展演优秀节目”。河南约克动漫系列动画《塔塔和加加》入围2019“新光奖”中国西安第八届国际原创动漫大赛，入选国家2019年度“丝绸之路影视桥工程”项目。

（五）文化遗产保护工作有序开展

2019年，河南省文化遗产保护工作形式多样且效果良好。首先，遗产保护法规逐渐完善。2019年11月，河南省人民政府办公厅印发《河南省加强文物保护利用改革实施方案》（以下简称《方案》）。《方案》中提出六年规划，应深入挖掘黄河文化蕴含的时代价值，把黄河建设成为文脉河。河南省计划将文物价值传播纳入中小学和干部教育体系中，制定文物全媒体传播计划，推动文物知识普及。推进河南省博物馆新馆建设，完善具有中原特色的博物馆体系。《方案》的颁布与实施具有重要意义，河南是全国重要的文物资源大省，河南的历史遗存是中华民族发展史的见证。加强文物保护、利用与改革，是历史交给后来者的重任，责无旁贷。2019年2月，郑州市人民政府常务会议审议通过了《郑州市非物质文化遗产保护法》（以下简称《保护法》），意味着此后郑州市非遗保护工作将有章可循。《保护法》规范了市、县（区）人民政府设立遗产保护专项资金的用途，对存续状态受到威胁、濒临消失、活态传承困难的非遗代表项目需要采取抢救性措施。这两项重要的政策法规，为进一步开展文化遗产保护工作提供了保障，对以后河南省文化遗产保护与利用产生了深远的影响。

其次，遗产保护的形式朝多样化发展。文旅融合赋予了非物质文化遗产新的活力，非物质文化遗产与文化旅游联姻，在旅游景区进行活态展示，进一步释放了非遗的文化价值。2019年端午节小长假期间，河南省推出了18条“非遗+旅游”线路，整合当地旅游资源，将景区、非遗项目、博物馆、传习所等有效串联，生动地展示了地方的历史文化和风土民俗。开封市建设的960非遗文化创意园项目是非物质文化遗产与文创结合的代表，960非遗文化创意园项目的主题是传承非遗民俗文化、重现宋代市井风情、感受文创潮流，因此文创园区由“乐享”“乐活”“乐游”三大主题区域组成。960非遗文创园区致力于打造开封高品位的文化旅游休闲空间，积极融合非遗文创体验展示区、非遗文创市集、非遗主题酒店以及文创集合书店等文旅体验新业态，着力增强非物质文化遗产的体验感。中国传统节会是非物质文化遗产聚集与展现的重要时机，周口淮阳古庙会期间举行的“中国（淮阳）非物质文化遗产展演”吸引了全国各地的非遗项目，2019年春节黄金周期间，淮阳县共接待游客48.08万人次，综合收入9670万元。非遗项目和研学的结合，极大地丰富了旅游的文化内涵。2014年芒砀山景区引入国家级非物质文化遗产“傩舞”，同时开发活字印刷、古法造纸、拓印等文化体验项目，在青少年游客中反响良好，2018年芒砀山景区被评为河南省首批青少年研学基地、港澳青少年游学基地。

最后，遗产保护工作取得新进展。2019年10月，国务院颁布了第八批全国重点文物保护单位，河南省共计有50处文物入选（见表4），与现有全国重点文物保护单位合并项目1处，其中古遗址20项、古墓葬3项、古建筑27项，截至2019年河南省全国重点文物保护单位共计419处。在河南省新获评的国保单位中，宋代以后尤其是明清时期的代表性建筑居多，意味着河南省文化遗产保护的理念在不断进步，同时意味着河南省文物保护单位的构成体系朝着合理化方向发展。2019年10月19日，二里头夏都遗址博物馆正式开馆。这不仅是河南历史上具有重要意义的大进展，对中华民族的发展而言同样具有重大意义。二里头遗址是夏朝中晚期的都城遗存，对于研究中华文明的起源、王朝的兴起等具有非同寻常的参考价值。2019年6月，我国“文化和自然遗产日”到来之际，全省及各地市开展了丰富多彩的非遗宣传展示活动。“不忘初心·我们都是追梦人”——庆祝新中国成立70周年主题剪纸大赛、“豫见河南　出彩中原”——河南省非物质文化遗产保护成果展、“豫见河南　出彩中原”——河南省非物质文化遗产保护成果网上影像展等活动吸引了广大群众特别是青少年去认识、了解非物质文化遗产。许昌市在遗产日期间举办了第五届“名师出高徒”——钧瓷烧制技艺传承人授徒技艺大赛及传统工艺展演展示活动，同时举办“童心塔韵”儿童画展，展览以文峰塔为主题。河南省在全国率先开展跨区域非遗展演活动，2019 年 10 月 28 日，河南省举办了第三届晋冀鲁豫传统戏剧展演活动，山西、河北、山东、河南四省共 10 个剧团上演 17 场精彩剧目，晋冀鲁豫稀有剧种展演活动永久落户河南。考古方面，截至 2019 年 8 月，河南省共有 45 项考古发掘入选“全国十大考古新发现”，数量为全国之最，全省不可移动文物单位总数为 65519 处，位居全国第 2 位。

表 4　河南省第八批全国重点文物保护单位

序号	名称	时代	地址
01	孙家洞遗址	旧石器时代	河南省栾川县
02	老奶奶庙遗址	旧石器时代	河南省郑州市二七区
03	后高老家遗址	新石器时代	河南省项城市
04	苏羊遗址	新石器时代	河南省宜阳县
05	老坟岗遗址	新石器时代	河南省西峡县
06	阎村遗址	新石器时代	河南省汝州市
07	史官遗址	新石器时代、商周	河南省南乐县
08	鹤壁刘庄遗址	新石器时代至夏	河南省鹤壁市淇滨区
09	淮阳双冢遗址	新石器时代至商	河南省周口市淮阳区
10	西史村遗址	夏商	河南省荥阳市
11	闰楼遗址	商	河南省正阳县
12	浚县辛村遗址	商周	河南省鹤壁市淇滨区
13	官庄遗址	周	河南省荥阳市
14	阳城故城遗址	战国	河南省商水县
15	保安古城遗址	战国	河南省叶县
16	新安故城遗址	秦汉	河南省义马市
17	黎阳故城遗址	西汉至北宋	河南省浚县
18	崤函古道石壕段	唐宋	河南省三门峡市陕州区
19	窑沟遗址	宋金	河南省新密市
20	东沟窑遗址	金元	河南省汝州市
21	天湖墓地	商周	河南省罗山县
22	徐阳墓地	东周	河南省伊川县
23	西朱村曹魏墓	三国	河南省洛阳市洛龙区

续表

序号	名称	时代	地址
24	安阳永和桥	北宋	河南省安阳县
25	三祖庵塔	金	河南省登封市
26	轵城关帝庙	金、清	河南省济源市
27	丹霞寺塔林	元至清	河南省南召县
28	禹州天宁万寿寺	元至清	河南省禹州市
29	舞阳彼岸寺大殿	元至清	河南省舞阳县
30	阳安寺大殿	明	河南省镇平县
31	汝宁石桥	明	河南省汝南县
32	延津大觉寺万寿塔	明	河南省延津县
33	杞县大云寺塔	明	河南省杞县
34	龙泉澧河石桥	明	河南省叶县
35	原武城隍庙	明清	河南省原阳县
36	许昌文庙	明清	河南省许昌市魏都区
37	弦歌台	明清	河南省周口市淮阳区
38	济源二仙庙	明清	河南省济源市
39	登封玉溪宫	明清	河南省登封市
40	侯湾泰山庙	明清	河南省汝州市
41	温县遇仙观	明清	河南省温县
42	大程书院	清	河南省扶沟县
43	龙亭大殿	清	河南省开封市龙亭区
44	偃师九龙庙	清	河南省偃师市
45	怀邦会馆	清	河南省禹州市
46	登封崇福宫	清	河南省登封市
47	新安洞真观	清	河南省新安县
48	宜阳福昌阁	清	河南省宜阳县
49	偃师兴福寺大殿	清	河南省偃师市
50	花洲书院	清	河南省邓州市

（六）对外文化交流工作效果显著

2019 年，河南省对外交流活动效果显著，加强与“一带一路”倡议沿线国家开展文化交流。2019 年 6 月 19 日，第五届国际瑜伽日“当功夫遇上瑜伽”中印文化主题展示交流会在河南省嵩山少林寺武术馆成功举办。功夫、瑜伽作为中、印两国有影响力的文化品牌，在河南相遇、碰撞、交流，为加强两地文化互联互通、促进共同发展搭建了桥梁。6月4日至10日，河南省文化和旅游厅“组团”50余人，赴柬埔寨、老挝参加“中国－柬埔寨文化旅游年”开幕式、“中国－老挝旅游年”中国文化旅游之夜推广活动。由少林、太极组成的河南功夫表演团惊艳四方，迎来了连绵不断的掌声。“一带一路”倡议提出至今，河南省立足自身优势，将少林与太极作为功夫名片推向世界，加强了中华文明与世界各国文明的交流互鉴。8月，河南省越调艺术保护传承中心组织一行8人赴比利时参加2019年那慕尔国际戏剧节。9月3日，河南省越调艺术保护传承中心组织25人赴韩国参加2019年原州国际艺术节，演出越调原创剧目《老子》和结合戏曲舞蹈和武打的《龙腾虎跃展才华》。9月1日，“中国文字丝路行——汉字国际巡展”在匈牙利首都布达佩斯开幕。9月4日至21日，郑州市文化广电和旅游局组成“中国郑州文化交流团”赴非洲尼日利亚、加纳、布基纳法索、乍得四国开展“少林雄风”专场武术演出活动和国家级非物质文化遗产展示展演活动，庆祝中华人民共和国成立70周年。

河南省积极举办文化交流会议。2019年7月，鹤壁举办2019海峡两岸鬼谷子文化交流大会，中国先秦史学会鬼谷子研究分会、台湾鬼谷子文化学会等代表200余人参加会议，两岸鬼谷子文化交流活动自2008年至2019年已成功举办11届。7月26日，2019年英语加勒比国家新闻记者研修班来到河南日报报业集团参观考察，本次研究班由中宣部（国新办）和中国外文局指导，中国外文局教育培训中心承办，旨在促进中国与英语加勒比国家新闻领域的交流合作，增进双方友谊。10月18日至20日，安阳举办“纪念甲骨文发现120周年国际学术研讨会”，来自中国、美国、加拿大、俄罗斯、韩国、日本以及中国港澳台地区的专家、学者约200人参加。10月18日至11月2日，第十二届世界中学生中文比赛复赛、决赛分阶段在北京、河南两地举行，此次比赛复赛、决赛由孔子学院总部和河南省人民政府主办，欢迎仪式、复赛、决赛以及颁奖典礼等主要活动在河南进行。11月4日，2019河南－卢森堡“一带一路”经济合作论坛在郑州开幕。在2019～

2020 年度国家文化出口重点企业、重点项目公示名单中，河南省共有 3 家企业、3 个项目入选（见表 5）。各式各样的文化交流活动，促进了中西方之间的互学互鉴，同时有助于促进中原文化的海外传播。

表 5　河南省 2019～2020 年度国家文化出口重点企业和重点项目

重点类型	序号	企业或项目名称
重点企业	1	中原出版传媒投资控股集团有限公司
	2	河南省山河柳编文化产业集团有限公司
	3	河南约克动漫影视股份有限公司
重点项目	1	河南约克动漫影视股份有限公司的 520 集《我是发明家》系列动画
	2	河南省留学创业投资有限公司的“东方场景”中国文化及商贸海外发展平台
	3	河南省国脉文化产业园有限公司的非物质文化遗产项目展演与传承创新

二　2019年河南文化建设的主要举措

（一）思想认识提升，文化发展有动力

领导决策层是文化部署的操盘手，文化建设的成效直接体现出该城市文化发展的思路和方向，河南省委始终把发展文化事业放在重要位置。随着“文化强省”“构筑全国重要文化高地”目标的提出，全省上下对于文化建设的认识发生了较大变化。2019 年，文化旅游融合发展的乐曲开始奏响。河南有着良好的融合发展基础，文旅融合发展是河南文化建设实现质的飞跃的历史机遇。面对着煤炭资源日益枯竭的困境，焦作市委市政府把旅游业作为全市经济结构调整的重点和新的经济增长点，将“旅游强市”列为一号工程来抓，成功地从众所周知的“煤城”一跃成为“中国优秀旅游城市”，从依靠“黑色印象”产业完美转型成“绿色主题”的可持续发展。栾川县原本是一个国家级贫困县，且地处偏僻山区，县委县政府把旅游业作为富民强县的支柱产业来抓，迅速成为中国首批旅游强县之一。从“焦作现象”“栾川模式”到“西峡经验”，河南缔造了一个个鲜活的样本，在推动文化

产业成为支柱产业的过程中，这些样本都在提振人心。历届省委省政府围绕文化建设所做出的决策部署，以一种逐步深入的方式提升、深化河南社会文化发展观念，正是因为全省上下思想认识的不断提升，河南省文化建设形成内生动力。

（二）文化业态创新，文化发展有活力

创新“文旅+演艺”模式，提升文化与旅游融合发展质量。文化旅游融合催生了不少产业新业态，其中最典型的便是旅游演艺，其发展势头迅猛且提质增效显著。截至2019年河南省定期和不定期开展的实景演出有《禅宗少林·音乐大典》（登封）、《大宋·东京梦华》（开封）、《风中少林》（郑州）、《炎黄盛世》（黄河风景游览区）、《君山追梦》（栾川）、《将军之声》（新县）、《水秀》（濮阳）。其中大型山水实景演出《禅宗少林·音乐大典》、主题公园演艺《大宋·东京梦华》、剧院类演出《风中少林》已经通过“引进来，走出去”具有了一定的知名度。开封清明上河园景区2008年推出《大宋·东京梦华》大型实景水上演出，当年游客量突破100万人次。2014年，景区与专业团队合作，推出《岳飞枪挑小梁王》，其马术特技难度高、戏剧冲突强烈，成为清明上河园开园以来最受欢迎的表演剧目，游客接待量突破200万人次。2018年，景区推出夜游特色演艺剧目《大宋·汴河灯影》灯光秀，再现汴河两岸繁华夜景，全年游客接待量达330万人次。清明上河园景区每一次游客数量实现大的突破，都和其不断创新、深挖文化内涵、推出新的演艺项目息息相关。扩展“文旅+主题公园”模式，培育客源市场。2018年全球十大主题乐园集团游客总量为5.01亿人次，中国主题公园游客总量已达到近1.9亿人次，品牌主题公园为城市旅游吸引了大量客流。上海迪士尼乐园于2017年开业后，第一年的游客量就多达1100万人次。城市游客总量超1000万人次的上海、深圳、广州、杭州，品牌主题乐园贡献了大部分的客流。2018年华强方特集团全年游客接待总量达到4207.4万人次，同比增长9.3%。在亚太主题公园排名中，郑州方特欢乐世界凭借380万人次游客接待量位列第17名，清明上河园的游客接待量也达

到了330万人次。演艺、主题公园等都属于文化发展的新业态，只有主动积极培育文化产业发展新业态，才能激发文化资源、文化建设的活力，才有可能留住游客、延长产业链。

（三）文旅品牌凝聚，文化发展显魅力

打造“老家河南”品牌，提升文化与旅游融合发展竞争力。文化旅游品牌是文化与旅游融合发展核心竞争力的重要体现。任何成功的品牌都有其独特的核心价值，尤其是具有高度差异性的品牌核心价值最容易吸引消费者的眼球，激发他们的联想和向往[①]。2011年，省旅游局就打出“老家河南”这一文化旅游名片，并依托这一品牌先后提出“心灵故乡·老家河南”“豫见中国　老家河南”等宣传口号。2019年，河南省结合当前文化旅游发展现状，在全省范围内统一亮出“老家河南”牌子，推出文化游、民俗游、山水游、冰雪游、温泉游、功夫游、红色游、乡村游等8条文旅精品线路，进一步强化“老家河南”的旅游目的地形象。疏通营销渠道，扩大“老家河南”品牌影响力。一方面，河南省积极举行“老家河南”文化旅游推介会。2019年，河南省分别赴宝岛台湾、杭州、上海重点推介“老家河南”旅游线路。另一方面，河南省持续推进“1＋N高铁电视宣传”推广活动。2019年4月，2019河南文化旅游高铁宣传启动仪式在郑州东站、上海虹桥站、南京南站、杭州东站、广州南站五大高铁站同时启动，引爆河南文化旅游品牌传播。河南文化旅游高铁宣传线路为京广线、徐兰线等全国主要高铁线路，几乎全面覆盖河南文化旅游国内主要客源市场。事实证明，以凝聚品牌、营销品牌为主的宣传推介，有效传播了“老家河南”品牌的内涵。2018年，河南省共接待海内外游客7.86亿人次，比上年增长18.2%。其中，入境游客321.73万人次，同比增长4.7%。河南省连续六年实现旅游人数持续增长，在中部六省中排名首位（见表6）。

---

① 李盛龙、薛丽娥：《“多彩贵州”品牌核心价值及其表象体系分析》，《贵州民族大学学报》（哲学社会科学版）2014年第6期，第108～114页。

表6 2018年中部六省旅游数据

省份	接待游客数(亿人次)	旅游总收入(亿元)
河南	7.86	8120
湖南	7.53	8356
湖北	7.1	6344
安徽	7.23	7241
江西	6.9	8145
山西	7.0	6729

三 2019年河南文化建设存在的主要问题

河南文化资源数量多、分量重、分布广、有特色，近年来在推动文化强省建设方面取得了一定成效，文化与旅游融合发展的前景非常广阔。但由于受各种主客观因素的制约，河南在文化建设过程中仍然存在着一些突出问题，如高质量文化产品供给不足、文化与旅游深度融合进程较慢、文化品牌的影响力尚未转化为生产力、文化企业科技创新能力不强、区域文化发展不平衡等，在对内满足人民需求、对外扩大文化影响力等方面还有不少差距，亟须在转变思路、转型升级、提质增效等方面补齐短板，推动河南文化强省建设仍然任重道远。

（一）对新时代发展需求的把握还不够到位，高质量文化产品供给不足

新时代催生新需求。当前，我国文化供给的主要矛盾“已经不是缺不缺、够不够的问题，而是好不好、精不精的问题”[①]，但河南文化建设的发

① 人民日报评论员：《更好满足人民精神文化生活新期待——论学习贯彻习近平总书记在全国宣传思想工作会议重要讲话精神》，《人民日报》2018年9月1日。

展步伐相对落后，文化生产结构与市场需求结构还不太适应，尚未完全建立具有中原文化特色的现代企业制度，低端供给过剩与中高端供给不足并存的现象仍然屡见不鲜，不同地域、不同景区的文化产品同质化现象比较严重，很多市县普遍存在着文化产品有数量、缺质量，有“高原”缺“高峰”，只听到“叫好声”不见“叫座率”，能够反映时代精神风貌、传播当代中国价值观念、满足广大人民群众多层次精神文化需求的精品力作相对较少，在一定程度上抑制了潜在的文化消费，亟须从制度、政策、法规等层面为高质量文化供给主体提供坚定支持，不断优化供给结构。如8月2日中央宣传部刚刚公布的《关于第十五届精神文明建设“五个一”工程入选作品公示的公告》中，入选13部特别奖的作品除了国字头的单位，还有西藏、福建、河北、湖北、江西、浙江、湖南、广东、上海等省份推荐的作品，其中福建、河北、湖北三省联合推出的电影《古田军号》和江西、浙江、福建三省联合推出的电视剧《可爱的中国》榜上有名，很值得河南在整合省内外资源推出鸿篇巨制方面借鉴；在6个门类、60部优秀作品中，河南虽有豫剧《重渡沟》、歌曲《小村微信群》2部作品入选，但与湖南省入选的1部电影、2部电视剧、1部特等奖图书相比，其社会影响力和经济效益仍有很大提升空间。

（二）文旅融合发展尚未实现“同心合力”，文化旅游提质升级迫在眉睫

当前，河南文旅融合发展尚未实现“同心合力”。一是硬件不硬。一些地方在文化资源保护利用方面有欠缺，不少重要名胜古迹已经年久失修，自然风化或人为破坏严重，不能及时得到充足的资金投入和定期维护，很多传统的民间技艺后继无人，传承乏力，亟待保护。由于缺乏整体规划或发展远见，一些重要景区和文化资源为了开发而开发，甚至是恶意开发、破坏性开发，或被过度商业化，或被过度利用，导致水平参差不齐、品质低劣，从某种程度上说，也是对文化资源另一种形式的浪费或变相的损毁。二是软件较软。当前河南部分景区的文化内涵发掘深度不够，一些景区的设计规划同化现象严重，实景演出、文化产品、消费体验等形式雷同，千城一面、千人一面、千景一面的现

象严重，景区内容和文化产品特色不足，竞争力和吸引力不强，景区品质没有得到有效提升。三是思维受限。有些部门的发展眼光还停留在“文化+旅游”的二元思维上，要么从实体经济谈旅游，要么从精神层面谈文化，旅游产品的文化内涵尚未得到更为深入有效的挖掘，丰富厚重的历史文化资源开发利用程度与旅游业的发展步骤不够协调，各地景区的知名度和美誉度传播范围不广，文化的教化功能无法通过旅游在社会治理过程中得以体现，远远不能满足游客对旅游目的地的多样化需求，文化旅游提质升级迫在眉睫。

（三）城市传承创新发展思路定位不准，行业文化品牌的影响力尚未转化成生产力

城市是人类文明的重要载体，也是传统文化的智慧结晶。只有通过明确精准的城市发展定位，才能在历史发展进程中找准行动的坐标，明确努力的方向，逐渐夯实自己的文化根基。近年来，我国文化产业呈逆势上扬的发展趋势，消费势头和产业发展都相当迅猛，很多省份文化产业年增速大幅领先于 GDP 增速，居民年均文化娱乐消费也从 2013 年的 1398 元增长至 2017 年的 2086 元，文化产业在新旧动能转换过程中能够发挥越来越重要的作用。“乱花渐欲迷人眼，浅草才能没马蹄。”与先进省份相比，河南各地虽拥有丰富的历史文化遗存和传统文化资源，但一些城市由于缺少较为明确的发展思路和准确的文化定位，没有充分利用好这些资源，很多优秀的文化资源还处于沉睡状态，文化产业在规模和效益等方面还处于刚刚起步阶段，丰富厚重的历史文化资源与相对较小的文化产业发展体量形成鲜明的对照，距离中央提出的推动文化产业成为经济发展的支柱型产业还有很大差距。

（四）区域文化发展水平极不均衡，市场决定资源配置的能力有待增强

河南文化企业数量增长较快，但总体来看仍以规模小、分布散、科技含量低、经济效益弱的小微企业为主，绝大多数是从业人员在 50 人以下的小微企业，很多文化企业的营业收入不到 500 万元，主要表现为企业生命周期

较短、盈利模式相对单一、可持续发展有较大难度等几个突出问题。如2017年，全国文化产业增加值为34722亿元，占GDP的比重为4.23%；已有13个省份的文化产业增加值过千亿元，其中粤、苏、浙、鲁等省的增加值超过了3000亿元；有4个省份文化产业增加值占GDP的比重超过5%，由高到低分别是北京（9.64%）、上海（6.79%）、浙江（6.19%）和广东（5.37%）。与上述发达省份相比，同期河南文化及相关产业增加值仅为1341.8亿元，文化产业增加值占GDP的比重仅为3.01%，低于全国平均水平；与中部其他五省相比，河南文化产业增加值虽然跃居中部第1位，但占GDP的比重却只是排名第5，比安徽省（文化产业增加值1088.3亿元，占GDP比重为4.03%）、湖南省（文化产业增加值1280.5亿，占GDP比重3.78%）、江西省（文化产业增加值708.1亿元，占GDP的比重为3.54%）、湖北省（文化产业增加值1164.1亿，占GDP比重3.28%）占比都要低，仅高于山西省（文化产业增加值329.8亿，占GDP比重2.12%），文化产业发展水平相对滞后，还没能有效发挥文化产业在调整优化产业结构、推动新旧动能转换中的重要作用。

同时，由于全省各地对文化建设的重视程度不同，相应的政策支持、资金投入、发展速度差距很大，致使各地区域文化发展极不均衡，与河南省文化建设的可持续发展要求不相适应，难以满足民众对优秀传统文化感知的迫切需求。如2017年全省18个省辖市中，规模以上文化及相关产业企业营业收入超过200亿元的，只有郑州、许昌、洛阳、焦作、南阳、开封6市，其余12个地市均低于200亿元。而从投入情况看，2017年各地市在文化体育娱乐业固定资产投资上差距很大，郑州市、信阳市、洛阳市分别以119.31亿元、81.49亿元、78.80亿元的投入位居前3名，而新乡市、濮阳市、三门峡市、南阳市、周口市、济源市则没有相关的资金投入数据，也从一个侧面反映出各地文化发展极不平衡的大致状况。

（五）文化企业科技创新能力不强，品牌驱动创新体制机制不够健全

科技创新是文化产业发展的核心要素和趋势所在。由于缺乏创新性发展

的市场化途径和方法，河南目前普遍存在文化深度介入不足、文化资源优势尚未转化为文化产业发展优势、文旅深度融合的驱动创新体制不够健全等状况，高层次人才短缺现象较为严重，尤其缺乏从事文化旅游产品创意策划和文化园区开发设计施工的高端技术人才，严重制约着产业发展的后劲与活力。很多历史文化资源与旅游资源只是简单整合而非深度融合，许多文物只能沉睡在文物局、考古队的库房里，大量非物质文化遗产还停留在文化场馆的展厅里，既没有开发成有品质的文化产品，又没有打造出比较有影响的文化品牌，需要对体制机制及早进行健全完善，从科学技术和体制机制两个层面加以提升。从2017~2019年公布的中国独角兽企业数据，可以清晰地看出河南企业在科技创新方面与全国先进地区的巨大差距。从地域分布看，2017年12月，胡润研究院首次发布的《2017胡润大中华区独角兽指数》数据显示，大中华区独角兽企业总数在2017年达120家，整体估值总计超过了3万亿元人民币，其中北京、上海、杭州、深圳分别以54家、28家、13家、10家独角兽企业位列前4名。2018年3月，创业家&i黑马公布了2018中国独角兽TOP100全名单，并根据业内风向列出了医疗健康、人工智能、汽车交通等13个行业的100家企业，其中数量位居前4名的省份分别是北京52家、上海16家、杭州11家、深圳9家。2019年3月，恒大研究院发布了《中国独角兽报告：2019》，独角兽企业集中在北、上、杭、深的特征依然维持不变，其中北京74家、上海34家、杭州16家、深圳14家，在经济发达度、制造业成熟度、人才质量、政策优惠度和基础设施完善度都处全国前列。在上述三次代表产业发展方向的统计数据中，河南企业均无一上榜，充分说明河南在高新技术产业和新兴产业发展方面，不仅无法与北、上、杭、深等城市相比，更落后于沿海地区和中西部地区的武汉、成都、重庆等城市，需要引起相关方面的高度重视。从行业分布看，2018年全国50%以上的独角兽企业集中在文娱媒体、汽车交通、电子商务、金融科技和医疗健康等行业。在大部分省会城市还没有实现突围的情况下，河南亟须在做好新兴产业规划、营造发展环境、吸引人才流入和扶持优惠政策等方面进行积极探索。

四 2020年河南文化发展的基本趋势

党的十九大报告指出："中国特色社会主义进入新时代，我国社会主要矛盾已经转化为人民日益增长的美好生活需要和不平衡不充分的发展之间的矛盾。"[①] 如何满足人民群众对文化消费需求的获得感、幸福感，已经成为今后一段时间推动河南文化建设高质量发展的重要趋势和鲜明主题。

（一）河南文化事业在积极探索中勇攀高峰

在中国特色社会主义思想指引下，河南宣传思想文化建设不断取得新进展，各级党组织意识形态工作常抓不懈，公共文化服务设施不断完善，文化艺术事业持续繁荣发展，群众性精神文明创建活动丰富多彩，文化市场逐渐实现规范有序，文化交流合作形式丰富多样，文化在完善社会治理体系建设中所发挥的作用将越来越明显，河南文化事业必将再攀新的高峰。

（二）河南文化产业在文旅深度融合进程中转型升级

推动文化与旅游融合发展是党中央、国务院顺应时代发展规律做出的重大决策部署，也是河南省相关部门近年来积极推动的工作重心。2017 年 9 月 13 日，习近平总书记在《向联合国世界旅游组织第 22 届全体大会致贺词》中强调指出："旅游是不同国家、不同文化交流互鉴的重要渠道，是发展经济、增加就业的有效手段，也是提高人民生活水平的重要产业。"[②] 按照"宜融则融、能融尽融"的工作思路，河南积极推动文化和旅游工作各领域、多方位、全链条融合发展，着重在理念融合、职能融合、产业融合等

① 习近平：《决胜全面建成小康社会　夺取新时代中国特色社会主义伟大胜利——在中国共产党第十九次全国代表大会上的报告》，新华网，2017 年 10 月 27 日，http：//news. cctv. com/2017/10/27/ARTIw3x1nOMEAmnaiR1zWuUI171027. shtml。

② 《习近平向联合国世界旅游组织第 22 届全体大会致贺词》，新华网，2017 年 9 月 13 日，http：//www. xinhuanet. com//politics/2017 -09/13/c_ 1121655327. htm。

方面下功夫，推动河南的文化软实力和旅游影响力持续提升。2020 年，河南将紧紧围绕全面建成小康社会的奋斗目标，把推动文化旅游、生态旅游、全域旅游与实现乡村振兴目标结合起来，与实现两个百年奋斗目标结合起来，推动文化产业从稳步增量逐渐向提质增效方向发展，进而实现经济效益、社会效益和生态效益的全面大丰收。

（三）文化人才向城市转移的趋势比较明显

近年来，河南坚持创新是引领发展的第一动力，实施了积极的人才引进政策，各市县城镇化率呈持续上升趋势。截至 2017 年年末，河南常住人口城镇化率首次超过 50%，2018 年年末更是提高到 51.71%，郑州、济源、鹤壁三个省辖市的城镇化率则达到 73.38%、62.36%、60.07%，超过了全国平均城镇化率的 59.58%，河南人力资源结构正在发生历史性转变，文化人才向城市转移的趋势比较明显，以人才带动经济社会发展的前景可期。

（四）多样化文化需求催生出多元文化消费模式

在新的历史条件下，随着人民群众生活水平的不断提高和文化消费需求的逐渐提升，合理调整文化建设的发展结构，加快公共文化事业的建设步伐，为人民群众提供更多高质量的文化产品，是推动文化和旅游融合的重要内容，也是满足人民群众日益增长的文化需求的必要手段，更是新时代应运而生的新供求关系的具体体现，同时也催生出多元文化消费模式。

五 推动河南文化建设高质量发展的对策建议

文化是一个国家、一个地区的性格和灵魂，是衡量一个地方综合竞争力和综合实力的重要因素。在建设中国特色社会主义新时代，河南应抓住历史机遇，深入贯彻落实党中央和省委省政府关于发展繁荣社会主义先进文化的精神，坚持以人民为中心的工作导向，不断完善人民文化权益保障制度，鼓励社会力量积极参与公共文化服务体系建设，尽快建立健全把社会效益放在首位、社会效益和经济效益相统一的文化创作生产体制机制，持续推进文化事业和文化产业高质量发展，在以下几方面下大功夫、下深功夫、下细功夫，努力做到发展有思路、传承有抓手、创新有路径、转化有成效，以文化建设高质量助推中原更加出彩。

（一）坚持正确工作导向，大力推动文化供给侧结构性改革

《党的十九届四中全会决定》指出："发展社会主义先进文化、广泛凝聚人民精神力量，是国家治理体系和治理能力现代化的深厚支撑"，要不断"健全人民文化权益保障制度"、"建立健全把社会效益放在首位、社会效益和经济效益相统一的文化创作生产体制机制"等①，以激发全民族文化创造活力。优秀传统文化是一个地区长期的历史积淀，早已融入社会生活的方方面面，其影响也无时不在、无处不在。在经济全球化的大背景下，河南各地应明确自己的文化发展定位，坚持以人民为中心的正确工作导向，以求同存异为原则，以文化供给侧结构性改革为重点，以建立健全具有创新创造活力的文化管理体制和生产经营机制为目标，妥善处理事业与产业的关系、政府与市场的关系、传统与现代的关系、区域与整体的关系，把中原优秀传统文化的鲜明元素巧妙地融入火热的经济社会发展建设中，让生活在这里、了解过这里、参观过这里的人们都能在丰富多彩的文化体验中感知传承传统文化的魅力，进而在创新求变的过程中继续保持蓬勃发展的势头。

（二）整合河南资源禀赋，差异化推出更多高质量文化产品

习近平总书记多次强调，"文艺事业是党和人民的重要事业，文艺战线是党和人民的重要战线"②，希望广大文艺工作者和哲学社科工作者要做

① 《党的十九届四中全会决定》，中国文明网，2019 年 11 月 5 日。

② 《习近平在文艺工作座谈会上的讲话》，人民网，2014 年 10 月 17 日；《习近平在哲学社会科学工作座谈会上的讲话》，新华网，2016 年 5 月 17 日；《习近平在中国文学艺术界联合会第十次全国代表大会、中国作家协会第九次全国代表大会上的讲话》，央广网，2016 年 12 月 1 日。

“红色文艺轻骑兵”，努力推动文艺创新、学术创新，用更多彰显中国精神和中国力量的精品力作回馈时代、奉献人民。在这方面，单霁翔先生力推的故宫博物院的成功做法很值得借鉴。他认为，故宫博物院发展文创产业的思路，最大的创意就在于让参观者“把博物馆文化带回家”，实现了固有文物资源的高度产品化。对于河南来说，就是要改变以往的逻辑认知，整合河南的各种资源禀赋，差异化推出更多高质量文化产品，从满足客户需求向创造客户价值转变，促进河南历史文化资源的有效转化。

（三）丰富产品文化内涵，倾力打造一批高端文化创新品牌

习近平总书记多次强调：“中华优秀传统文化是我们最深厚的文化软实力，也是中国特色社会主义植根的文化沃土。”中华民族最基本的文化基因要与当代文化相适应，要与现代社会相协调，同时还要以人们喜闻乐见、具有广泛参与性的方式推广开来。作为文化建设的重要方面，文化产业被时代赋予了更为重要的使命，除了其作为产业的本质属性和主体功能得到凸显外，还要承担起社会建构和文化建设的主要任务。在数字化发展瞬息万变的时代，如何将各自为战的单链条延伸，转变为齐头并进的双链条驱动，真正实现文化与科技深度融合、文化与旅游“同心合力”的目标，尽快形成文化与国家经济社会发展紧密联系的新格局，是相关部门和业界必须深入思考和有效解决的问题。河南本身的文化品牌内容比较丰富，其中有不少公益性文化事业品牌、文化产业品牌、节会文化品牌、广播电视文化品牌、文学艺术文化品牌、对外文化交流品牌等，但很多城市缺少较为明确的发展思路和准确的文化定位，没有充分利用好这些资源，丰富厚重的历史文化资源与相对较小的文化产业发展体量形成鲜明的对照。截至 2019 年只有郑州（创意文化）、开封（大宋文化）、许昌（三国文化）、安阳（殷商文化）等城市的文化发展定位相对较为明晰，其他十几个地市还有待深化。如洛阳近年来虽然在文化产业发展方面稳步前进，但因为文化资源太多，给人的感觉是“乱花渐欲迷人眼，浅草才能没马蹄”，最近才提出建设“博物馆之都”的思路，文化产业发展水平与其十三朝古都的历史地位不够相称。在今后的文

化建设过程中，河南各地要做好科学统筹规划，把创作生产优秀文化产品作为中心环节，坚持内容为王、质量至上，倾心创作一批思想性、艺术性俱佳的文艺作品，倾力打造一批影响力、竞争力俱强的文化品牌，同时必须做好品牌定位与宣传，要把这些当代中国文化创新成果创造出来并传播出去，用文化精品赢得受众、赢得市场、赢得效益。

（四）完善政策法规体系，不断增强文化企业核心竞争力

要积极探索创新投融资模式和绿色发展激励约束机制，在政府主导下合理引入社会力量，尽可能打通资金筹措渠道，多措并举鼓励民间力量参与公共文化建设，推动文化与科技的深度融合，引导河南文化事业、文化产业齐头并进，进而实现社会效益和经济效益的双丰收。一是不断完善政策体系，强化文化使命，聚焦文化主业，整合文化资源，把那些产业关联度高、主要业务相近的国有文化企业加以联合重组，以最大限度发挥其对文化产业的主导和引领作用。二是积极搭建高端文化产业投融资平台，对于那些有发展潜力的战略性新兴文化企业加强股权投资，同时利用各种手段，巩固国有文化企业的内容生产优势，发展国有文化企业传播主渠道优势。三是加强中原经济区所包含的30多个市县区之间的空间联动和“一带一路”中原节点城市的地域联动，尽快建立起重点突出、体系完善的中原文化建设新格局。四是创新文化生产经营机制，鼓励各类文化市场主体积极开展公平有序竞争，尽快建立起文化产业发展新格局，使不同所有制文化企业能够共同发展、大中小微文化企业可以相互促进，进而整体提升河南各类文化企业的核心竞争力。

（五）搭建传播交流平台，构建规范有序的现代文化市场体系

一个城市的营商环境最能直观地体现当地的综合竞争力。无数典型案例表明，凡是生产总值不断提高、外地投资者纷至沓来的城市，一定是营商环境比较优良的地方。近年来，河南各地为推进文化建设，搭建了不同层次、不同形式、不同风格的文化传播交流平台，在净化文化市场发展环境、维护

文化市场运营秩序、扩大对外文化贸易交流等方面，也都产生了显而易见的社会效果。如郑州市先后培育出的黄帝文化论坛、嵩山论坛等，洛阳市倾力打造的第36届中国洛阳牡丹文化节，开封市成功举办的第35届中国开封菊花文化节和第9届中国（开封）清明文化节，都是河南文化建设中涌现出的典型范例。但与深圳文博会、山东文博会等在全球范围内有一定影响的高端平台相比，河南各地目前的文化传播交流平台还不能完全适应新时代、新形势、新要求，在规模、层次、内容、质量、形式等方面亟须进一步完善提升，为做好中原优秀传统文化创造性发展工作提供更加坚实的物质基础。

（六）培育新的消费增长点，拓展延伸文化与旅游融合的产业链条

2019年3月，李克强总理在政府工作报告中提到："对标全面建成小康社会任务，扎实推进脱贫攻坚和乡村振兴。"为实现2020年全面建成小康社会的目标，乡村振兴和全域旅游即将实现新的飞跃和融合。一方面，乡村振兴离不开文化振兴，文化振兴也不能脱离乡村振兴而存在。产业发展的最终目的是创作价值。如能利用文化产业来推动乡村振兴，既可以充分发挥文化产业的经济属性，又可以最大限度地发挥文化产业的社会属性，可以利用良好的乡村人文生态环境来开发文化项目，借文化产业的外部性带动乡村文化水平的持续进步，生产文化产品，提振乡村经济，发展文化产业，进而实现乡村的文化脱贫。要不断培育新的文化消费增长点，拓展延伸文旅融合的产业链条，推动文化建设与乡村旅游、生态旅游、全域旅游协同发展、多元发展。具体来说，就是实现资源融合、技术融合、功能融合、市场融合。当然，在融合过程中各种路径也不是各自为战、相互孤立的，而是需要相互合作、协调统一。

（七）分类施策改善营商环境，大力扶持中小微文化企业成长

近年来，"营商环境"已经成为官方会议的高频词汇。李克强总理在2019年政府工作报告中先后5次提及"营商环境"，强调要转变政府职能，改善营商环境。中小微企业既是文化产业中的主力军，也是强大的生力军。

扶持推动中小微文化企业成长，既是当务之急，也是长久之计，必须时刻坚守文化使命，聚焦发展主业，打造文化品牌，努力做到“激发消费的潜力、市场的活力、社会的创造力”，进一步提升河南省区域文化的影响力、竞争力、软实力。

（八）聚焦文化发展难题，深入实施文化人才建设工程

在深入实施文化建设工程时，人才的价值最不容忽视。由于深受中原地区传统文化禀赋、伦理道德、精神特质、文化认同等方面的影响，河南各地的文化建设呈现出传承有余创新不足的总体趋势，也存在着一些发展的困境。河南文化产业在规模和效益等方面还处于起步阶段，亟须大量的专业人才队伍和高端创意人才队伍。各地政府及相关部门必须不断加大对文化、教育、医疗、体育等领域创意人才的引进力度，为优秀人才和优秀创新创业团队开通并完善“绿色通道”，有针对性地培养高素质人才队伍，最大限度地激发释放文化创意产业人才价值。同时，还要在住房、入学、就业、就医等方面加大政策服务保障力度，不断完善就业环境和提升配套服务，推动文化产业产学研等的深入有效交流互动，最大限度释放文化创意活力，推动文化建设提质增速。只有这样，“唯有牡丹真国色，花开时节动京城”的社会效果才能得到凸显。

总之，真正适合新时代社会生活实践需要的文化内容，应当是文化设计者自上而下的产出，同时也必须是人民群众自下而上的选择、认同，要能够真正融入人民的社会生活实践，满足人民或显或隐的文化需求。这就要求文化建设者充分考虑主体多样性和差异性，尊重各种差异，能够包容多样。只有扎扎实实开展提升公共文化服务水平、丰富文化产品特色内涵、引进和培育文化高端人才、推动文化与科技的深度融合、构建规范有序的文化市场体系、发挥重点文化产业集聚效应、助力全省区域文化均衡发展、积极探索构建内陆开放高地的河南实践等活动或行动，才能实现以文化助推经济社会高质量发展的现实目标，达到推动中原更加出彩的美好前景。

分 报 告

Topical Reports

B.2 2019年河南省文化与旅游融合发展报告

宋丽萍*

摘 要： 2019年，在习近平新时代中国特色社会主义思想指导下，河南省文化和旅游部门认真贯彻落实中央和省委决策部署，积极推动文化和旅游工作各领域、多方位、全链条融合发展，文化事业蓬勃发展，文艺创作出新出彩，文化产业茁壮成长，文化遗产得到保护，旅游产业稳步转型，以“老家河南”为代表的宣传推介活动成果斐然，入境旅游收入稳步增长。但是，目前河南省文化和旅游在融合过程中还存在一些问题，尚未形成全省“一张图”“一盘棋”的发展局面，需要进一步在科学把握融合方向、努力拓宽融合

* 宋丽萍，河南省文化和旅游厅党组书记、副厅长。

视野、探索找准融合路径、有效提升融合效益、注重加强融合保障等方面实践创新，持续提升河南文化软实力和旅游影响力。

关键词： 文化和旅游 融合发展 文化软实力 旅游影响力

中原文化源远流长，河南旅游优势独具。新时代，推动文化和旅游融合发展，建设文化和旅游强省，增强人民群众的获得感、幸福感、安全感，是河南省文化和旅游工作者践行“初心”“使命”的重大现实课题。2018 年以来，我们坚持以习近平新时代中国特色社会主义思想为指导，全面贯彻落实中央和省委决策部署，积极推动文化和旅游工作各领域、多方位、全链条融合发展，持续提升河南文化软实力和旅游影响力。

一 河南省文化和旅游融合发展情况

（一）文化事业蓬勃发展。全省现有公有制艺术表演团体 174 个，文化馆 206 个，图书馆 160 个，文化站 2412 个，村级综合文化中心 4.7 万个，省、市、县、乡、村五级公共文化服务体系基本建成。全省共有全国文化先进县 26 个、文化先进社区 14 个、特色文化广场 5 个、中国民间文化艺术之乡 74 个，黄帝故里拜祖大典、中国洛阳牡丹文化节、开封菊花花会、宝丰马街书会、浚县正月古庙会、淮阳太昊陵庙会等传统文化活动品牌效应明显。全省 3000 多个免费开放文化单位年均接待群众 8860 万人次以上，1994 处省级以上文物保护单位年均接待观众上亿人次，“舞台艺术送农民”“中原文化大舞台”“全省戏曲进校园”每年为基层演出 2 万场，“春满中原”“百城万场”“全民阅读”等品牌文化活动深受群众欢迎。郑州市、洛阳市被命名为国家公共文化服务体系示范区，2018 年中宣部总结了河南省变“送文化”为“种文化”经验。

（二）文艺创作出新出彩。全省文艺工作者坚持“二为”方向和“双百”方针，牢固树立以人民为中心的创作导向，深入开展“深入生活、扎根人民”艺术创作实践活动，河南豫剧院三团以栾川县潭头镇原副镇长马海明带领群众开发乡村旅游的真实事迹创作的豫剧现代戏《重渡沟》，在第十二届中国艺术节上荣获中国文化艺术政府奖“文华大奖”，实现了河南省中国艺术节大奖七连冠和“文华大奖”六连冠。河南省话剧院精心打造话剧《焦裕禄》，参加国家大剧院“庆祝新中国成立70周年——2019新春演出季”开幕式演出，获得领导和专家的好评。成功举办“庆祝新中国成立70周年——河南省优秀剧（节）目展演”活动，演出优秀剧（节）目22台，现场观众人数近3万人次，网络直播点击量951万次。组织了第十三届全国美术展览壁画展、“中原画风”美术作品巡展、“时代·印迹——河南省美术馆馆藏版画展”、“深入生活、扎根人民”河南省美术作品展等大型展览。先后组织了“中国共产党的故事——习近平新时代中国特色社会主义思想在河南的实践”专题宣介会、北京世界园艺博览会“河南日”主题活动、河南省国庆招待会、黄帝故里拜祖大典等专场文艺演出。扎实推进“河南省艺术名家推介工程”“河南省青年艺术人才扶持计划”，举行了“国风豫韵，出彩河南”——中国豫剧表演艺术家李树建艺术实践公益演唱会（北京），不断扩大河南省艺术名家的影响力，积极为优秀青年艺术人才成长搭建更多平台。

（三）文化产业茁壮成长。全省文化市场经营机构达到15000余家，从业人员近10万人，建成国家级文化产业示范园区1个、文化产业基地12个，省级文化产业示范园区9个、文化产业基地104个，中原出版传媒投资控股集团有限公司连续4次入选“全国文化企业30强”，《禅宗少林·音乐大典》《大宋·东京梦华》《水秀》等精品节目久演不衰，《印象太极》《黄帝千古情》《只有河南》等旅游演艺落户河南。郑州（中牟）国际文化创意产业园等14个文化旅游项目、9大主题公园全部开工，以国家动漫产业发展基地（河南基地）、郑州动漫产业基地、郑州华强文化科技产业园区等为代表，全省共有动漫企业100多家、从业人员4000多人，原创电视动画片年产量位居全国前10，省会郑州成为全国原创电视动画片生产十大城市之一，《小马过河》获得中国文化艺术政府奖最佳动漫作品奖。推出了郑州华强文化科技有限公司、河南建业文化旅游地产发展有限公司、河南约克动漫影视股份有限公司、河南博雅文化产业集团、百禾传媒股份有限公司、河南竹桂园旅游集团有限公司、河南华冠文化科技有限公司、大宋官窑股份有限公司等一批优秀文化企业，孕育了“梦祥银”“石佛艺术公社”“一涵汴绣”“郑周刊”“三彩艺”“司母戊”“中国汝瓷小镇”等一批优秀文化产业项目，形成了以镇平县石佛寺镇玉雕产业、固始县三河尖镇柳编产业、宝丰县赵庄乡杂技魔术产业等为代表的特色文化产业。

（四）文化遗产得到保护。投资6.3亿元的国家“十三五”文化重点项目二里头夏都遗址博物馆开馆，“中国—中东欧文化遗产论坛”成功举办，河南博物院的“金字塔·不朽之宫展”和开封市博物馆的“八朝古都　千载京华——开封古代历史文化展”分别荣获全国博物馆十大陈列展览精品推介“国际及港澳台合作奖”和“优胜奖”。组织开展“红红火火过大年——非物质文化遗产展演展示活动”“中原古韵——第十届中国（淮阳）非物质文化遗产展演”等三大品牌非遗展演活动。以“非遗保护，中国实践”为主题组织开展“文化和自然遗产日”非遗宣传展示活动，共举办各类活动405项，参与人数近500万人次，营造了良好的非遗保护社会氛围。深化对大运河河南段文化遗产保护传承利用重点问题的研究，积极推进大运河文化带建设。组织编制河南省文庙等文物保护规划，加强大遗址保护利用。积极推进太极拳申报人类非物质文化遗产工作，向联合国教科文组织递交了申报材料。推进宝丰说唱文化国家级生态保护实验区规划审批论证工作，持续推进传统技艺抢救保护工程，完成102个省级以上传统技艺项目和117位传承人记录，以及四级名录体系内的项目和传承人档案收集等工作。完成国家级、省级代表性传承人记录工程、国家级非遗代表性项目优秀保护实践案例推荐工作，豫剧、陈氏太极拳和平乐郭氏正骨法项目入选文化和旅游部优秀实践案例，入选数量位居全国第1。

（五）旅游产业稳步转型。按照“抓县推市、县上突破”思路积极推进全域旅游，全省布局郑州、焦作、济源3个市和修武、林州等23个县作为全域旅游示范区创建单位，重点推动新县、栾川等8个县，从规划设计、项目招商、设施配套、典型带动等方面入手，上中下共同发力、点线面一体推动，新县、修武县、济源市被文化和旅游部认定为首批国家全域旅游示范区。根据“根扎实、线连通、网织好、数用活”总体思路，与高德、华为、腾讯、腾讯、百度、联通等合作，促进移动互联网、大数据、云计算等先进技术在文化和旅游产业的应用，提升产业竞争力，深入推进智慧旅游发展。加快建立省、市、县三级联网的智慧旅游服务平台，成立了文化和旅游部数据中心河南分中心。全面推进A级景区的智慧化改造，《智慧景区建设评价规范》河南省地方标准正式对外公布。积极推动全省智慧景区和智慧旅游平台建设，省级智慧旅游平台建设一期项目已获批复。坚持把发展民宿作为乡村旅游的突破口，全省新增民宿160余家。建业·华谊兄弟电影小镇等一批重大文旅项目建成投入运营，《只有河南·戏之国》《黄帝千古情》《印象太极》项目正在加快推进。与腾讯合作，以“创意连接古今　文化沟通世界”为主题，举办了2019牡丹奖·全球文化创意设计大赛，通过文创设计、全民众创和动漫创意三大赛事，集中打造具有中原特色的文化创意产品。组团参加了义乌文化产品交易博览会、第十二届中国艺术节演艺及文创产品博览会，举办了中原文化旅游产业博览会等，全面展示河南省文创产业发展成效。2019年上半年，全省接待游客人次4.9亿人次，旅游总收入5150亿元，同比分别增长18.5%、19.2%。预计全年接待国内外游客量超过9亿人次，旅游总收入突破10000亿元。

（六）宣传推介成果斐然。投入1亿资金在央视进行“老家河南”整体形象宣传，在国内1700趟高铁列车上集中推广宣传“老家河南”形象。组织开展“豫见中国　老家河南”等主题推广活动，保持全年营销热点不间断。与今日头条合作，组织“首届全球文旅创作者大会”，创作作品2000多个，全网阅读量超2亿人次，总传播量52亿次。积极推动“文化走出去，游客走进来”，大力实施“央地合作”计划和“欢乐春节”品牌项目，“中原文化海外行”“中原文化澳洲行”等成为全国对外文化交流平台，文物专题展览和学术交流活动充分展示中原文化辉煌。在德国、卢森堡等 19 个国家及重点客源市场开展系列主题推广活动，联合河北、山东等 8 省共同发起成立中国功夫之旅品牌推广协作体，赴西班牙、意大利等 10 余个国家推介功夫旅游，除传统武术表演、戏曲表演、杂技表演外，手工艺品、民俗文化、非遗展演成为河南省对外文化交流的亮点，少林海外文化中心已拓展至 26 个国家和城市，河南功夫正在成为继长城、熊猫之后的第三张中国旅游名片。与此同时，新郑机场开通客运航线 208 条［国内 181 条，国（地区）际 27 条］，通航城市 116 个［国内 93 个，国（地区）际 23 个］，基本形成覆盖东南亚、联通欧美澳的空中网络，并已全面实施 7×24 小时通关保障。2018 年全省共接待入境游客 321.73 万人次，入境游客创汇 10.34 亿美元，同比分别增长 4.69% 和 5.01%。入境游客中，外国人占入境游客总人数的比重为 61.6%。

二　河南省文化和旅游融合发展存在的主要问题

（一）整体谋划不足。由于职能定位不同，“文化重事业、旅游重产业”的现象由来已久，省级层面更注重文化繁荣兴盛，市县一级发展旅游经济愿望更为迫切，全省文化与旅游、事业与产业、省厅与市县“一张图”“一盘棋”的局面尚未形成，还需要进一步把好融合方向、拓宽融合视野、找准融合路径、提升融合效益。

（二）统筹推进不足。县级图书馆文化馆总分馆制、事业单位法人治理结构、县乡村公共文化设施运营管理、乡镇综合文化站专项治理四项改革推进力度还不够大，公共文化单位服务功能还不完善。推进文化服务标准化、均等化，一定程度还存在重建设轻使用、重投入轻服务等问题，公共文化资源尚未实现共建共享，乡镇综合文化站、村级文化服务中心作用没有得到充分发挥，还需要进一步加大整体谋划、科学指导和协调推进力度。

（三）产业规模不足。在指导推动全省文化和旅游产业融合发展上，还缺乏大动作。河南省文化产业总体规模较小，2019 年 5 月发布的第十一届“全国文化企业 30 强”，河南省仅有中原出版传媒投资控股集团有限公司入选。旅游企业竞争力不强，营业收入过亿元的酒店企业、全国“百强”旅行社、主板上市的旅游企业，河南省至今没有一家。推进文化旅游与农业、工业融合渗透不够深入，休闲农业、康养度假、工业旅游项目比较缺乏。

（四）转型动能不足。在文化和旅游产业转型升级上，依靠文化创意、科技创新“两轮驱动”不够，产业转型升级尚未实现突破性进展。文化产业起步较晚，缺乏优势产业、优势项目。旅游产品仍然以传统观光为主，对门票的依赖程度较高，2019 年全省 A 级旅游景区门票收入占总收入比重达 49.82%。在发展全域旅游上，尚未形成全地域打造、全领域开发、全行业参与的局面。

（五）深度融合不足。在“理念融合、职能融合、服务融合、产业融合、市场融合、交流融合”6 个方面，融合的力度、深度、进度不一，以文促旅、以旅彰文工作还有较大提升空间。职能融合还不到位，“1 +1 >2”的融合效应还没有完全释放；产业融合还不充分，还需要进一步推进文化产业和旅游产业优势互补。

（六）精准推介不足。在文化交流合作、融入全省开放大局上，视野还不够开阔，途径还比较单一，推动中原文化走出去精准度不够。全省文化和旅游系统组织或参与对外交流活动，散布在世界多个国家和地区，集约效应不明显。立足本土面向世界的国际交流平台较少，与境外中国文化和旅游推介交流机构合作不够。各类节庆活动主要参与者是华人群体，需要进一步增强国际外向度和全球辐射力。

三　深入推进河南省文化和旅游融合发展的基本思路

推动文化和旅游融合发展，建设文化和旅游强省，不断增强人民群众的获得感、幸福感，是河南省文化和旅游工作者践行初心使命的重要课题。新时代，新征程，我们将坚守初心、勇担使命，情系“老家河南”，放飞“诗与远方”，不断提升“老家河南”的文化软实力和旅游影响力，在践行文旅强省战略中书写中原更加出彩新篇章。

（一）科学把握融合发展正确方向。推动融合发展，建设文旅强省，必须坚持以习近平新时代中国特色社会主义思想为指导，牢牢把握“三个导向”：一是求真求善求美导向。文化和旅游，代表着诗和远方，承载着人民群众对美好生活的理想与追求。文化和旅游工作者，必须要有大情怀、大视野、大战略，坚持社会效益与经济效益相统一，以优秀作品鼓舞人，以优质产品服务人，对标审美取向，凸显核心价值，引导世风良俗，给群众以真的体验、善的引导、美的享受。二是为民惠民利民导向。文化和旅游，作为人民创造的物质和精神文明成果，来自人民，创造于人民，理应回归人民、反哺人民。必须坚持以人民为中心的发展思想，切实解决发展为了谁、发展依靠谁、发展成果由谁共享的根本问题。要关注民生、关心民情，沉到基层，降低门槛，让群众能参与、能体验、能受益，努力让老百姓“口袋鼓起来”“精神富起来”。三是合心合力合能导向。2019 年是文化和旅游系统融合发展元年，职能重新划分，处室重新合并，人员重新定位，工作重新上路。在融合发展上，我们只是完成了第一步，更为关键的合心、合力、合能，还有很长一段路要走。要教育引导党员干部，心往一处想，劲往一处使。既要各司其职，各尽其能，也要上下一盘棋，画好同心圆。要坚持“以文促旅”“以旅彰文”，通过资源共融，实现资源共生，在河南省文化和旅游系统汇聚起一种正能量、强能量，产生“1 +1 >2”的效果。

（二）积极探索融合发展方法路径。一靠机遇融合。充分利用“一带一路”、乡村振兴战略、脱贫攻坚行动、百城建设提质工程等机遇，把握关键点，找准着力点，用活用足新机遇、新市场、新资源，扶持一批龙头企业，打造一批独角兽企业，整合一批小微企业，抢抓机遇，乘势而上。二靠政策融合。重视搞好顶层设计，加强政策指导。通过深入基层调查研究，找准河南省文化和旅游融合发展的制约因素。围绕破解文化和旅游融合难题，出台系统完整的政策、规划、措施，重点研究解决人才、资金、土地等制约因素，打通政策壁垒，为推动融合发展提供政策支撑。三靠优势融合。坚持把文化“凝魂聚力”之长与旅游“近悦远来”之效，把河南省优秀传统文化资源与丰富的旅游资源，很好地结合起来。善于“洞察”优势、“嫁接”优势，让文化和旅游相互渗透、彼此借重，培育更多更好的文化和旅游“名优产品”。四靠借鉴融合。思想要更解放，视野要更开放，走出中原看文化，跳出河南抓旅游，充分借鉴浙江、四川等外省经验，全领域发展文化旅游，全链条打造优势产品，全行业提供优质服务，积极推动河南省文化和旅游供给侧结构性改革。五靠人才融合。用好国家和省“三区人才计划”“戏曲艺术人才培养千人计划”“高端艺术人才境外研修计划”“河南青年艺术人才扶持计划”“河南省艺术名家推介工程”，重点培养行业管理人才、艺术专业人才、产业创意人才、市场经营人才队伍。加强与大专院校、社科部门联系，通过“借智”“借脑”，让更多人才为河南文化和旅游融合发展献计助力。六靠创新融合。继承和发扬敢为人先的改革精神，实施文化和旅游“创客”行动，鼓励实践创新，尊重基层创造，勇当文化和旅游融合发展“桅杆上的瞭望者”。

（三）注重加强融合发展各项保障。一是政策保障。推动《河南省旅游条例》《河南省发展全域旅游实施意见》等政策法规出台，进一步明确河南省文化和旅游业的总体目标、战略布局、发展路径，为推动融合发展、建设文旅强省提供制度保证。二是设施保障。以文化共享、全域旅游为牵引，加快推进阅、展、演等文化惠民设施建设，加快游、购、娱等旅游便民设施建设，完善吃、住、行等配套设施建设，加强防、监、救等安全设施建设，不断提升文化和旅游基本设施标准化和信息化水平。三是服务保障。全面落实《公共文化服务保障法》《公共图书馆法》《“十三五”全国旅游公共服务规划》《关于促进全域旅游发展的指导意见》，大力推进文艺精品工程、文物“活化”工程、文化惠民工程、旅游便民工程，努力构建覆盖城乡的现代公共文化服务体系和共建共享的全域旅游服务体系。四是推介保障。继续打造“中华源·老家河南”文旅品牌，用文化推介河南旅游，以旅游彰显文化自信，通过“文化走出去”，实现“旅游引进来”，持续提升河南的文化软实力和旅游竞争力。

一“融”俱荣，万“象”更新。作为河南文化和旅游融合发展的开拓者，我们有信心有能力担负起新时代赋予的新使命，努力追求中原气派的“诗和远方”。

B.3
2019年河南省文化与旅游融合发展思考与建议

联合调研组*

摘　要： 2019年是河南省文化旅游融合发展元年，河南省各地从景区规划、提质改造现有基础设施、打造文化旅游品牌等方面入手，取得了一定的成绩。同时思想认识不足、文化旅游融合层次低、历史文化资源挖掘不够、投融资渠道有限、营销方式单一、缺乏高水平人才等问题制约着河南省文化旅游向更高水平发展。针对上述问题，总结河南省实际，借鉴其他地区发展经验，提出解决思想认识问题、提高领导重视程度等建议。

关键词： 文化旅游　融合发展　河南省

为贯彻落实中央和省委省政府关于文化与旅游融合发展相关文件精神，全面了解掌握河南省这方面的工作情况，加快推动文化与旅游在更高水平上融合发展，省文化体制改革和发展工作领导小组组织省委宣传部、省社会科学院、郑州大学相关人员，组成联合调研组，先后到郑州、开封、洛阳、焦作、商丘、信阳等6个省辖市，以及浙江、贵州等省进行专题调研。总体上看，近年来，由于领导重视，措施得力，河南省文化与旅游融合发展成效明显，文化竞争力和旅游吸引力不断增强。黄帝故里拜祖大典、洛阳牡丹文化

* 联合调研组组长：马正跃；副组长：王承哲；成员：巴红田、唐金培、郑琳、任瀚、武广兴、田丹、张远、杜松江、刘兰兰。

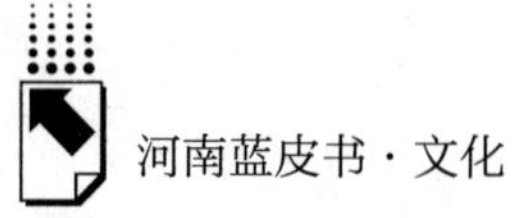

节等节会享誉海内外，《禅宗少林·音乐大典》《大宋·东京梦华》等演艺节目声名远播，“老家河南”影响力不断提升，文化旅游产业呈现出良好的发展势头。但与浙江、贵州等先进省份相比，河南省文化与旅游融合发展还存在一定差距，特别是思想认识和重视程度有待进一步提高，文化旅游外向度有待进一步提升，“老家河南”品牌的统领力和竞争力有待进一步增强。

结合河南省文化与旅游融合发展现状特别是发展面临的突出问题，总结河南省经验并借鉴省外、国外经验，本文就如何推进河南省文化与旅游进一步融合发展提出以下几点思考建议。

一 解决思想认识问题

各地经验表明，推进文化与旅游融合发展，必须首先解决思想认识问题，哪个地方思想认识程度高，哪个地方文化与旅游融合发展的自觉性就强，工作力度就大，成效也就明显。

（一）文化与旅游融合发展是旅游自身发展的客观需要

文化与旅游密不可分且相互促进，文化需要旅游提供平台和载体，旅游需要文化赋予内涵和灵魂。有着悠久历史和厚重文化的法国、意大利等西方发达国家非常注重以文促旅，以旅彰文。早在1889年，法国为迎接世界博览会召开而修建的埃菲尔铁塔，与古老的巴黎圣母院、卢浮宫一起，不仅成为法国的重要标志，而且成为世界级文化旅游地标。自1932年举办第一届威尼斯国际电影节开始，意大利威尼斯的旅游与文化融合逐渐深化，成为世界知名的文化旅游目的地，每到旅游旺季游人如织，甚至不得不大幅度限制游客进入。历史文化积淀深厚、名胜古迹众多的西安曲江新区，自2003年更名前后开始先后建成大雁塔北广场、大唐芙蓉园、曲江国际会展中心、曲江池遗址公园、大唐不夜城等一批重大文化项目，迅速成为我国西部地区最重要的文化旅游集散地。杭州西溪创意产业园立足“名人立园、影视强园”，吸引杨澜、潘公凯、蔡志忠、麦家、余华、刘恒、赖声川等20多位名人，以及浙江华策影视、长城影视、省电影公司等企业签约入驻，初步形成以剧本创作、影视拍摄、影视制作、电影发行、院线放映等为特色的文化创意产业布局，截至2019年，园区电视剧产量已超过1500多集，占浙江省出品量的55%以上，成为杭州旅游的新地标。

（二）文化与旅游融合发展是现阶段经济社会发展的必然要求

文化旅游与经济社会发展紧密相连。一般来讲，人均GDP达到1000美元主要以观光游为主，达到2000美元休闲游快速发展，达到3000美元度假游逐渐兴旺，达到5000美元整个社会开始步入成熟的度假旅游经济时代（见表1）。

表1　人均GDP与旅游需求、旅游形态及出行方式之间的关系

人均GDP(美元)	旅游需求	旅游形态	出行方式
1000	国内旅游增长期	观光旅游	团队
2000	出国旅游增长期	休闲旅游	散客、家庭自助游增多
3000	旅游特别是出国旅游需求爆发性增长	度假旅游	散客、家庭自助、自驾游比例进一步增多
5000		成熟的度假旅游经济	休闲需求与消费能力增强并日益多元化

随着人均GDP的提高，恩格尔系数下降，人们对文化旅游的消费需求越来越高。2018年，我国人均GDP已达到9700多美元，恩格尔系数已降至28.4%，法定假日增至115天。在“有钱”“有闲”双轮驱动下，文化消费和旅游消费已经进入高速增长的发展阶段，文化旅游产业呈现出前所未有的生机与活力，文化与旅游融合发展已经成为当前文化产业和旅游业的发展方向和必然趋势。

（三）文化与旅游融合发展是人们追求美好生活的重要内容

随着中国特色社会主义进入新时代，我国社会主要矛盾已经转化为人民日益增长的美好生活需要和不平衡不充分的发展之间的矛盾。这对旅游业发展提出更高要求，过去那种上车睡觉、下车拍照的观光旅游模式已经不能适应人们的旅游需求，更多的游客希望通过休闲、度假、体验等多种方式在旅游过程中放松心情，愉悦精神，增长知识。作为早期文化与旅游融合发展的典型，丽江、桂林等地的“印象”系列实景演出项目之所以能够取得巨大成功，其中一个重要原因就是在旅游中融入更多文化元素，在一定程度上满足了游客对山水文化、民族文化的期待，使游客对山水民族文化获得更多的体验感、满足感。浙江绍兴充分利用勾践、西施、王羲之、王献之、贺知章、陆游、王冕、王阳明、徐渭、蔡元培、秋瑾、陶成章、鲁迅、竺可桢、陈建功、范文澜等众多当地名人文化资源，将提升文化内涵作为全域旅游发展的主线，实现景点外观和文化内涵的统一，文创产业与旅游产业的融合，使游客通过全程参与和体验增长知识，受到熏陶。

河南是中华民族和华夏文明重要发祥地，历史悠久、文化厚重，全省有8个国家级历史文化名城，21个省级历史文化名城，1000多个国家和省级历史文化名镇（村）；前100个中华姓氏大姓中有78个姓氏起源或主要起源于河南，姓氏起源于河南的人口占全国汉族总人口的80%以上；4万多个旅游资源单体中，人文类占63%，13个5A级景区中，人文类有11个。作为一个文化资源大省，推动文化与旅游融合发展，对河南省而言具有极为重要的意义。20世纪80年代，一部电影《少林寺》红遍大江南北，传遍世界各地，让人们认识了少林寺、认识了中国功夫，带火了少林寺乃至河南省的旅游产业，甚至出现了在国外，人们不知道郑州，不知道河南，但知道少林寺，知道中国功夫的神话，创造了一部电影带动旅游，拉动一个地方发展的鲜活样本，彰显了文化与旅游融合发展的巨大魅力。开封清明上河园本身就是文化与旅游融合的产物，近年来适应市场需求不断推动文化与旅游深度融合，2008年打造大型水上实景演出《大宋·东京梦华》，景区年游客量首次突破100万人次，2014年推出大型马战演出《岳飞枪挑小梁王》，推动景区年游客量突破200万人次，2018年推出夜游特色演出剧目和《大宋·汴河灯影》灯光秀，景区年游客量突破300万人次，经营总收入3.47亿元，其中非门票收入1.07亿元，占景区总收入比重突破30%，接近国际发达主题公园35%~40%的占比水平，实现了从“名画”到“名园”的华丽转变。

当前，推动文化与旅游融合发展，必须把提高思想认识摆在首位，解决好思想认识这个总问题，不仅要充分认识文化与旅游融合发展的必然性、重要性，而且要进一步从战略高度充分认识文化与旅游融合发展对河南省所具有的特别重大意义，把文旅融合作为贯彻落实习近平总书记考察调研河南重要讲话精神，推动文化繁荣兴盛的重要内容，顺应旅游市场从观光到休闲、度假、研学、康养、健身等新变化，顺应文化和旅游消费提质转型升级新趋势，深化文化和旅游领域供给侧结构性改革，从供需两端发力，深化文旅融合，宜融则融，能融尽融，找准文化和旅游的最大公约数、最佳连接点，推动文化和旅游各领域、多方位、全链条深度融合，实现资源共享、优势互补、协同并进，以思想认识大提高推动文化与旅游大融合，以文化与旅游大融合推动文化与旅游大发展。

二　提高领导重视程度

领导重视对文化与旅游融合发展至关重要。河南、云南、海南是国内较早大力发展旅游的省份，20 世纪 90 年代就有中国旅游看三南一说，历史文化看河南、民族文化看云南、自然风光看海南成为当时旅游界的共识。经过多年发展，云南、海南已成为国内火爆的旅游目的地，相比之下，河南省在这方面还有一定差距。

（一）旅游业快速发展省份领导高度重视的经验

云南、海南旅游业的快速发展得益于领导高度重视。云南省委省政府每年召开书记、省长办公会议和旅游发展大会，为当地旅游发展长远谋划，在全省范围内形成促进旅游业发展的强大合力。为推进物联网、云计算、大数据、人工智能与旅游业的深度融合，推出“一部手机游云南”。省长先后 15 次主持召开领导小组专题会议，正面引导、帮助推动旅游产业转型，在改善云南旅游市场环境方面发挥了重要作用。海南利用国际旅游岛建设契机出台高标准配套政策，省委省政府参照国际旅游发达国家经验推出旅游国际化促进政策，全省上下齐心协力共建世界一流海岛休闲度假旅游目的地。三亚推出3.0升级版旅游项目，汇集酒店、水族馆、水乐园、餐饮、娱乐、会展、演艺、购物八大业态于一体，打造旅游度假综合体亚特兰蒂斯。三亚政府为支持项目建设提前介入，采取边施工边分阶段验收的灵活措施，大大缩短了项目的建设时间，加快了旅游发展的提质升级。

同样，贵州游客量、旅游收入的阶段性增长与贵州省委省政府高度重视并重拳出击发展旅游业密切相关。1997年，贵州依托本省丰富的少数民族特色资源，决定将文化旅游产业作为本省的支柱性产业发展。自2006年起，贵州每年举办一次旅游产业发展大会，由各市（州）轮流申请举办，其他市（州）进行现场观摩、参观交流。为迎接2008年第三届贵州省旅发大会的举办，雷山县委政府整合资金1.7亿元，全部投入西江千户苗寨基础设施的改造升级中，解决了制约千户苗寨发展的瓶颈问题。自第三届贵州省旅游发展大会召开以后，西江千户苗寨的知名度不断攀升，游客量大幅增加，仅2019年“清明”小长假期间接待游客13.89万人次，旅游综合收入1.27亿元。正是领导高度重视，凝聚了全省文化旅游大发展的推动力，直接带动了贵州全省文化旅游产业的繁荣（见表2）。

表2　贵州省旅游1996、2006、2016年发展数据对比

年份	国内旅游人数(亿人次)	国内旅游收入(亿元)	入境游客数(万人次)
1996	0.18	8.53	—
2006	0.47	377.79	32.14
2016	5.30	5011.94	110.19

（二）河南省旅游业提高领导重视程度的建议

河南省焦作、栾川成为文化旅游融合发展成功范例的主要原因，同样得益于领导重视。焦作曾因煤矿而久负盛名，在煤炭资源日益枯竭的困境下，为推动经济社会转型发展，市委市政府将打造“旅游强市”列为头号工程来抓，有力地推动了文化与旅游融合发展，并先后荣获“中国优秀旅游城市”“中国最佳文化旅游目的地”“中国体育旅游十佳精品目的地”等称号，

“焦作现象”成为近年引爆河南省旅游的一段佳话。2018 年焦作接待国内游客 5242.6 万人次，入境游客 37.9 万人次，实现旅游综合收入 433.5 亿元。国家级贫困县栾川在洛阳“旅游强市”发展战略的指导下，县委县政府将旅游业作为富民强县的支柱产业来抓，成立高规格领导小组，制定《“全景栾川”旅游目的地发展规划》，以旅游经济来带动县域经济发展，创造出了党政部门联动、注重营销、市场化运作、产业化经营的“栾川模式”，在脱贫攻坚中发挥了首位产业的重要作用，旅游扶贫成为脱贫摘帽的主力军。2018 年栾川全年接待游客 1487.6 万人次，实现旅游收入 87.4 亿元。

推动河南省文化与旅游融合发展必须把领导重视摆上至关重要的位置，摆上各级党委政府的重要工作日程，作为改善河南省一、二、三产业结构，扩大服务业占比，拉动经济社会发展的一件大事，大员上阵，靠前指挥，像抓工业、抓城市建设那样抓文化旅游。建议省委省政府借鉴贵州等省份经验，以每年召开文化旅游发展大会为抓手，由各市轮流申办，其他地市现场观摩交流，推动各地领导提高对文化旅游的重视程度，像近年来产业集聚区观摩、百城提质现场会一样，通过现场察看、交流点评，推动河南省文化与旅游融合发展。

三　打造全国重要的文化旅游目的地

旅游目的地是文化旅游融合发展核心竞争力的重要体现。近年来，河南省围绕“老家河南”全力打造文化旅游目的地取得了很大成绩，但与一些先进省份相比，河南省目前旅游目的地标识和形象还不够突出，文化旅游品牌的吸引力、影响力和外向度亟待提升。数据显示，2018 年全国出境游用户出发省份的 TOP10 排行榜中，河南省紧随广东、上海、北京、浙江之后位列第 5 位，在国内前 20 出境旅游出发城市排行榜中郑州位列第 13 位，但是在入境旅游热门目的地城市排行榜中，河南省没有一座城市上榜。出境人多，入境人少，出入境严重不平衡，是目前河南省旅游业发展的突出短板，也反映出河南省旅游在品牌竞争力方面存在的突出问题。相比之下，杭州依托人文景观、自然景观、旅游演艺等，成功打造出“最忆是杭州”的城市旅游目的地品牌。2018

年，杭州市全市共接待旅游总人数1.8亿人次，实现旅游总收入3589亿元，其中，入境旅游荣居2018年入境旅游热门目的地城市排行中第10位，搜索指数上涨30%，西湖、京杭大运河等人文类景点最受关注。2018年，贵阳入选中国十大避暑名城榜眼，2018年实现旅游总收入2456.56亿元，接待游客1.88亿人次，凭借独特的气候条件优势，贵阳成为名副其实的“中国避暑之都”。西安近年来以建设国际一流旅游目的地为目标，推出大型山水实景《长恨歌》，电视剧《大秦帝国》《白鹿原》等一批文艺精品，加快实施大遗产保护工程、皇城复兴计划，在国际上叫响了“千年古都·魅力西安”的文化旅游品牌。在《中国国家旅游》评选的2018年度最佳文化旅游目的地榜单中，西安市位列榜首；在“一带一路”沿线国家游客最喜欢的十大目的地城市中，西安位列第9。2018年，西安市旅游业增加值占GDP比重达到8.74%。与杭州、贵阳、西安相比，同样作为省会城市的郑州还存在较大差距（见表3）。

表3 2018年杭州、贵阳、西安、郑州旅游数据

城市	接待游客数(亿人次)	旅游总收入(亿元)	入境游客数(万人次)
杭州	1.8	3589	420.5
贵阳	1.88	2456.56	54.06
西安	2.47	2554.8	—
郑州	1.15	1300	52.7

在旅游品牌打造方面，贵州省以自然、文化的原生态提炼“多彩贵州”的旅游品牌，以丰富多彩的地域民族文化吸引游客，形成文化旅游核心价值。“好客山东”彰显出山东热情好客、礼仪之邦的特质，成为山东省文化旅游最响亮的品牌。2018年山东全省接待游客8.6亿人次，实现旅游消费总额突破10000亿元。河南作为中华民族的重要发祥地，“老家河南”品牌无疑是最重要的历史文化的突出体现，是河南省文化旅游的核心价值所在。但在品牌打造方面缺乏统筹谋划、全域布局，特别是在内涵挖掘、业态培育、产品提供方面做得不够，没有用“老家河南”统领，形成全省统一的文化标识，品牌吸引力、影响力小，游客忠诚度低，导致河南省文化旅游整

体竞争力不高。这也是河南省旅游出境人数多、入境人数少、出入境严重不平衡的根本原因所在。“老家河南”与“多彩贵州”“好客山东”相比，无论是在品牌效应还是在品牌影响力方面，都还有较大的提升空间（见表4）。

表4　2018年河南、山东、贵州旅游数据

城市	接待游客数(亿人次)	旅游总收入(亿元)
河南	7.86	8120
山东	8.6	10461
贵州	9.69	9460

建议河南省在推进文化与旅游融合发展方面，要聚焦“老家河南”，以“老家河南”为品牌，以打造全国重要国际知名的文化旅游目的地为目标，举全省之力，整体谋划、深度开发，大幅度提升河南省文化旅游核心竞争力。要以“老家河南”统领全省旅游品牌，以郑州、开封、洛阳等重要节点城市为核心，依托洛阳龙门石窟、安阳殷墟、登封“天地之中”历史建筑群、大运河河南段、丝绸之路河南段等世界文化遗产资源，打造全国重要国际知名的华夏文明旅游目的地，将嵩山少林寺、温县陈家沟打造成世界功夫旅游目的地，将新郑黄帝故里、淮阳太昊陵、鹿邑老子故里等打造成华人根亲文化旅游目的地。在整合全省文化资源，突出各地文化特色的基础上，以“老家河南·古都”“老家河南·姓氏”“老家河南·功夫”“老家河南·名人”“老家河南·汉字”“老家河南·元典”“老家河南·民俗”“老家河南·农耕”“老家河南·山水”等精品旅游线路，构建“老家河南”文化旅游目的地产品体系。要加强“老家河南”品牌研究，设立研究中心，挖掘文化内涵，定期举办国内国际论坛、研讨会，进一步形成强化“老家河南”，华夏文明重要发祥地的共识，在更高层次上提升“老家河南”品牌的权威性、吸引力和影响力。

四　加强三个文化带建设

围绕“老家河南”定位，将河南省打造成国内重要国际知名的文化旅游目的地，在当前还要抓住国家规划建设大运河文化带、丝绸之路文化带重大机遇，落实习近平总书记“保护传承弘扬黄河文化”重大要求，规划和建设好大运河文化带河南段、丝绸之路文化带河南段和沿黄生态文化带。

大运河文化带建设方面，2017 年 6 月，习近平总书记在通州考察时对大运河文化带建设做出重要指示：“大运河是祖先留给我们的宝贵遗产，是流动的文化，要统筹保护好、传承好、利用好。”作为大运河申遗的牵头城市，江苏扬州在长达 10 年（2004～2014）的大运河申遗过程中，从保护和建设理念到市民素质提升，都发生了显著的变化。2016 年，山东编制了《“鲁风运河”文化旅游目的地品牌建设总体规划》，枣庄、济宁、泰安、聊城、德州等 5 市牵手成立“鲁风运河”品牌联盟，对大运河文化带建设规划制定发挥了先导作用。从河南省来看，在中共中央办公厅和国务院办公厅印发的《大运河文化带保护传承利用规划纲要》中，河南省有 9 个地级市的 40 县（市、区）位于大运河文化带核心区内，占全国大运河核心区 150 个县（市、区）的 26.7%，另有 9 个县（市、区）在大运河文化带拓展区内。由于大运河河南段绝大部分运河河段深埋地下，保护传承利用难度比较大，尤其需要下更大功夫进行规划建设。

丝绸之路文化带建设方面，陕西、甘肃等地近年来取得了较快发展。不久前，西安市委市政府出台了《西安市建设“丝路文化高地”行动计划（2018～2021）》，提出打造“千亿级”文化产业、促进中外文化交流互鉴等目标任务。近年来，甘肃在深入挖掘古丝绸之路文化内涵、传承保护优秀民族传统文化、加强文化旅游生态环境保护、改善文化旅游基础设施、提升文化遗产机构管理能力等方面发力，加快推进建设纵贯甘肃全境的丝绸之路综合文化旅游长廊。相比之下，早在 2014 年公布的“丝绸之路”世界文化遗产的 33 个遗产点中，河南省汉魏洛阳故城遗址、隋唐洛阳城定鼎门遗址、新安县汉魏函谷关遗址、陕县崤函古道石壕段遗址等入选，但由于没有列为“一带一路”战略重点区域，也有许多工作要做。

沿黄生态文化带建设方面，近年来，河南省先后制定了《华夏历史文明传承创新区建设方案》《河南省黄河生态文化旅游产业带总体规划》《河南黄河国家生态文化带建设规划》，建议加强这些规划衔接，尤其要认真学习习近平总书记在河南省主持召开黄河流域生态保护和高质量发展座谈会上的重要讲话精神，抓住黄河流域生态保护和高质量发展，同京津冀协同发展、长江经济带发展、粤港澳大湾区建设、长三角一体化发展一样，都是重大国家战略的历史机遇，从政治、战略、全局的高度，进一步完善顶层设计，加强重大课题研究，推动规划落地，落实习近平总书记“保护传承弘扬黄河文化”重大要求。

加强线性文化带建设，不仅可以起到串联沿途城市和村镇、整合散落的文化资源和旅游资源的作用，而且有助于聚焦丰富“老家河南”文化旅游目的地形象，再现历史上不同文化交流交融的场景。建议用世界眼光和国际标准，总体规划建设河南省三个文化带，要以政府为主导，做好发展规划，按照“保护为先、合理利用”原则，重点突出洛阳在隋唐大运河中的枢纽和核心地位，规划建设“人”字形大运河河南段文化带，让大运河河南段的文化资源活起来；重点突出洛阳古丝绸之路起点地位，规划丝绸之路文化带河南段，让丝绸之路文化带动起来；重点突出黄河轴线上的郑州、洛阳、开封、三门峡、商丘等重要节点城市，围绕“中华源·黄河魂”主题，实施黄河文化旅游精品工程，规划建设河南沿黄生态文化旅游带，让河南沿黄地区历史文化和生态文化火起来。要以政府牵头，做好遗址展示。以郑州、洛阳、开封等古都为载体，整合偃师二里头、郑州商城、洛阳含嘉仓等遗址遗迹，将大运河河南段、丝绸之路河南段、河南沿黄地区的考古遗址与世界物质文化遗产和非物质文化遗产串起来，打造考古遗址公园集群和博物馆集群，集中展示河南的悠久历史和厚重文化。要以政府投资为主体，建设一批研学基地，依托登封嵩阳、商丘应天、洛阳龙门等书院，打造黄帝、颛顼、帝喾、共工、大禹、老子、庄子、韩非子、列子、韩愈、杜甫、白居易、“二程”等一批名人学堂。要以政府规划为引领，打造综合文化旅游体验区，将大运河河南段遗址保护、相关河段恢复与运河沿线的古都古城古镇保护利用结合起来，将丝绸之路河南段沿线农耕文明和传统农耕技术传承保护与现代农业观光和体验结合起来，将黄河生态保护与文化旅游结合起来，将河南省建设成为知名的集运河文化、丝路文化、沿黄文化于一体的综合体验区。

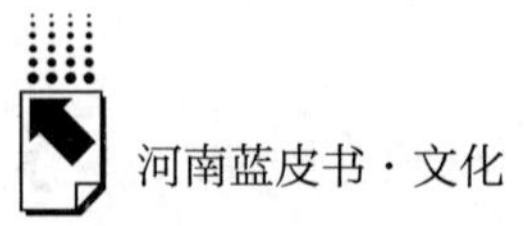

五 创新旅游营销策略和模式

文化旅游品牌影响力的扩大离不开传播和营销，尤其在当前旅游业竞争空前激烈的背景下，旅游营销已经成为旅游目的地获取竞争优势，吸引游客的重要手段。打造“老家河南”旅游目的地形象，提升“老家河南”品牌影响力和市场竞争力需要转变营销理念，高起点布局谋划，高层次宣传推介，创新旅游营销策略和模式。

近年来，重大节事活动对文化旅游的影响越来越显著，特别是一些重大的全国性、国际性会议、会展、节庆、赛事，不仅极大地推动了城市建设管理，而且成为展示传播主办城市美好形象和文化内涵的重要契机，极大提高了主办城市的知名度和公众影响力，成为一个地方最好的公关宣传和旅游推介。1999 年昆明世界园艺博览会是首次由我国政府举办的大型国际博览会，也是昆明第一次站在了国际舞台的聚光灯下，从当年的 5 月 1 日开幕一直持续到 10 月 31 日，历时 184 天，游客接待量达 943 万人次，使昆明一跃成为全国热点旅游城市，也带动了云南整体旅游业的发展。深圳在 2004 年开始举办文化产业博览会，15 年来，深圳文化企业发展到超过 5 万家，从业人员近百万人，文化产业增加值占 GDP 的比重达 7.9%，“深圳模式”不仅成为全国文化产业发展的重要风向标，而且拉动了当地的文化旅游业。凭借世界互联网大会的举办，乌镇充分利用云计算、移动互联网、物联网和大数据等新一代信息技术，打造开放共享的“互联网 +”生态圈，建成产业、文化、旅游和社区四大功能的乌镇“互联网小镇”，满足游客目的地出游全周期、全方位的需求。由于信息化、互联网化和现代元素的介入，游客对乌镇旅游目的地的形象认知也发生了变化，乌镇一夜之间从“古镇”变成现代化的智慧旅游小镇，避开了与西塘、周庄同类型古镇愈演愈烈的同质化竞争，进一步拉动了乌镇旅游。

近年来，河南省每年一度的黄帝故里拜祖大典、中国洛阳牡丹文化节、郑开国际马拉松等全国性乃至国际性的重大活动，也成为展示河南发展变化和对外形象，吸引国内外游客争相旅游的重要载体，在旅游推介方面发挥了重要作用。2015 年，上合组织成员国总理第十四次会议在郑州举行，上合组织秘书长梅津采夫在接受采访中称“这次会议在郑州召开让包括我在内的各国参会人员都感受到河南郑州悠久的历史和灿烂的古代文明，在中国像河南这样重要的经济大省举办这样规模的会议能够有效提升河南在公众中的影响力。”2019 年 6 月，由中联部和河南省委共同主办的“中国共产党的故事——习近平新时代中国特色社会主义思想在河南的实践”专题宣介会在河南举办，来自 35 个国家的共 265 名外宾抵达郑州，共同探讨“乡村振兴”这一主题。河南向国际社会讲述“中国共产党的故事”，同时也向世界讲述了河南故事。2019 年 9 月，全国少数民族传统体育运动会在郑州举办，这也是中部省份第一次举办该项运动会。各省、自治区、直辖市、新疆生产建设兵团、中国人民解放军和台湾少数民族共 34 个代表团 7009 名各民族运动员参赛，参赛队伍和参赛人数为历届之最。这些重大活动，无一不成为展示河南近年来发展巨大成就，展示河南在中部崛起中奋勇争先，展示新时代中原更加出彩的重要平台，提升了河南美誉度和影响力，拉动了河南省文化旅游业的发展。

随着经济社会的不断发展，人们的消费观念也在发生变化，影视作品对旅游行为的影响已经成为全社会公认的事实。在国外，电影《天使爱美丽》《午夜巴黎》带火了巴黎旅游，韩剧《蓝色生死恋》使济州岛成为旅游胜地，热播剧《权力的游戏》中出镜的摩洛哥，让众多的网友“种草”，希望能够去摩洛哥体验一把影视中的场景。在国内，影视 IP 带动旅游热由来已久，云南的《阿诗玛》、广西的《刘三姐》、山西的《乔家大院》相继成为一个时期影视作品带动旅游消费的“旅游名片”。近年来，《泰囧》热映带动泰国旅游火爆增长，《三生三世十里桃花》更是把云南普者黑景区这个几乎没有任何知名度和曝光度的“世外桃源”推上了微博热搜。超级网剧《长安十二时辰》的热播，让西安文化旅游成为网络热搜。《长安十二时辰》播出一周后，西安旅游热度上涨 22%，西安博物院网站一周浏览量环比增长 23.29%，使西安文博旅游线路成为游

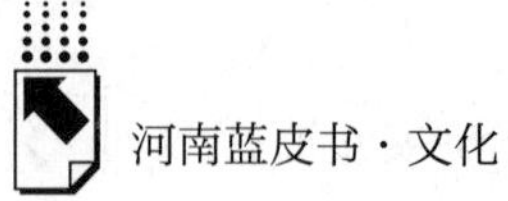

客争相打卡的“流量线路”。

新媒体的开放特征与旅游的分享精神具有高度的契合性。同时，新媒体的移动性、便利性、及时性、互动性，极大地丰富了旅游营销的信息生产、拓展了传播渠道、聚合了精准受众、推动了体验转化，日益成为旅游宣传传播的主阵地。2018年5月18日国际博物馆节，七大博物馆在抖音发起了第一届文物戏精大会，点开H5链接，博物馆里的文物活了起来，成了会说话的“戏精”。借助新颖的技术手段、社交网络的放大效应，许多博物馆、展览馆早已不是我们印象中古老、陈旧、呆板的模样，而成了路人皆知的“网红”。此外，新媒体更具灵活性和深度性。2016年8月3日，湖南长沙橘子洲景区因管理存在隐患被撤销5A级景区资质。8月4日，微信公众号“号外长沙”立即发布《我是橘子洲，今已1700岁，想跟大家说几句心里话……》，以图文的形式梳理橘子洲的人文历史、介绍橘子洲的体验项目、反思管理服务存在的问题。文章发布后立刻引发热议，借助摘牌的高频关注度，橘子洲景区推广了橘子洲的人文历史和体验产品，扭转了原本负面的舆论导向，引发了社会对旅游景区服务管理的反思，取得较好的传播效果。

在推进河南省文化旅游融合，宣传推介“老家河南”品牌，打造文化旅游目的地方面，建议转变营销理念，创新营销模式，跳出旅游说旅游，跳出推介搞推介，跳出营销搞营销，在继续办好黄帝故里拜祖大典、洛阳牡丹文化节、郑开国际马拉松等重要节会赛事的同时，争取更多有影响的全国性、国际性重大活动在河南省举办或落户河南，吸引媒体和公众关注河南，展示河南省发展成就和良好形象，走进河南，在河南走一走，停一停，看一看，吸引更多省外、全球华人和外国游客来河南。邀请国内外知名导演、演员、影视制作团队，依托河南优秀文化资源，聚焦“老家河南”，讲好河南故事，打造几部像当年电影《少林寺》一样高水准、有影响力的影视精品。加强抖音、网络直播、VR技术创新、文化IP打造等新媒体运用，注重与游客的互动沟通，提升河南省文化旅游的吸引力和影响力。

六　发挥政府投融资主体作用

市场投资主体是推动文化旅游融合，加快文化旅游项目落地的关键力量。开封市文化旅游投资集团于2010年成立，建成运营大宋御河、开封文化会客厅、960非遗文化创意园等一系列重大项目，取得了明显的经济效益和社会效益。但是从整体看，目前河南省投资主体、投资项目规模和效益与其他省份相比差距较大。2018年发布的《中国旅游集团报告》共有25家企业并列入选“2018年中国旅游集团20强”，其中北京（5家）、上海（6家）、浙江（3家）三地合计入围过半，广东、安徽、山东、江苏、湖北等地均有企业入围（见表5），河南省没有一家企业上榜。

表5　2018年中国旅游集团20强

序号	上榜单位	地区	序号	上榜单位	地区
1	中国旅游集团	北京	14	同程旅游集团	江苏
2	华侨城集团	广东	15	浙江旅游集团	浙江
3	首都旅游集团	北京	16	杭州商旅集团	浙江
4	美团点评集团	上海	17	开元旅业集团	浙江
5	北京东方园林集团	北京	18	祥源控股集团	安徽
6	众信旅游集团	北京	19	安徽旅游集团	安徽
7	凯撒旅游集团	北京	20	黄山旅游集团	安徽
8	大连海昌集团	辽宁	21	福建旅游集团	福建
9	锦江国际集团	上海	22	山东银座旅游集团	山东
10	携程旅游集团	上海	23	湖北文旅集团	湖北
11	景域旅游集团	上海	24	岭南国际集团	广东
12	春秋旅游集团	上海	25	腾邦集团	广东
13	华住集团	上海			

湖北文旅集团简称“鄂旅投”，于2009年挂牌成立，湖北省国资委、三峡基地发展有限公司为主要控股人。文化旅游、金融服务、新型城镇建设、商贸物流是其主要四大产业板块，其中文旅板块涵盖景区、酒店、旅行

社、交通、演艺、商品、电商、文化创意、规划设计九大业态，充分发挥投资集团投资、融资、资本营运的职能，成为湖北省文化旅游融合发展的标杆企业。最近发布的2019年《国内大型文旅集团上半年业绩榜单》显示，鄂旅投集团以41.64亿元营业收入排名第10，在国有文旅集团中排名第6。从调研省份发展经验中看，在文化旅游融合发展方面，市场投资主体也发挥着主力军的作用。贵州于2009年、2014年先后成立贵阳市旅游文化产业投资公司和贵州省贵旅文化旅游产业投资公司，这两家公司主要负责省市文化旅游项目投资开发建设和管理。在省市文投公司的运作下，多彩贵州风景眼文创园、孔学堂、天河潭旅游度假区、青岩古镇等一批文化旅游项目先后建成完善或改造升级，成为“多彩贵州”文化旅游融合发展的亮点。杭州宋城集团坚持以“以文兴旅、以旅彰文”的发展理念，投资打造“演艺宋城”“旅游宋城”“国际宋城”“科技宋城”“IP宋城”“网红宋城”等特色文化旅游。截至2019年，已建成和在建数十个旅游区、30个主题公园、上百台“千古情”及演艺秀，并拥有中国演艺谷等数十个文化娱乐项目。被誉为世界三大名秀之一的《宋城千古情》已经成为杭州的文化符号，延长了游客在杭州的停留时间，成为吸引游客入境、增加旅游收入的一大助力。

实现河南省文化旅游融合高质量发展，必须充分发挥市场投资主体的重要作用，充分吸纳多元投资进入文化旅游市场，围绕打造“老家河南”旅游目的地，规划建设、改造提升一批高水平、高质量的文化旅游项目。要充分发挥政府投融资平台的主导作用，围绕“老家河南”整体谋划，对现有文化旅游项目进行提质升级，同时投资建设一批彰显“老家河南”文化特色、旅游特质的文化旅游项目，培育实力雄厚的文化旅游龙头企业，实现河南省文化旅游融合发展的规模化、效益化、品牌化。要积极吸收更有实力的社会资本投入，实力强的民营企业天然具有资金优势、管理优势、营销优势，要充分发挥民营企业的市场生存本能，引导民营文化旅游企业围绕“老家河南”文化旅游项目投资，以多元的投资主体共建“老家河南”文化旅游目的地。要建立文化旅游发展基金，坚持政府主导、市场运作、多元投入和安全稳健的投资原则，充分发挥政府引导作用和市场在资源配置中的决定性作用，推动形成政府资金引导、各类社会资本广泛参与的投融资模式，带动更多优质文化旅游企业、投资公司和建设运营、金融保险、策划服务主体，共同参与打造“老家河南”文化旅游目的地大合唱。

七　加强组织保障

加快推进河南省文化与旅游融合发展，需要党委政府牵头、职能部门齐抓共管、提供强有力的组织保障。要加强领导，整合资源，统筹协调，形成推动文化旅游发展强大合力。

意大利是欧洲文化的摇篮、文艺复兴的发源地，也是世界文化遗产大国。与此同时，意大利也是世界旅游大国，每年入境旅游人次高达1.17亿，位列世界第5，国际旅游收入位列世界第6。在管理方面，意大利对文化遗产实行垂直管理，由中央政府在全国建立统一的文化遗产保护开发网络，直接委任地方代表并垂直领导。在政策法规方面，制定完善的法律法规，实施“文物监督人”制度，对文化遗产实施谨慎开发，重视其历史遗产的“整体性保护”。在资金方面，中央政府用于文物古迹的保护经费高达20多亿欧元，且拨款逐年增加，各级地方政府也有文化遗产保护的专用款项。可以说，丰富的文化遗产是意大利旅游发展的基础，高度重视文化遗产保护与可持续利用，并提供包括经费在内的各方面组织保障是其旅游政策与战略的核心。

国内方面，早在2015年，广东就出台《关于促进文化旅游融合发展的实施意见》，以推动文化旅游融合发展示范区创建工作为重点，加大对各地市开展文化旅游融合发展工作的指导和扶持力度，促进各地结合当地资源优势和发展条件，进一步优化文化旅游产品供需结构，扩大有效供给，培育新的文化旅游消费增长点。2017年，苏州制定《关于加快推进文化和旅游深度融合的实施意见》，建立文化与旅游融合发展指标和评估体系，完善文化旅游市场综合监管机制，对一些文化特色鲜明、互动体验性强、综合带动力大、体验内容丰富、市场前景好、消费者好评度高的文化与旅游融合发展示范项目实施认定并积极扶持和示范推广。2019 年，浙江成立文化和旅游发展研究院，主要负责文旅发展政策研究、理论研究、产业研究，并承担省文化和旅游智库秘书处功能，旨在通过打造拥有高端峰会、论坛讲坛、高端智库、文旅期刊、行业标准的一流科研品牌，为浙江乃至全国文化和旅游高质量发展提供智力支持。浙江还制定《关于加快推进文旅融合 IP 工程建设的实施意见》，提出要以文化与旅游 IP 建设为切入点和着力点，推动文化和旅游“双万亿”产业高质量发展，助推浙江建设全国文化高地、中国最佳旅游目的地、全国文化和旅游融合发展样板地。

做好河南省文化与旅游融合发展这篇大文章，需要政府主导，多部门联动，多政策齐发，多力量汇聚，强化组织保障。要建立完善协调运行机制，加强文化与旅游融合发展政策和制度方面的顶层设计，做好文化和旅游发展规划，并纳入经济社会发展规划和城乡建设、土地利用规划。研究制定文化和旅游融合发展的相关政策，健全全省文化旅游工作联席会议制度，完善投融资、营销推广、标准化、综合管理等工作机制，协调解决空间规划、土地供给、产业布局、基础设施建设等遇到的重大问题。要建立完善基础设施和公共服务体系，加快构筑便捷、快速、舒适的文化旅游交通网络，解决景区“最后一公里”问题，实现城市及交通枢纽到主要景区的无缝快速衔接。要统筹规划和提升信息服务质量和旅游综合服务智慧化水平，统一规划建设旅游应急、公共服务等配套设施，提高文化与旅游融合发展综合服务质量。要建立完善宣传推广和营销机制，建立全媒体信息传播制度，整合利用各类宣传营销资源和渠道，建立推广联盟等合作平台，构建政府、行业、媒体与公众共同参与的宣传推广格局，讲好河南故事，传递好河南声音，展示好河南形象。要建立完善绩效评估和激励机制，强化对在线旅游企业及其经营服务行为的监管，加大对文化旅游市场主体的安全督导和联合检查力度。建立旅游市场秩序综合评价指数制度和旅游行业诚信“红黑名单”制度，完善旅游企业和从业人员诚信记录。及时总结文化和旅游融合发展的阶段性经验和成果，制定相关标准或评估体系，出台全省文化与旅游融合发展工作的奖惩条例，对各地各部门在文化旅游融合发展绩效进行年度考评。要加强文化旅游部门特别是文化遗产管理部门的力量配置，加大文化旅游人才引进力度，加大文化旅游在职人员培训力度，创新文化旅游人才校企合作模式，依托郑州大学、河南大学等院校，通过校企合作，定向为文化与旅游融合发展提供专业人才。

B.4
2019年河南非物质文化遗产数字化保护工作报告

王楠楠*

摘　要： 河南历史悠久，传统文化积淀深厚，非物质文化遗产资源众多。多年来，河南各级政府非常重视非物质文化遗产的保护、传承和发展工作，多措并举，多管齐下，成效显著。本报告总结了河南省非物质文化遗产资源的基本情况，回顾数字化保护的成绩并指出问题，在此基础上提出制定统一标准，整合资源建立共享机制等对策建议。

关键词： 非物质文化遗产　河南省　数字化保护

河南地处中原，历史悠久，传统文化积淀深厚，是非物质文化遗产资源大省。多年来，河南各级政府非常重视非物质文化遗产的保护和传承发展工作，多措并举，多管齐下，成效显著，有力推动了河南非物质文化遗产保护事业健康发展。但是，由于非物质文化遗产保护工作起步较晚，更由于信息化、全球化飞速发展的当代社会对非物质文化遗产文化生存环境的冲击，河南省的非物质文化遗产保护形势依然严峻，许多珍贵的非物质文化遗产濒危，面临后继乏人的局面，如何使用多样化的手段、技术和方法来保护非物质文化遗产是当前我们亟须解决的一个重要问题。

---

* 王楠楠，河南省非物质文化遗产保护中心理论研究部主任，馆员，研究方向为河南省非物质文化遗产保护。

一 河南省非物质文化遗产资源的基本情况

河南历史文化悠久，是中华民族和华夏文明的重要发源地，有“豫州”“中原”“中州”之称，人杰地灵，文化灿烂，非物质文化遗产资源丰富，地域特色鲜明。

（一）河南省的非物质文化遗产资源数量很多、价值很大

河南全省共普查出非物质文化遗产线索180余万条，其中基本立项22万余条，2个项目被列入联合国教科文组织人类非遗代表作名录，113个项目被列入国家级非遗项目名录，728个项目被列入省级非遗项目名录，127人被认定为国家级非遗代表性传承人，832人被认定为省级非遗代表性传承人。河南全省现有“国家级非物质文化遗产生产性保护示范基地”5个，分别为河南省禹州市杨志钧窑有限公司——钧瓷烧制技艺、河南省禹州市星航钧窑有限公司——钧瓷烧制技艺、洛阳九朝文物复制品有限公司——唐三彩烧制技艺、开封市素花宋绣工艺有限公司——汴绣、汝州市朱文立汝瓷艺术有限公司——汝瓷烧制技艺；“国家级非物质文化遗产保护研究基地”2个，分别为禹州市苗家钧窑有限公司（苗长强）、河南省文化艺术研究院（李利宏，河南省稀有剧种抢救工程）；“国家级文化生态保护试验区”1个，为说唱文化（宝丰）生态保护实验区；“河南省文化生态保护实验区”8个，分别为洛阳河洛文化生态保护实验区、登封少林文化生态保护实验区、滑县木版年画生态保护实验区、浚县民俗文化生态保护实验区、温县太极文化生态保护实验区、陕县地坑院文化生态保护区、濮阳传统戏剧文化生态保护区、宝丰说唱文化生态保护区；“河南省非物质文化遗产研究基地”33个；“河南省非物质文化遗产展示传习示范馆（所）”80个；“河南省非物质文化遗产生产性保护示范基地”30个。

（二）河南省的非物质文化遗产资源分布很广、潜力很大

河南省的非物质文化遗产资源分布十分广泛，许多甚至跨地域分布，

发展潜力很大。如国家级非物质文化遗产代表性项目豫剧，起源于河南，据统计，全国14个省份都有专业豫剧团分布。国家级非物质文化遗产代表性项目太极拳，自17世纪中叶温县陈家沟人陈王廷创编以来，形成了以其开创者姓氏或姓名命名的众多流派：河南陈氏太极拳、和氏太极拳，河北杨氏太极拳、武氏太极拳、王其和太极拳，北京吴氏太极拳，天津李氏太极拳，其习练的人群不仅遍布全国各地，而且传播到多个国家和地区。

（三）河南省的非物质文化遗产资源知名度很高、影响很大

河南有一些非物质文化遗产资源，其知名度和影响力在全国都排在前列。如国家级非物质文化遗产代表性项目新郑黄帝拜祖祭典，自1992年以来，新郑市连续多年举办炎黄文化节黄帝故里拜祖大典，引来大批海内外的炎黄子孙前来寻根拜祖，尤其是2006年，由河南省承办的“丙戌年黄帝故里拜祖大典”盛况空前，国家和各省（市）、区有关领导人，来自联合国、亚太经合组织以及美国、英国、泰国、日本等31个国家和地区的169个社团组织和52个姓氏宗亲会的嘉宾近万人参加此次盛典，不仅让更多的人知道新郑是黄帝故里、中华民族的圣地，也让新郑黄帝故里的拜祖祭典走向全国，走向世界。马街书会、太昊伏羲祭典、洛阳牡丹花会、少林功夫、河南坠子、钧瓷、汝瓷、唐三彩烧制技艺、朱仙镇木版年画等，也都享誉海内外。

（四）河南省的非物质文化遗产资源形势严峻、危机很大

河南省非物质文化遗产保护的形势严峻，即使政府部门、专家学者、代表性传承人、社会人士通力合作，依然挡不住一些非物质文化遗产项目在现代社会洪流中濒危的步伐。如地方戏曲，外来文化的冲击、多元文化消费方式的碰撞，不断削弱了戏曲的群众基础，失去了存活的人文环境，过去河南戏曲有百种之多，截至2019年存活的只有36种，且很多处于濒危状态。如国家级非物质文化遗产代表性项目“黄河号子”，它虽然承载着中华民族的

文化基因，但由于受人类社会环境发展的影响，已经失去了存在的社会基础，年长的一代日渐老去，年轻的一代不愿传承，只能或消逝，或存储于我们的记忆、档案资料之中。

二 河南省非物质文化遗产数字化保护工作所取得的成绩

多年来，河南省认真贯彻中央关于开展非遗保护工作的方针政策，始终致力于非遗事业的可持续发展，在探索中多措并举，多管齐下，成果丰硕，成效显著，尤其是在非物质文化遗产的数字化保护工作方面，更是成绩斐然。

（一）多措并举、多管齐下、探索非物质文化遗产的数字化保护之路

河南省高度重视非遗保护工作，分别从法律法规、财政拨付、机构人员设置、宣传展示传播、科研课题等多角度、多手段开展了大量非物质文化遗产保护工作。如2013年9月26日，省人大常委会通过了《河南省非物质文化遗产保护条例》（以下简称《条例》），2014年1月1日起正式实施。《条例》中规定："县级以上人民政府应当将非物质文化遗产保护、保存工作纳入本级国民经济和社会发展规划，并将保护、保存经费列入本级财政预算，用于本行政区域内非物质文化遗产的调查、研究、传承、传播、濒危项目抢救等保护、保存工作和代表性传承人扶持。"① 如增加机构建设和人员配置；如每年开展大量的非遗展示展演等传播活动；如在高校设立非遗研究基地，定期组织非遗相关的科研课题等；如制定科学的保护规划，探索非遗数字化保护工作、分类保护工作的有效途径等。

① 《河南省非物质文化遗产保护条例》，河南省文化和旅游厅网站，http：//gov.hawh.cn/content/201902/27/content 417653.html。

（二）尝试开展“铭刻——河南省非物质文化遗产全面记录计划”

为抢救、保护河南省的非物质文化遗产濒危项目，系统地记录和保存其生存原貌，研究和传承民族文化留下宝贵资料，2011 年，河南省文化厅启动了“铭刻——河南省非物质文化遗产全面记录计划”。该计划依照非物质文化遗产的“非物质性”特点，坚持“完整、客观、真实”的原则，利用摄影、摄像等数字化手段，对非物质文化遗产进行可视地、动态地、立体地、原真性地保存和记录，如实记录非物质文化遗产项目及其生存原貌，并在此基础上整理出版相关音像、图书，制作专题宣传片，在为非物质文化遗产研究、保护和传承等工作积累丰富、翔实资料的同时，进一步增强非物质文化遗产的社会影响，全面提升河南文化形象，推进文化强省建设，促进河南振兴。拍摄的内容主要包括：“已列入的国家级、省级非物质文化遗产代表性项目名录；各地在普查时发现的重点项目资源；拟申报省级或国家级的非物质文化遗产项目。”① 截至 2013 年，河南完成全部 30 个非物质文化遗产代表性项目的采集整理工作。

（三）积极开展非物质文化遗产数字化管理系统试点工作

自 2013 年起，河南省积极响应文化部非遗司关于加快非遗资源抢救、保护的指示，开展了大量数字化保护工作。

1. 第一批非物质文化遗产数字化管理系统试点工作。“加快非物质文化遗产资源抢救性保护步伐是推动全国非物质文化遗产数字化保护工作向前发展的关键所在。”② 为了更好落实这一措施，按照文化部非物质文化遗产司的工作要求，中国艺术研究院中国非物质文化遗产数字化保护中心筹划试点工作，计划在一部分省份先行开展非物质文化遗产数字化管理系统工作，并

① 河南省文化厅印发《关于组织实施铭刻——河南省非物质文化遗产全面记录计划的通知》，2010 年 9 月 17 日。

② 中国艺术研究院：《非物质文化遗产数字化管理系统试点工作即将启动》，https：//www. chinesefolklore. org. cn/web/index. php？NewsID = 11104。

于2013年1月21日、22日召开了试点工作软件开发需求调研会。河南、辽宁、山东等10个省份非物质文化遗产保护中心的负责同志参加了此次会议。2013年4月，在北京召开的非物质文化遗产数字化管理系统试点工作研讨会明确了2013年非遗数字化管理系统试点的任务和使用标准，同时，河南省提交了豫剧和太极拳两个试点的合作意向，分别由河南省非物质文化遗产保护中心开展豫剧项目的采集录入工作，焦作市非物质文化遗产保护中心开展太极拳项目的采集录入工作。在河南省文化厅非物质文化遗产处的指导下，根据文化部建立数据库所需的硬件设备及软件技术要求，河南省非物质文化遗产保护中心、焦作市非物质文化遗产保护中心完成了数据库的硬件设备购置，中国非物质文化遗产保护中心的工作人员及技术人员前来安装了数据库软件并在郑州举办了数据库操作使用培训班。为推进和深化该项工作，河南省非物质文化遗产保护中心成立了数字化管理系统工作小组，采集资源时，又成立了专项工作组，脚本、场记、摄影、摄像、剧务（兼司机）、后期制作、录入等均由专人负责。11月，非物质文化遗产数字化管理系统试点工作汇报及经验交流会在北京召开，河南省非物质文化遗产保护中心的工作人员参加了会议，介绍了作为试点的河南省的工作模式概况、工作实施进展、工作特色与经验以及使用时存在的问题等，并进行了非遗数据库及数字化采集标准培训。截至2014年6月，河南的国家级非物质文化遗产代表性项目豫剧共采集资源348.7GB，查阅光盘200多张，查阅文字档案300多卷，有效录入音频资源3条，视频资源6条，图片500条，文档85条，合计594条3.88GB。太极拳项目共采集资源84GB，查阅光盘400多盘，查阅文字档案100多卷，有效录入视频资源40条，图片资源459条，文档239条，合计738条22.2GB。豫剧、太极拳两个项目保护单位共录入资源1332条。河南省按照国家数字化保护中心要求的进度，顺利完成了数字化试点的工作任务。这既是中国艺术研究院中国非物质文化遗产数字化保护中心试点工作的一次尝试，也是河南省运用新手段开展非物质文化遗产保护工作的一次尝试，取得了非常好的效果，搜集整理了大量有效资料，保存了许多珍贵的项目资源。

2. 第二批非物质文化遗产数字化管理系统试点工作。2013 年 12 月，中国艺术研究院中国非物质文化遗产数字化保护中心实施开展 2014 年度非物质文化遗产数字化管理系统试点工作的项目申报工作，河南提交了 2 个国家级非物质文化遗产代表性项目的申报资料（黄河号子、河南坠子）。申报成功后，在河南省文化厅非物质文化遗产处的指导下，河南省非物质文化遗产保护中心充分利用国家的技术和资金支持，按照国家要求的时间、进度和标准，完成数据库软、硬件建设，分期顺利完成了数据采集、录入等工作。2016 年 10 月，作为国家数据库建设的第二批试点，河南省非物质文化遗产保护中心提交了黄河号子、河南坠子的全部资料，交由国家数字化保护中心验收、审核。第二批试点工作的开展，使得河南对非物质文化遗产项目资料、资源的搜集整理工作更加得心应手，更加有条不紊，分类整理也更加科学化。

（四）顺利开展国家级非物质文化遗产代表性传承人抢救性记录工作

传承人是非物质文化遗产保护的重中之重，是非物质文化遗产的重要承载者和传递者，既是非物质文化遗产活的宝库，又是非物质文化遗产代代相传的代表性人物。传承人的保护，是非物质文化遗产保护工作的关键。① 但是，非物质文化遗产的代表性传承人普遍年事已高。因此，对其开展抢救性记录工作，成为非遗保护工作的一大重点。

1. 国家级非物质文化遗产代表性传承人抢救性记录工程试点工作。2013 年，文化部非遗司开展国家级非物质文化遗产代表性传承人抢救性记录工程试点工作，河南省国家级非遗项目河南坠子的代表性传承人刘宗琴、宋爱华 2 人入选。在河南省文化厅非遗处的指导下，河南省非物质文化遗产保护中心积极开展此项工作，采集了大量资料。2016 年上半年，河南省非物质文化遗产保护中心精心整理资料，组织人员，顺利完成了国家级非物质文化遗产代表性传承人抢救性记录试点工作的评估。评估期间，河南省应要

① 周和平：《中国非物质文化遗产保护的实践与探索》，《求是》2010 年第 4 期。

求提交了试点工作实施情况调查表、自评报告、工作卷宗和两位传承人的口述片、文献片、实践片、传承教学片及其他图文声像资料。这次试点工作为下一步国家级非物质文化遗产代表性传承人抢救性记录工作的开展打下了坚实的基础，也为《操作指南》的出台提供了参考依据。

2. 国家级非物质文化遗产代表性传承人抢救性记录工作。截至2015年1月底，文化部公布的4批1986名国家级非物质文化遗产代表性传承人中已有235人离世，在世的国家级非物质文化遗产代表性传承人中超过70周岁的已占到50%以上，开展传承人抢救性记录工作已刻不容缓，根据《文化部“十二五”时期文化改革发展规划》，为全面实施国家级非物质文化遗产代表性传承人抢救性记录工作，文化部于2015年4月下发通知正式启动国家级非物质文化遗产代表性传承人抢救性记录工作。[①] 2015～2019年河南省共52名代表性传承人列入抢救性记录名单。在河南省文化厅非物质文化遗产处的指导下，河南省非物质文化遗产保护中心严格按照《操作指南》实施。2017年，文化部非遗司从全国2015年度已完成验收的46个抢救性记录成果中挑选4个项目在抢救性记录中期交流会上作为样板交流，河南的《豫剧——王冠君》《撂石锁——沈少三》入选，获得了与会领导、专家的高度认可。2015年的10名代表性传承人共收集了抢救性记录成果资料视频380多小时，音频135小时，口述文字稿134万字，实物文献407件，精选照片350张。其中，《撂石锁——沈少三》《四大怀药种植与炮制技艺——李成杰》《朱仙镇木版年画——郭泰运》三个项目被文化部非遗司评为优秀项目。同时，这三个项目还于2018年6月9日至7月8日在国家图书馆举办的“国家级非物质文化遗产代表性传承人抢救性记录工作成果展映月”活动上展映。7月6日下午，“年华易老　技·忆永存——国家级非物质文化遗产代表性传承人抢救性记录首批优秀成果推介会”在国家图书馆举行，河南喜获优秀组织奖1项，观众最喜爱的影片奖1项，优

① 文化部印发《关于开展国家级非物质文化遗产代表性传承人抢救性记录工作的通知》，2015年4月。

秀项目奖3项。2019年文化和旅游部非物质文化遗产司组织第二批工程验收，在全国评出22个优秀项目，河南省入选1个，并在国家级非遗代表性传承人记录工作培训班上被授课老师作为优秀范例播放。截至2019年，河南省开展的2017年度10人、2018年度12人、2019年10人的抢救性记录工作目前正在顺利推进中。通过开展国家级非物质文化遗产代表性传承人抢救性记录工作，河南省收获了河南经验，并对工作开展过程中的不足进行总结和完善。由于此项工作的技术要求和规范要求都十分严格，这对河南省既是考验，又是锻炼，也为河南省开展省级非物质文化遗产代表性传承人抢救性记录工作打下了基础，指导了工作方向。同时，因为入选的代表性传承人年岁较大，身体状况不一，在开展抢救性记录工作的这几年中，一些代表性传承人相继去世，该工作抢救性地记录下了大批珍贵资料。如四平调的代表性传承人邹爱琴于2016年逝世，河南坠子的代表性传承人刘宗琴于2017年逝世，开封大相国寺梵乐的代表性传承人释隆江于2017年逝世等。

（五）大力开展省级非物质文化遗产代表性传承人抢救性记录工作

为了加强对河南省省级非物质文化遗产代表性传承人的保护工作，河南于2015年年初启动河南省非物质文化遗产代表性传承人抢救性记录工程，参照国家级非物质文化遗产代表性传承人抢救性记录工作的《操作指南》开展各项工作。2015～2019年共45名省级代表性传承人列入抢救性记录名单。其中，2018年度10人的抢救性记录工作共收集视频117.96小时、音频38.71小时、图片8415张、口述文字稿46.07万字。截至2019年，2015～2017年度25人的抢救性记录工作已全部通过检查验收。2018年度、2019年度20人的抢救性记录工作目前正在稳步开展。非物质文化遗产代表性传承人所承载的技艺、文化、经验等是非物质文化遗产的核心内容，因此，大力开展非遗代表性传承人的抢救性记录工作刻不容缓。但由于财政资金有限，该工作只能按照传承人年龄、身体状况来统筹规划、分步实施，目前力度还远远不够。

（六）有序开展非物质文化遗产系列专项抢救保护工程

为探索出非物质文化遗产分类保护的有效途径，根据河南省文化厅部署，自 2012 年起，河南省有序开展了非物质文化遗产系列专项抢救保护工程。

1. 河南省稀有剧种抢救工程。2012 年 12 月至 2014 年 12 月，历时两年，河南省顺利实施了河南省稀有剧种抢救工程。经统计，全省各个稀有剧种保护单位，共复排传统剧目 420 多部，拍摄传统剧目 313 部，其中，由河南省非物质文化遗产保护中心统一组织拍摄的有 103 部，共涉及 28 个稀有剧种。全省各地共收集整理近 1900 部剧目剧本、1557 本曲谱和 5800 多件相关实物，出版书籍 10 本，并在 2015 年 6 月文化遗产日期间，组织举办了“河南省稀有剧种抢救工程成果展”。

2. 河南省传统美术抢救保护工程。2015 年 3 月至 2016 年 12 月，河南省组织实施了河南省传统美术抢救保护工程。经统计，共形成传统美术类四级非遗项目及传承人纸质档案资料 3 套共 2454 份，数字化档案资料 818 份共 14. 3GB；完成了 250 个传统美术类非遗项目的拍摄和 306 名传承人口述史采访，积累访谈录音 300 余个小时，视频素材约 30TB，图片素材约 2TB；编辑出版书籍、图录达 120 多册；收集传统美术作品、工具等相关实物达 26824 件，其中省级以上非遗项目实物、作品达 9803 件；建成 78 所展示馆和传习所；举办培训班 929 班次，参训人员包括传统美术类相关管理人员、传承人、社会传承对象等，共计 24907 人次。

3. 河南省传统技艺抢救保护工程。继成功实施河南省稀有剧种抢救工程、河南省传统美术抢救保护工程后，2017 年 2 月，河南省启动了河南省传统技艺抢救保护工程，计划于 2019 年完工。在分类保护工作开展过程中，河南逐步形成了“六个一”的工作标准，即：为每个项目和传承人建立一套纸质和数字记录档案，编辑整理出版一批书籍图录，拍摄记录一批影像制品，征集收藏一批代表性实物，建成一批专题展示馆，培养一批人才。省非物质文化遗产保护中心按照“六个一”标准，通过填报统计报表、实地走访、拍

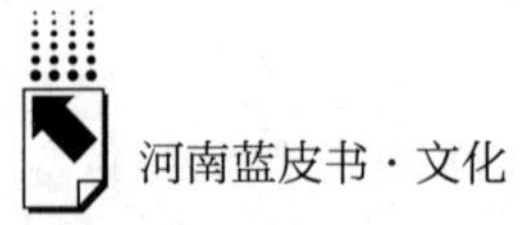

摄记录、座谈研讨等方式，对省内传统技艺类非物质文化遗产项目进行全面深入调查。截至2019年，工作在顺利推进中。通过这项工程，我们不仅在档案收集整理、图书出版、影像记录、实物征集、展馆建设、人员培训等方面取得丰硕成果，同时也调动了社会各界力量的积极性，发现了一批有价值的新线索。

三　河南省实施非物质文化遗产数字化保护工作中存在的问题

非物质文化遗产数字化保护这条路，是河南基于当前社会信息化、数字化飞速发展的科技背景下开展的实践方式之一，也是非常有效、高效的方法之一。但是，由于技术问题、规范性问题、工作人员水平和能力问题等，非物质文化遗产数字化保护之路在前行过程中，也存在着许多问题。

（一）技术标准和规范不一，数据库的维护不佳和持续性不强，资源利用度低

在探索非物质文化遗产数字化保护之路时，河南尝试了多种方法，如“铭刻——河南省非物质文化遗产全面记录计划”、非物质文化遗产数字化管理系统试点工作、国家级非物质文化遗产代表性传承人抢救性记录工作、省级非物质文化遗产代表性传承人抢救性记录工作、非物质文化遗产系列专项抢救保护工程等。这些都是独立的项目，有的录入管理系统，有的录入数据库，有的进入档案，操作技术标准和规范不一，且数据库的维护不佳与持续性不强，项目资源收集整理后只发挥了存储的功能，没有做到再次利用或将其进行展示传播、传承和发展，使得资源的利用度偏低。

（二）知识产权问题层出不穷

知识产权问题既是代表性传承人关注的一个重要方面，也是采集人员及专家学者关注的重点。我们在采集和整理非物质文化遗产的数字化信息，在

使用和传播非物质文化遗产的数字化资源方面，如何能够保证合理合法，使非物质文化遗产资源为广大民众共享，这是河南省不得不面对的一大问题。

（三）专业人员技术单一且力量薄弱

开展非物质文化遗产保护工作尤其是数字化保护工作需要涉及多个学科门类，同时也需要有专门的机构和专业人员来从事这项工作。专业人员技术单一会出现许多问题，如拍摄团队人员操作硬件器材的技术过硬，但不懂非物质文化遗产知识，不理解非物质文化遗产数字化保护工作的理念，采集整合的资源达不到诉求。又如非物质文化遗产业务人员及学者对采集资源时使用的镜头语言、脚本等不甚理解，与制作人员沟通有偏差，后期制作不尽人意。这些内在、外在的各种因素，使得我们同科学化、规范化地开展各项非物质文化遗产保护工作还存有很大的差距。

四　对非物质文化遗产数字化保护工作的建议

非物质文化遗产的数字化保护方式对我们来说，是一个契机，合理、合法地使用这种方式，对于我们开展非遗保护工作，对非物质文化遗产的可持续发展，将是强有力的助力，也有利于使我国的非物质文化遗产进入国际视野，走向国际舞台。

（一）制定统一标准，整合资源建立共享机制

“非物质文化遗产是我们大家的精神财富，是中华民族共有的精神家园”①，“非物质文化遗产的保护是一项庞大、繁复、系统的工程，需要我们每个人的参与和行动，更需要大量的人力、物力和财力的投入”②。我们应

① 周和平：《加强非物质文化遗产保护　建设中华民族共有精神家园》，《艺术评论》2012 年第 7 期。

② 徐婷：《鄂东传统体育文化遗产保护与全民健身的融合研究》，吉首大学硕士学位论文，2016。

该通过资源整合，建立资源共享机制，在资源采集时设定统一规范标准，与相关部门联合行动，共享资源，使采集的信息得到最大化的利用，使非物质文化遗产在更广阔的人群中传播发展开来。

（二）采取多种知识产权保护措施

在涉及知识产权问题时，我们一定要小心谨慎，做到事前签订授权协议，在采集的资源上做好说明，并将收集的资料进行分类。如哪些用于存储，哪些用于传播交流，哪些可全部公开或部分公开，尽可能在合理合法的前提下，使非物质文化遗产得到传承和发展。

（三）加强专业人员队伍建设

专业人员素质的高低，对我们非物质文化遗产保护工作开展质量的好坏起着决定性作用。因此，我们既要注重选拔，又要加强培养教育，通过理论培训加实践结合的方式，提升非物质文化遗产保护工作相关人员的理论水平和业务技能。

五　结语

在当前多元化、信息化的社会中，可以承载非物质文化遗产资源的媒介也更加多样化、科技化，如传统媒体的书籍、报刊、广播影视等，如新媒体、自媒体等，我们开展非物质文化遗产数字化保护工作，就是要借助现在先进的技术手段，将各种介质的资料资源收入数据库之中，并在适当的时候用于学习研究、交流传播、发展传承等。我们开展非物质文化遗产保护工作，要遵循社会科学的发展规律，要在工作中积极大胆地探索，多措并举、多管齐下，才能把我们的非遗保护事业做得更好，迈上新的台阶。

B.5

2019年河南省文化产业高质量发展调研报告

河南省政协文化和文史委员会课题组*

摘　要： 党的十八大以来，河南省委省政府认真贯彻落实党中央、国务院关于加快文化产业发展的各项决策部署，大力发展文化产业。2017年河南省文化产业增加值1341亿元，增速10.6%，总量全国第8，首次跃居中部第1；规模以上文化产业企业3424个，增长6.7%，居全国第6、中部第1。文化产业呈整体快速健康发展态势。但与发达省份相比，仍存在认识不到位、资源转化不充分、结构不合理、创新能力不足、资金人才问题严重等问题，文化产业发展质量不高、总量偏小，占GDP比重低于全国平均水平，尚未成为支柱性产业。应从做好顶层设计、对接国家战略、培育市场主体、加强科技支撑、推动文旅融合、培育消费市场、注重资金人才等方面着力。

关键词： 文化产业　高质量发展　支柱性产业

大力发展文化产业，对于推动社会主义现代化建设、繁荣社会主义文化、满足人民群众精神文化需求、转变经济增长方式有着重要意义。当前，

* 带队领导：张震宇；组长：毛德富；副组长：何白鸥、高红；成员：杨雪琴、李庚香、朱建伟、梁留科、马萧林、刘五一、王胜昔、张国晓、李学武、郭爱和、裴芳、陈琳。

我国文化产业正逐步发展为国民经济支柱性产业，推动文化产业高质量发展也成为我国经济转入高质量发展阶段后的必然要求。为进一步提升河南省文化产业发展质量和水平，7 月上旬至 9 月中旬，在省政协副主席张震宇的带领下，省政协文化和文史委员会就“推动文化产业高质量发展”组织了专题调研，先后赴郑州、洛阳、许昌三市对文化产业园区、文化产业项目、文化产业企业进行实地调研，召开由省直主管部门、知名文化企业、部分政协委员和专家学者参加的座谈会，赴山东进行实地考察调研，在深入研讨的基础上提出了促进文化产业高质量发展的对策建议。

一　现状和问题

河南历史悠久，文化积淀深厚，发展文化产业具有独特优势。党的十八大以来，省委省政府认真贯彻落实党中央、国务院关于加快文化产业发展的各项决策部署，大力推动文化产业发展工作，以“文化产业成为国民经济支柱性产业”为目标，紧紧围绕建设华夏历史文明传承创新区、构筑全国重要的文化高地、打造全国重要的文化产业基地的战略部署，不断完善政策措施，逐步优化产业发展环境，激发市场活力，使全省文化产业呈现出发展趋势向好、产业聚集势头强劲、新型文化业态增长较快、文化品牌效益持续提升等良好态势，文化产业整体快速健康发展。2017 年河南省文化产业增加值 1341 亿元，增速 10.6%，总量全国第 8，首次跃居中部第 1；规模以上文化产业企业 3424 个，增长 6.7%，居全国第 6、中部第 1；2013 ~2017 年文化产业及相关产业增加值均保持了 9% 以上的增长率，超过同时期 GDP 增速，全省文化产业整体实力和竞争力进一步增强（见图 1）。

但是，河南省文化产业目前仍处于起步阶段，发展质量不高、总量偏小，占 GDP 比重低于全国平均水平，尚未成为支柱性产业，与文化产业发达省份相比差距较大（见图 2）。主要存在以下问题。

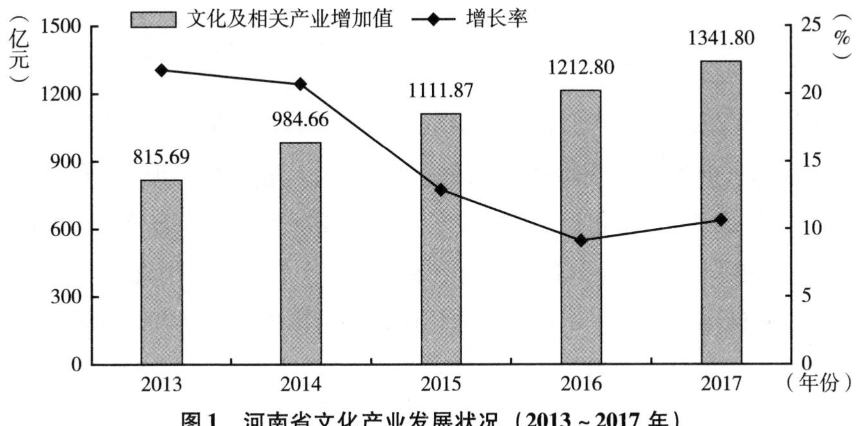

图1　河南省文化产业发展状况（2013～2017年）

资料来源：《中国统计年鉴》和《河南统计年鉴》。

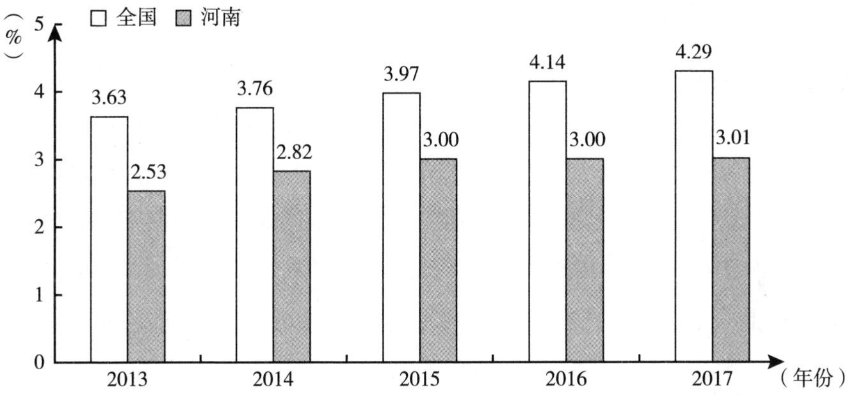

图2　全国及河南文化产业增加值占GDP比重（2013～2017年）

资料来源：《中国统计年鉴》和《河南统计年鉴》。

（一）对文化产业认识不到位，没有形成产业发展合力

与先进省份相比，河南省在发展理念上更多还是遵循传统思维发展文化产业，对文化产业自身发展规律、特点认识不到位，互联网思维和融合理念不强。有的地方不能像重视实体经济发展一样重视文化产业发展，文化产业在整体工作规划中体现得不够。对文化产业的管理还存在政出多门、职能交叉情况，越位、缺位现象并存，制约了文化产业市场化运行。一些从事文化产业发展工作的干部，推进文化产业工作的思路不多、方法缺乏，服务企业发展不够积极主动。

（二）文化资源没有转化为产业优势，高质量文化产品供给不足

河南省是文化资源大省，但是丰富的文化资源并没有转化为文化产业的优势，达到有力促进经济社会发展的效果。一是大量优秀传统文化资源还沉淀在原始状态，少量转化成文化产业的也普遍规模偏小、形态单一、效益不佳。二是全国知名的有影响力的文化产品中也罕有中原文化元素，大的 IP 项目中难见河南文化身影。河南省文化产业向市场提供的具有影响力的精品力作、拳头产品非常有限。

（三）文化产业结构不合理，知名文化品牌缺乏

一是规模偏小，集中度不高，市场主体小、散、弱。全省规模以上文化及相关产业企业 3424 家，其中营业收入超亿元的仅 688 家（占 20.1%），知名品牌和龙头企业不多。2019 年“全国文化企业 30 强”中，河南省只有中原出版传媒集团上榜。河南省内只有 13 家新三板文化企业，还没有一家挂牌上市企业，缺乏核心企业的带动引领。二是产业技术层次偏低，传统文化产业所占比重过大，主要集中在文化制造业和批零业，体现产业竞争力的文化服务业占比较小，并相应地反映在文化产业增加值上（见图 3），文化产业整体技术含量低、产业增加值率不高。

（四）企业自主研发能力不足，缺乏市场竞争力

河南省文化企业普遍在科技、内容、服务等方面自主创新能力不足，运用现代高科技手段开发文化资源、改造传统文化产业、创新文化表现形式的能力较弱，文化产业跟数字、网络、信息等技术融合度低。据统计，2016 年河南省文化制造企业有研发活动的占比不到 8%。在动漫影视公司调研时发现，产品创意大多来自国外，公司不拥有自主知识产权，主要从事制作加工，经济附加值较低。在一些以传统文化、工艺为主要内容的文化企业调研时，发现他们瞄准的是很好的文化项目，但目前的发展水平只停留在初级阶段，产品形态传统单一，缺乏相关衍生产品的创造性开发，企业发展后劲不足。

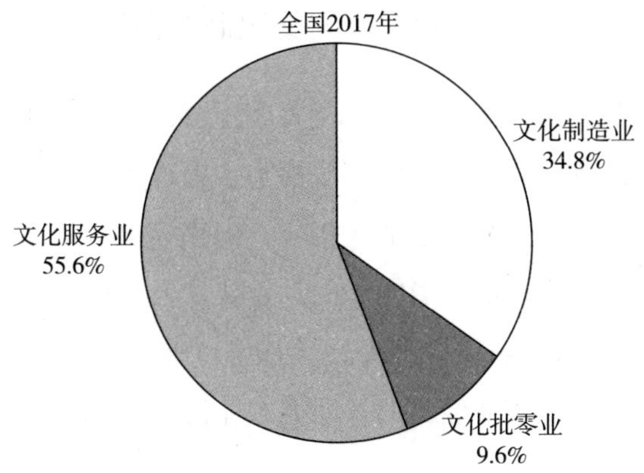

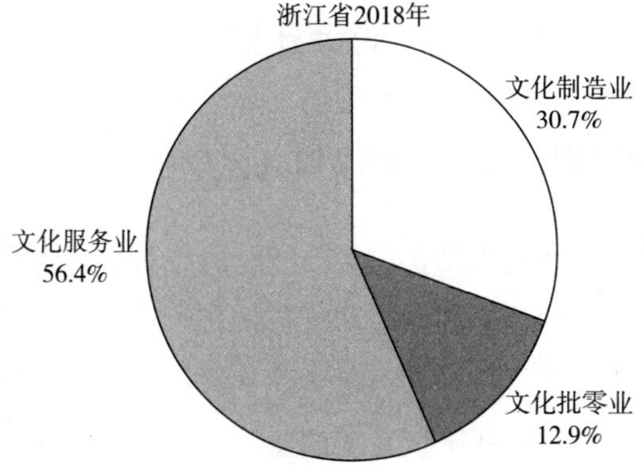

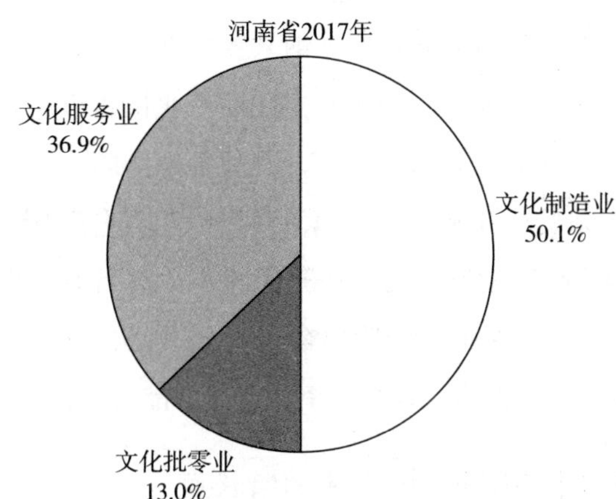

图 3　全国、浙江省、河南省文化产业及相关产业增加值构成

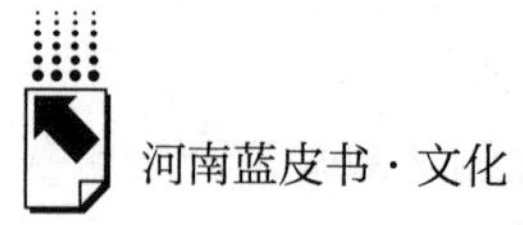

（五）资金人才问题突出，制约文化产业发展

一是现有金融体系对文化产业支持力度不够，直接服务文化产业的金融产品种类少、限制多，文化产业融资规模小、渠道少。社会资本进入文化产业门槛高、难度大。二是与发达地区相比，河南省文化产业人才总量偏少、结构不优。高水平、高技能、影响大的专业技术人才，懂专业、能经营、会管理的高级复合人才，具有谋划意识、创新能力的市场运作人才，以及具备国际化视野和国际贸易实务经验的外向型人才极度匮乏。

二　对策建议

（一）做好顶层设计，大视野谋划文化产业发展

进一步解放思想、转变观念，设立由省政府主管领导牵头、有关部门参加的文化产业发展联席会议机制，定期分析文化产业发展存在的问题，研究解决措施。以制定“十四五”规划为契机，编写《河南省文化产业发展规划》《加快河南省文化产业高质量发展的意见》，既要紧跟文化产业发展的方向及与信息技术融合的趋势，也要从河南经济社会发展的现实需要出发，将文化产业发展纳入新旧动能转换、纳入乡村振兴战略、纳入优秀传统文化传承发展之中，强力推进文化产业向支柱性产业快速迈进，并将文化产业发展指标纳入对基层科学发展综合考核，调动各地抓产业发展的积极性。建议在《河南省旅游条例》中确立“老家河南”作为河南文旅亮丽名牌的法律地位，为文化产业高质量发展提供法律保障。针对当前文化产业发展遇到的政策瓶颈问题，借鉴发达地区经验出台更符合文化企业需求的优惠政策，切实从财税、用地、公共设施、政务效率等方面助推河南省文化企业发展壮大。

（二）对接国家战略，培育新的增长点

发挥国家重大战略部署的叠加效应，结合河南省实际情况，明确总体布

局，抓好重点项目建设。一是对接黄河流域生态保护和高质量发展。深入挖掘黄河文化内涵和时代价值，突出河南风貌和地域特色，讲好黄河故事，宣传好黄河精神。谋划在前、担当在前、行动在前，使文化产业参与黄河文化遗产保护利用的全过程。二是对接大运河文化带建设，利用好国家《大运河文化保护传承利用规划》。以文化为引领，加快实施古汴河（郑开段）疏浚工程、隋唐洛阳城国家历史文化公园等重点项目，打造高品位文化带、高水平旅游带和高颜值生态带。三是对接乡村振兴战略。着力发挥河南省众多历史文化名镇、传统村落和传统文化、民间非遗传承的独特优势，加大乡村文旅结合项目开发力度，创建一批文化旅游融合发展示范县、文化旅游产业特色乡村等。

（三）积极培育市场主体，增强核心竞争力

一是抓住产业结构调整和新旧动能转换带来的新机遇，认真落实国家促进文化产业发展的各项优惠政策，积极鼓励和引导国有骨干企业参与文化产业发展，尤其是参与重大项目建设。建议成立股份制的河南省文旅投资集团，组建省级文旅投资运营平台。二是培育本土龙头企业。依托国家级和省级文化产业园区，突出产业优势和文化特色，集中力量培育龙头企业，打造知名文化品牌，增强核心竞争力。借鉴“全国文化企业 30 强”“中国旅游集团 20 强”的评选模式，开展“河南 10 强文化旅游企业”评选，激发企业发展活力。三是实施项目引领。建立河南省文化产业项目库，通过项目的落地运营，带动文化企业发展，壮大产业集群，推动文化产业走规模化、高端化、跨越式发展的路子。四是扶植培育有发展潜力的中小企业，完善文化产业配套，使上下游企业紧密相连，形成完整的产业链条，提高文化产业核心竞争力。

（四）加强科技支撑，大力发展新兴文化产业

以数字技术、网络、信息、智能化为标志的新兴文化产业，是文化产业发展的主流和重要的经济增长点。一是集中力量培育扶植一批如创意设计、

动漫游戏、网络智能等高增长率、高科技含量文化企业。建议出台《文化新业态高科技企业管理办法》，对文化类新业态高科技企业进行资质认证，引导企业向产业链的上层迈进；鼓励企业建设研发机构、加大研发投入，提高自主创新能力，如加大研发费用加计扣除、研发设备加速折旧的力度等。二是高标准打造省级文化科技融合示范基地，进一步发挥文化和科技相互促进作用，更好地引导和推动文化和科技深度融合，探索从“文化＋科技”到“文化×科技”的途径，增强文化产业领域自主创新能力。三是举办具有高科技含量的文化产业活动，如文博会、动漫节、科技评奖、创意大赛等，以活动为载体，搭建信息交流、项目合作、产品交易、资金流动、人才汇聚的大平台，从而引导带动行业健康快速发展。

（五）加大资源整合力度，推动文旅融合发展

一是继续维护好、经营好、宣传好“老家河南”这一文化旅游名片。突出河南作为中华文明的发祥地所形成的河洛文化、根亲文化、姓氏文化等，打造中原地域特色的“河南品牌”文化，持续塑造河南历史文化积淀深厚的形象，提升河南文化的影响力。二是把文化产业纳入优秀传统文化的传承与发展中。实施中原文化资源开发行动，加大对优秀传统文化传承发展项目的扶持力度，提质扩容大别山等红色旅游项目，推动文化资源优势转化为产业发展优势，带动产业发展。三是将文化产业与博物馆业的发展结合起来。充分发挥河南省博物院作为“全国博物馆文化创意产品开发试点单位”的引领作用，重视近年来蓬勃发展的非国有博物馆，大力发展博物馆文创产业。四是抓住推进黄河流域生态保护和高质量发展战略机遇，建设国家级黄河文化博物馆。

（六）积极培育文化消费市场，引导文化产业良性发展

一要加快进行文化产业供给侧结构性改革，丰富产品供给，让文化产品的内容和形式更加贴近当下消费市场，融入居民的日常消费。拉长产业链条，不断开发新的消费模式和消费增长点，如大力发展夜间经济，开展夜间

观影、观剧、观展、观博，挖掘消费潜力。二要出台促进文化消费、培育文化消费市场的相关政策、措施，加大文化消费惠民力度，通过举办文化惠民消费季、补贴群众文化和旅游消费、发放优惠券等方式，培育大众文化消费的理念，引导文化消费习惯，助力产业发展。三是加大基础设施配套建设，规范产业经营，不断提高文化产品和服务的竞争力，营造质高价优的消费环境，提升顾客的消费体验，提升百姓的幸福感和获得感，引导产业良性发展。

（七）重视解决资金和人才问题，助推文化产业高质量发展

在解决产业发展资金方面：一是建议设立河南省文化产业投资基金，充分发挥财政资金、国有资本的示范引领和资金撬动作用。二是改财政资金直接补助为间接贴息，同时完善奖励方式和扶持方向，确保财政投入“重点项目”“重点企业”，做到有的放矢。三是构建文化金融服务中心等平台，针对文化企业的特殊性在资产评估、贷款期限等方面提供差异化服务，不断创新融资方式方法。四是加强对重点上市后备文化企业的支持力度，为河南省具备条件的文旅企业上市提供“绿色通道”。在引育人才方面：一是积极推动文化产业及相关学科专业建设，鼓励社会力量参与文化产业人才培养。二是加大人才引进力度、筑巢引凤。既要解决好人才的后顾之忧，更要营造良好的干事创业氛围，支持创意创新人才采取签约、项目合作、技术（专利、品牌）入股等方式来河南发展。三是完善人才管理激励机制。创新人才评价机制和薪酬机制，积极探索符合文化产业规律特性的职称评定、职业资格认证等机制，满足文化产业人才自身发展的需要。建立文化人才荣誉制度，激励人才的创新创作。四是成立河南省文化产业发展专家委员会，加强全省文化产业智库建设。

B.6
2019年河南省乡村旅游发展报告

胡永杰*

摘　要： 河南省乡村旅游经过20多年发展，取得了显著的成就，也存在一些不足或问题。近两年来，文化和旅游部、河南省文化和旅游厅施行了评选全国乡村旅游重点村、河南省乡村旅游特色村等一系列举措，表明全国和全省对乡村旅游建设工作的重视进一步增强。河南省乡村旅游有自身优势的资源，如能提升观念、开拓进取等，预计随着全国及全省社会、经济、文化的新的发展，居民乡村旅游需求的日益旺盛，河南省乡村旅游将会进入更快更好的发展之路。

关键词： 河南省　乡村旅游　扶贫

河南省乡村旅游兴起于20世纪90年代，至今已走过20多年的历程。一方面，河南省所取得的成就有目共睹，在全国范围内也属于起步较早，发展水平和社会成效较好的省份。同时，其中存在的问题也不少。而且随着人民群众对文化旅游需求的内涵和水平日益增长，其发展水平不能满足人们需求的矛盾也更为凸显，面临着优化升级的迫切需要。另一方面，随着中国经济社会整体水平的提升，近年来国家大力传承发展中华优秀传统文化、实施扶贫工程，这些举措和乡村发展都有密切的联系，实乃河南省乡村旅游升级

* 胡永杰，河南省社会科学院文学研究所副研究员，文学博士，主要研究方向为魏晋南北朝与隋唐五代文学。

发展的契机。从已有成就和新的机遇来看，河南省乡村旅游事业有着光明的前景和广阔的发展空间。

一 河南省乡村旅游取得的成就

河南省现代意义上乡村旅游，约始于20世纪90年代。比如较早的洛阳市栾川县重渡沟乡村旅游景区，建成于20世纪90年代末；新乡辉县市郭亮村的乡村旅游，兴起于21世纪初。之后遂快速发展，由点到面，由星星之火渐成燎原之势。目前，乡村旅游业在全省18个地市都有开展，不少村镇已经取得较好的成效。

2018年9月、10月，河南省旅游局分别公布了第一批35个、第二批74个河南省乡村旅游特色村，合计109个村庄入选①；2019年7月28日，文化和旅游部公布了第一批全国乡村旅游重点村名单，全国共有320个村庄入选，其中河南省10个②。这三个名单，去其重复，合计共114个村庄。这些虽然不是河南省乡村旅游业的全部，但却是一个很好的缩影，有助于我们窥视多年来河南省在这一事业中取得的成就（见表1）。

（一）从点到面，乡村文化旅游已初步形成全省域覆盖的局面

从表1中统计来看，目前河南省的乡村旅游特色村已经覆盖全省18个地市。虽然各地市的数量多寡不一，表明河南省乡村旅游业在地域分布上的不平衡现象尚很突出，各地市之间差距还比较大，但是它毕竟已经从点到面，从星星之火发展为了初具燎原之势的可喜局面。目前，各地市都已开始重视乡村旅游，并或多或少地建设了一些具有特色、卓有成效的旅游

---

① 据河南省文化和旅游厅网（https：//hct. henan. gov. cn）2018年9月20日、河南省人民政府网（https：//www. henan. gov. cn/2018/10－22/712394. html）2018年10月22日公布。

② 据新华网（http：//www. xinhuanet. com/）2019年7月28日、《河南日报》2019年7月30日消息。

表1　河南省各地市乡村旅游特色村、重点村数量

地市 / 数量 / 类型	洛阳	信阳	南阳	平顶山	新乡	三门峡	焦作	安阳	鹤壁	许昌	郑州（含巩义）	周口	开封	驻马店	濮阳	漯河	商丘	济源
第一批河南省乡村旅游特色村	6	4	3	4	3	3	2	1	2	3	1	1	1	1				
第二批河南省乡村旅游特色村	10	12	9	8	6	4	3	4	2	2	2	2	1	1	2	2	2	2
第一批全国乡村旅游重点村	1	1	1			1*	1		1*		1	1*	1*	1*				
合计	17	17	13	12	9	7	6	5	5	5	4	3	2	2	2	2	2	2

注：带*者为同时入选全国重点村名单和河南省特色村名单的村庄。

村。这不能不说是一个显著的成就，也表明河南省各地市都已走上这一道路，有了一个开端。

从另一个角度看，经过多年建设发展，河南省已经出现了多个旅游业大县，如洛阳的栾川县、嵩县，平顶山的鲁山县，信阳的新县，新乡的辉县市等。旅游产业已经成为这些县（市）的支柱产业之一，显著提高了全县（市）的经济实力。在其旅游产业中，乡村旅游及相关产业是其中重要部分。这表明，河南省已经涌现出一些乡村旅游业初具全域覆盖局面的县域。这些县（市）不仅在自身乡村旅游业发展中找到了合适的路子，也将给全省各地提供示范和借鉴，为全省乡村旅游业的进一步发展、繁荣奠定了基础。

（二）从单一到多样，乡村旅游内涵已初具多姿的局面

河南省乡村旅游业全省域覆盖的局面，其实也代表着它在内涵上已经初步形成多样化的局面，这是河南省乡村旅游产业所取得的另一个主要成就。

乡村旅游的兴起，最初主要依托山水旅游景区，所以在地域上它主要分布在一些山水资源较为丰富的地区，呈点状零散分布的态势，难以在全省大

范围全面展开。临近景区的村庄和居民利用地缘之便，通过向游客提供住宿、饮食、销售土特产品等服务，获得了一定收益，这是河南省乡村旅游业初期的主要内涵，总体而言颇为单一。乡村旅游业后来也开始向其他地域扩展，平原地区一些乡村在不具备山水风景区的条件下，通过挖掘自身文化遗迹、民俗、特色农副产品等资源发展旅游业，从而带动农家乐之类的乡村住宿、饮食服务业、观光采摘业等的发展。可见，河南省乡村旅游业在地域分布上从点到面和内涵构成上从单一到多样，是一个同步的过程。

经过几十年的发展，目前乡村旅游不仅在地域分布上已粗具全省域覆盖的形势，而且在服务内涵上也逐渐多样化和丰富化。不少不具备山水景观资源的地方，也发掘自身资源，探索具有各自特色的乡村旅游发展模式。这些模式主要有以下几种。

1. 山水景观 + 食宿模式。这是河南省兴起最早，目前依旧最为重要的乡村旅游模式。如栾川县、嵩县、新安县、鲁山县、卢氏县、西峡县、淅川县、辉县市等地主要属于这一模式。

2. 山水景观 + 红色文化 + 食宿模式。这一模式主要分布在位于大别山革命老区的信阳市新县，当地既有丰富的山水资源，又有红色文化资源，在乡村文化旅游业上走出了具有自身特色的路子。

3. 农副产品 + 食宿、观光模式。这方面以许昌市鄢陵县的乡村旅游为代表。鄢陵县花木种植面积目前已达 70 万亩，从业人员达到 25 万人，成为中国最大的花木销售集散地。该县依托花都温泉度假区、花博园等花木、田园风光等自然条件，带动了乡村旅游业的发展，在旅游业与农业、林业、康养业等产业深度融合方面取得了很好的成效，形成了以旅强农、以农促旅、农旅结合、城乡互动的乡村旅游发展格局。[①] 比如鄢陵县马坊镇汪楼行政村、彭店乡慕寨村、柏梁镇姚家村、大路王村等村庄，通过花木种植、旅游观光、鲜切花生产等产业带动了餐饮、住宿、采摘、垂钓等旅游业的发展，走出自己的乡村旅游业发展之路。

---

① 《“旅游 + 康养”，花木之乡阔步前行》，《许昌晨报》2019 年 9 月 26 日。

4. 传统风俗、古迹遗迹观光 + 食宿模式。这方面许昌禹州市神垕镇的钧瓷文化及产品、古村落、古街镇旅游，三门峡陕州区的地坑院旅游是其代表。禹州市神垕镇是古代钧瓷的主要产地，并保存了一定具有中原传统特色的古村落和古街镇。近年来，当地重视钧瓷制作技艺的研发恢复和产业建设，已成为当代“中国钧瓷之都”“中国历史文化名镇”，不少村庄利用钧窑、古建筑、古街道等资源，在古镇、古村落等民俗旅游方面也取得了显著的成效。

位于豫西豫陕晋三省交界地的三门峡市陕州区则保存了大量的地坑院，据报道，当地相关村庄有200多个，现存地坑院达12000余座，其中时间最久的已有300多年历史。这是一种古老而极富地方特色的民居。2011年，地坑院营造技艺被列入国家级非物质文化遗产保护名录。当地利用这一资源，辅助以民俗表演、非遗展示（如捶草印花、陕州剪纸、锣鼓书、澄泥砚、木偶戏、皮影戏、糖画、陕州特色婚俗表演等），形成了具有丰富地域文化蕴含的文化旅游产业[①]。

上述几类仅是举其主要者而言，从中不难看到河南省乡村旅游业在内涵发掘上取得的成就，可以说已初步具有多样化的局面，探索出了因地制宜、各具特色、具有可行性的乡村旅游发展之路。

（三）从自发到有序，乡村旅游已初具规范化形态

乡村旅游的产生，最初是一种自发行为，难免会处于无序状态。河南省也不例外，它最初主要依托旅游景区滋生出农家餐饮、住宿、土特产、旅游商品销售等旅游服务，多为无序状态。后来较早出现的成规模性的乡村旅游地如栾川县的重渡沟，辉县市的郭亮村也是如此。重渡沟旅游景区的建设，动力来自当地乡村发掘自身资源，寻求致富道路的渴望；郭亮村成为乡村旅游热点地，动力则来自影视剧的影响，激发了旅游者对其独特环境景观、精神品质的喜爱与敬佩。可见它们都非有关部门规划、管理的结果。这种特点

① 《陕州地坑院》，三门峡市人民政府网，2018年5月7日，http：//www. smx. gov. cn。

决定了乡村旅游管理薄弱、管理标准难以界定的问题。

经过多年发展，河南省有关部门开始加强对乡村旅游业的引导和管理，河南乡村旅游业逐渐走上有序化状态。特别是近两年，相关管理、评比制度的出台，规范引导措施的施行，有效提升了乡村旅游业的服务水平，使这一领域的管理渐具规范。而近来国家扶贫工作、乡村振兴战略的实施，则为乡村旅游业管理和发展注入了新的动力，为其进一步发展开辟了广阔的前景。

河南省旅游局于2011年11月出台了《河南乡村旅游经营单位等级评定与管理规范》（以下简称《规范》）①，《规范》明确了乡村旅游经营单位的定义，制定了一星级到四星级从低到高四级评价等级和评定办法。这是河南省乡村旅游业管理规范化的重要标志。2013年，经河南省质量技术监督局通过，河南省颁布了《乡村旅游经营单位等级划分与评定》地方标准。2017年12月，河南省又发布了修订后的河南省《乡村旅游经营单位等级划分与评定》地方标准，并于2018年3月6日开始实施②。这则标志着河南省现存旅游管理的进一步完善。

河南省乡村旅游业规范化的另一个表现是一系列促进性、示范性措施的实施。其中最具代表性的是2018年公布的第一批（35个）、第二批（74个）河南省乡村旅游特色村，2019年文化和旅游部公布的第一批全国乡村旅游重点村（河南省有10个入选）。这些具有示范性的特色村、重点村的评选，既是对河南省乡村旅游业的示范与督促，也是对其加强管理的表现。

值得注意的是，近年来国家和河南省扶贫脱贫计划、富民工程、乡村振兴战略的实施，也为河南省乡村旅游业的提升和发展注入了新的动力，提供了发展机遇。因为，扶贫计划的重点在于乡村，而河南省乡村脱贫致富的根本出路在于农村经济于第一产业（农业）之外开拓出新的、可持续发展的支柱产业。其中乡村旅游业无疑是其中最可行、最重要的构成之

① 参见河南省人民政府门户网站（www. henan. gov. cn）2011年11月17日消息。

② 参见河南省人民政府门户网站（www. henan. gov. cn）2017年11月28日消息。

一。2015 年，按照国家发改委、旅游局等 7 部委下发的《关于实施乡村旅游富民工程推进旅游扶贫工作的通知》要求，河南省发改委、旅游局、环保厅、住建厅、农业厅、林业厅、扶贫办、文物局联合下发了《关于实施乡村旅游富民工程推进旅游扶贫工作的通知》，全省 38 个国家级贫困县中共有 272 个村被列为全省乡村旅游扶贫重点村。这一由多部门联合推进的富民工程不仅有利于解决河南省乡村旅游建设中统筹性不足的问题，也有利于解决其视野狭窄、内涵单一的问题。也将在资金筹集、人才培养、基础设施建设等方面为乡村文化旅游建设提供有力的支持。目前这一工程已经取得一定成效，相信下一步必将更大力度地促进河南省乡村文化旅游业的发展升级，并为其带来多样的发展思路、广阔的发展空间、光明的发展前景。

（四）从小买卖到大产业：乡村旅游已初步具有农村经济支柱性产业之一的地位

河南省乡村旅游业更深层、更根本的成就还在于它为河南省农村经济转型发展，寻求根本性发展致富之路初步奠定了基础，探寻了道路。因为，河南省作为传统农业大省，农村经济长期以来以第一产业（农业）为支柱。在改革开放以来新的时代形势下，这一处境和传统导致了河南省农村长期较为贫困落后的局面。20 世纪 80 末期以来，河南农村居民开始走出家乡，到外地务工，打破了过度依赖农业的状况，一定程度上改善了农民的经济状况。但这并不是以把第二产业（工业）和第三产业（服务业）引进河南农村为途经，并没有真正实现河南乡村第二产业和第三产业的兴起。而且还带来了留守儿童、留守妇女、留守老人、空心村等新的问题。这说明，河南农村并不具有发展第二产业（工业）的优势条件。

乡村旅游的建设发展不但初步改变了这一现状，也带来了河南农村和农民真正摆脱过度依赖农业和长期贫困落后局面的机遇和曙光。因为，河南省农村在资源上的优势主要有两个方面，一是农副产品，二是历史文化资源。

这两者和河南农村富裕的劳动力资源结合，正是发展乡村旅游业的必要条件。随着中国社会整体经济水平的提高，小康社会的初步建成，居民对文化旅游的需求日益旺盛，也随着中国城镇化水平快速发展，河南农村在满足上述需求方面的优势日益凸显，在保存乡村生产、生活传统、弘扬中华优秀传统文化方面的功能也日显必要。

总体来看，河南省乡村旅游在全省农村经济中的支柱地位还不突出，但已经出现一些乡村旅游业在县域经济中占据重要地位的县市，这方面的成就是不容忽视的。例如洛阳市的栾川县，目前全县15个乡镇中13个有旅游景区，45个村庄以乡村旅游为主导产业，从事旅游相关产业的从业人员达16万余人，其中1.2万余名贫困群众借助旅游脱贫。已经形成以全域旅游带动百姓就业增收的良好局面。① 再如平顶山市的鲁山县，目前全县旅游业从业人员达2万多人，从事旅游相关产业的居民近20万人②。乡村旅游业也在全县经济，特别是农村经济中占据了支柱地位。其他县市中也有不少乡（镇）、村走上了以旅游业为主的发展之路。虽然这样的县、乡（镇）、村目前还不是全省的普遍现象，但是从其态势看，具有很强的蔓延势头，其发展前景颇为可喜。

总之，和其他先进省域比较来看，河南省的乡村旅游业还谈不上领先，还有一定差距，但是短短20多年的发展即已达到如此局面，这是值得肯定的成就。从其发展前景和潜力来看，更为令人期待。

二　河南省乡村文化旅游发展中存在的问题

在看到河南省的乡村旅游业所取得的成就的同时，我们也需面对其中存在的问题。

---

① 《背靠“绿水青山”鼓起百姓钱袋——河南栾川全域旅游发展见闻》，新华网，2019年8月26日，http：//www.xinhuanet.com。

② 《鲁山：依托绿水青山做强旅游扶贫》，人民网河南频道，2019年10月29日，http：//henan.people.com.cn/n2/2019/1029/c378397-33484793.html。

（一）区域发展和内涵涵盖上不平衡问题尚较突出

前文谈到河南省乡村旅游业目前已初步呈现全省域覆盖和内涵多样性局面，这是就其整体分布格局大致而言的，细化地看，其在地域分布和内涵涵盖上都还很不均衡。关于此，我们可从第一批（35 个）、第二批（74 个）河南省乡村旅游特色村、第一批全国乡村旅游重点村河南省入选者的县域分布中窥其一斑。

表 2　河南省乡村旅游特色村、重点村县域分布数量

县区	鲁山	嵩县	新县	辉县	栾川	卢氏	西峡	林州	淅川	禹州	修武	商城	淇县	巩义	信阳平桥区	罗山	郏县	济源*
数量	9	8	8	7	7	6	6	5	4	4	4	3	2	2	2	2	2	2
县区	洛阳伊滨区	孟津	信阳浉河区	光山	汝州	南阳宛城区	南阳卧龙区	南召县	长垣	卫辉	渑池	鄢陵	武陟	鹤壁淇滨区	鹤壁鹤山区	荥阳	淮阳	沈丘
数量	1	1	1	1	1	1	1	1	1	1	1	1	1	1	1	1	1	1
县区	郸城	开封祥符区	兰考	驻马店驿城区	平舆	南乐	清风	漯河郾城区	舞阳	商丘梁园区	虞城	温县	新郑					
数量	1	1	1	1	1	1	1	1	1	1	1	1	1					

注：济源市无下属县市区，这里按县级区域看待。

从表 2 中可以看到，河南省拥有省级乡村旅游特色村、全国乡村旅游重点村的县及县级市、区共 49 个（含济源），而全省共有 48 市辖区、21 县级市、89 个县，合计 158 个县级行政区，占比尚不足三分之一。这些乡村旅游特色村、重点村虽不是河南省拥有旅游业的村庄的全部，但从中不难看出各地市乡村旅游业在数量和发展水平上并不均衡，有些地市已比较兴盛，覆盖面较大，但更多地市还是零星分布的状态，乡村旅游业尚处于起步阶段。

从表2 中还可以看到，河南省拥有2 个以上（不含2 个）省级乡村旅游特色村、全国乡村旅游重点村的县域仅有 12 个：平顶山市鲁山县，洛阳市栾川县、嵩县，新乡市辉县市，信阳市新县、商城县，三门峡市卢氏县，南阳市西峡县、淅川县，安阳林州市，许昌禹州市，焦作市修武县。这些县都位于伏牛山、太行山、大别山、熊耳山等山区。这一现象说明，河南省乡村旅游业主要依赖山水景观的支撑带动。位于平原地区的县市缺乏山水景观资源，只能依靠优质特色农副产品、地方风俗、历史文化遗产等资源发展乡村旅游，但这些地区有特色、有成效的旅游村庄比较少，则说明其他资源对于乡村旅游业的支撑带动力还比较弱。所以，总体而言河南省乡村旅游的内涵还比较单一，多样化局面还只是初步面貌，远不成熟。

（二）文化含量不高，特色和优势尚不突出

前文提及，河南省作为传统农业大省和历史文化资源大省，其乡村资源的优势除劳动力外，主要在于农副产品资源和民间风俗、历史文化遗产等文化资源。但是从当前河南省乡村旅游业的现状看，目前起主要支撑作用的却是山水资源和景观。河南省真正有特色、有优势的农副产品资源、风俗和历史文化资源尚没有得到应有开发，没有发挥应有的作用。所以，河南省乡村旅游业目前存在特色不突出、文化含量不高、优势资源发挥作用不力的问题。

文化含量不高的问题主要表现在三个方面。一是河南省众多而深厚的文化遗迹地、文化发生地、民间文化特色地尚没有形成旅游资源和旅游目的地。这和当前旅游消费者偏重于山水景观的观念有关，也和河南省自身对文化资源重视、开发、建设、宣传不力有关。二是发展较好的乡村旅游地旅游内涵主要集中在山水景观和与之相关联的住宿、餐饮、土特产、旅游商品服务等内容上。山水景观中的文化内涵发掘不够，相关住宿、餐饮也还停留在一般消费的层面，其中的文化内涵、地方特色都没有得到必要的体现。三是乡村旅游目的地和旅游服务者自身的服务文化含量不高。对于外地游客而言，乡村旅游目的地的环境、生活方式，居民的精神风貌，服务者的态度、言行举止等都是地域特色、乡村风貌、民风民俗的构成部分。这方面河南省

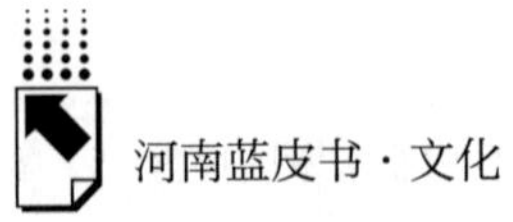

各地认识不够，体现不足。

特色不突出的问题，除了表现为地方特色文化内涵体现不足外，还表现于优势农副产品研发、开发不够，高端性不足，没有产生对游客的足够吸引力。在中国城市化水平越来越高的时代形势下，居民对于天然性、有机化、健康型农副产品的需求和兴趣越来越高，乡村旅游在这方面的前景也越来越广阔。河南省乡村农副产品虽然极为丰富，但具有高端性、高信誉度、高品质、品牌性的产品研发、开发及宣传还很不够，对旅游者和消费者的吸引力还没有普遍形成。

（三）观念比较落后，服务意识亟待提升

对于乡村旅游的认识尚不深刻全面，观念比较落后，也是河南省存在的突出问题。从理论上而言，乡村旅游应承担三个功能：一是基于农民、农村利益，担负农民增收致富、乡村振兴的功能；二是基于旅游消费者的需求，承担为游客、消费者提供优质、合理公道的乡村旅游服务的功能；三是基于国家和地域文化传承发展的深层价值，在中国社会城镇化、现代化程度快速提高、越来越多居民对于农业生产、乡村生活日益陌生的背景下，承担保存农业生产方式、乡村生活方式、习俗，便利人们认识体验传统风俗文化的功能。从这样的视野下来看当前的河南省乡村旅游业现状，其观念还停留在偏重于农村农民增收致富这一狭隘范围，对后两个功能认识不够。乡村旅游中存在的诸如服务水平偏低，服务态度较差，文化建构动力不足，价格不公、宰客现象时有发生等问题都和这种狭隘、落后的观念有关。

河南省乡村旅游业的观念亟待从偏重盈利、轻视服务的格局转变为二者并重、共盈互促的格局，这是其可持续发展、真正兴盛不衰的必由之路。而对于乡村旅游所承担的传承中华优秀传统文化、弘扬河南省地域文化的这一深层功能，河南省各界认识更为薄弱。河南省作为古代中原地区的核心地，作为传统农业大省，是中华传统文化的主要发源地、发展地。中华传统文化和农业生产、乡村社会关系极为密切，在当代中国社会城镇化、现代化程度越来越高的背景下，乡村社会不可避免地有弱化和缩小的趋势，这其实也代

表着中华传统文化赖以孕育、发展的主要载体萎缩的趋势。乡村旅游业是保存、挖掘、展示中华传统文化、农业生产、乡村生活的有效途径。从河南省地方文化的弘扬传播角度而言，河南省有特色的历史文化遗迹很多分布在离城市较远的乡村之地，一些有特色的地方民间风俗文化也主要保存在乡村之中。所以，乡村旅游是向外展示河南省特色文化的窗口，也能为外地游客深入偏远之地，参观中华历史文化遗迹提供便利。河南省上下在这个方面的认识和观念也有清晰化、强化的必要。

以上所谈是从大的方面对河南省乡村旅游中存在问题予以总结，具体细节的问题更为多样复杂，这里不再展开。

三　河南省乡村旅游可持续发展的建议对策

河南省乡村旅游业经过 20 多年发展，已经由小到大，由星星之火渐成燎原之势，成就有目共睹。其中也存在不少问题，有些是全国乡村旅游发展中的共性问题，有些是河南省特有的问题。但整体而言河南省乡村旅游已经形成了一个不错的格局，奠定了良好的基础，也探索出了一些有益的经验和路子。总体而言，河南省在乡村旅游方面有丰厚的资源，有独特而重要的价值。目前其发展尚处于初级阶段，随着中国社会的进一步发展，河南省在这方面的地位和意义将会更加凸显，乡村旅游尚有很大的发展空间。

河南省如能在已有基础上乘势而上，提升观念，开阔视野，继续努力，其乡村旅游也必将会有光明的前景，在全国及河南省经济、社会、文化建设总体事业中发挥更大的作用。这里尝试对维持、推进其进一步可持续性的发展提出一些建议对策。

（一）提升服务观念，树立“服务型”与“居住型”协调一体的乡村旅游理念

前文已经指出，河南省乡村旅游中存在的诸多问题，或隐或显都和其观念较为落后不无关系，所以提升观念、清晰认识、开阔视野是其未来发展中

应该解决问题。

关于乡村旅游业的观念认识，除需基于上述它的增收致富、提供服务、传承中华传统文化、展示传播地方文化等功能外，还需基于它的独特属性。即乡村旅游业不同于一般的旅游服务业，一般的旅游服务业是以为游客提供服务为目的的，其目的指向旅游消费者单方，具有属性的单一性。乡村旅游则具有二重属性，它不但是服务业，也是乡村居民的生活方式，因为乡村旅游地不仅是游客的旅游地，也是乡村居民的日常生活地，乡村居民的本然生活和乡村景观都是乡村旅游的内容。厘清上述认识，我们才能明了乡村旅游提升服务意识的重要性，也才能明了乡村旅游地保持自身生活方式、文化传统的重要性。当前乡村旅游地服务水平不高，商业化过重，自身乡村特色丧失等问题都和此认识不足、观念有误有关。

所以，成熟的乡村旅游业应当弱化盈利意识（即农民增收致富意识），强化服务意识和保存发展传统文化，展示乡村特色和风貌的意识。因为优质的服务是盈利和致富之本，从根上而言，服务意识应在盈利意识之上。而保持乡村特色和风貌，构建继往开来的乡村文化，则是整个国家社会可持续、和谐发展的长久之计。河南省上下应该在乡村旅游业方面树立这样的意识，使乡村旅游成为乡村文化旅游。

（二）重视文化含量，构建景观、文化、产品等元素多元一体的乡村旅游内涵

如前所指出的，河南省乡村旅游的资源优势在于农副产品和传统文化，但是当前乡村旅游业的主要支撑力却来自山水景观。这是导致河南省乡村旅游业地域发展不均衡、内涵单一、特色不突出、品牌效应不明显的关键原因。所以，文化资源挖掘、文化内涵融入、特色优质产品的开发是破解这一瓶颈的关键。

乡村旅游文化内涵提升可重点着眼两个方面。一是专门性文化资源的开发，比如历史文化遗迹、非物质文化遗产、有特色的风俗。二是相关旅游服务中注意对乡村文化的融入，即把乡村中纯朴、古朴、自然等方面的

精神风貌、品质融入乡村旅游服务中。如饮食，这是所有乡村旅游地都具有可行性的一个领域，饮食食材的天然性、有机性，饮食制作工艺的地方特色性，餐饮服务的公平合理性等，都是乡村对城市居民和外地游客最有吸引力的内容之一。如果乡村旅游从业者能具有这样的认识，多下功夫，就可以使其成为一种乡村文化，为乡村旅游增添吸引力。再如住宿，一些有条件有特色的地方，可以直接形成文化内涵，如窑洞、地坑院、四合院；不具备特色性的地方，也可以在幽静整洁上下功夫。再如农村生活生产方式，有的还在延续中，有的已经过时消失，这对于城市年轻一代居民而言，已相当陌生。乡村旅游地可有意建设一定的展览体验场所，供游客观赏、认识或体验。

从上述意义上而言，乡村旅游中的文化内涵建设，其实是多方位的。在与旅游相关的观赏、娱乐、餐饮、住宿、购物、导游等领域都有文化融入的机会。

（三）重视创意研发，形成研发与建设并重互进的发展模式

和其他乡村旅游业发展较为先进的省份相比，河南省乡村旅游在历史文化、风俗文化、饮食文化、住宿文化、产品文化创意等方面都显得比较薄弱，内涵不足，特色不明显，品质不够高。这和河南乡村经济实力有限、人才不足等客观条件有关，也和其重硬件建设、轻软件研发建设的意识以及急功近利的观念心态有关。因为硬件建设相对容易，而文化研究、创意研发、软件建设则比较复杂，难度较大。

如前所指出的，河南省的乡村旅游资源优势恰恰在于文化资源和农副产品资源，这些都是偏于软件的。此外，河南省乡村在餐饮、民俗上和其他地区相比也具有特色不鲜明、缺乏品牌的特点。这些问题往往不是乡村自身能够解决的问题。很多历史文化资源虽有遗存，但在历史长河的冲刷下已经零碎而隐晦，其来龙去脉、价值意义，唯有科研界的学者经过专门研究才有可能厘清揭示；很多农副产品需要农业科研工作者进行研发才能提升品质；很多传统饮食、民居、风俗技艺也已经失传或不显，也需要有关专家的研究才

能重现天日或适应今天人们的需要。所以，乡村旅游不仅是乡村群众或地方管理者的事情，其资源的发掘、升级往往需要借助文化、农业、民俗、餐饮、建筑等领域科研人员的力量才能实现。

就这些年来河南省乡村旅游发展的过程看，重硬件轻软件，重建设轻研发，和科研界合作的意识不强，措施不力也是其中的一个问题，与其他省份相比有较大差距。这是河南省有关方面需要注意和加强的地方之一。

（四）加强科学管理，有效发挥管理部门的协调和示范作用

这里所谓的管理，是指有关部门在监督管理之外的引导性、协调性管理。

比如，河南省作为历史文化资源大省，历史文化遗迹众多，但是某一单个的遗迹吸引力有限，不足以形成旅游资源，而且由于各地各自为政，缺乏合作意识，这些遗迹难以给乡村旅游提供支撑。但是，遗迹甚多，分布密集，却是河南省的优势。如果有关部门能够统筹规划，把这些遗迹纳入某一整体旅游圈或旅游带中，就会形成合力，产生足够的吸引力，最终带动相关乡村发展旅游业和餐饮、食宿等产业。这方面浙江省打造的“浙东唐诗之路”旅游线就是一个很好的案例，值得借鉴①。

再如，乡村受财力、人才等条件所限，往往难以很快形成有充分文化内涵、完善景观和高质量服务体系的旅游地。如果有关管理部门能够协调管理、从业、科研等各界力量，建设一批示范性乡村文化旅游点，不仅利于形成高质量、富于特色的品牌，也可依托这些示范点为全省乡村文化旅游高质量、高效率发展提供经验和路子。

总之，河南省乡村旅游经过20多年的发展，取得了显著的成就，也存在一些不足或问题。但这些问题多数属于乡村文化旅游发展初级阶段难免出现的现象。近年来，文化和旅游部、河南省文化和旅游厅施行了评选全国乡村旅游重点村、河南省乡村旅游特色村等一系列举措，表明全国和全省对乡

① 《袁家军：串珠成链创建“浙东唐诗之路”》，《浙江日报》2019年5月17日。

村旅游建设的重视进一步增强。同时借助近来国家实施的乡村振兴战略和扶贫工作措施，河南省乡村文化建设也获得了新的动力和机遇。河南省乡村旅游有自身优势的资源，相信随着全国、全省社会、经济、文化新的发展，居民乡村旅游需求的日益旺盛，河南各界定能提升观念、开拓进取，这一事业将会进入更快更好的发展之路。

B.7
2019年河南省主题公园发展报告

郭树伟*

摘　要： 河南具有建设主题公园的历史文化资源优势，而郑州市尤其具有建设主题公园的区位条件、交通优势和人口资源优势。河南的主题公园在文旅融合背景下已经有了相当程度的发展，这表现为以下特征：主题公园的建设在郑州、开封、洛阳一带显示出集聚效应，且有下沉南阳、许昌等二三线城市的现象；传统的市政公园和主题公园有互相渗透的趋势。但是河南的主题公园发展也存在着一些发展中的问题：主题公园的主题定位不清晰和层次紊乱现象；主题公园的主题内容与传统人文历史资源开发之间的互相适应问题；主题公园运营的专业人才缺乏，运营缺乏创新，面临可持续性问题。为做好河南主题公园发展工作，需要强化顶层设计，谋划好全省主题公园开发的大格局；打造优秀的主题公园品牌，满足人们对美好生活的需求；做好主题公园产业的研究，大力扶持主题公园产业的人才支持。

关键词： 河南省　主题公园　文旅融合

河南具有建设主题公园的历史文化资源优势，而郑州市尤其具有建设主题公园的区位条件和交通优势，同时，郑州作为新一线城市具有建设主题公

---

* 郭树伟，河南省社会科学院文学研究所副研究员，研究方向为唐代文学、中原文化。

园的人口资源优势。河南的主题公园在文旅融合背景下蓬勃发展，在郑州、开封、洛阳显示出集聚效应，出现下沉二三线城市以及传统的市政公园和主题公园互相渗透的现象。但是也存在着一些发展中的问题：主题公园的主题定位不清晰和主题公园的层次紊乱现象；主题公园的主题内容与传统人文历史资源开发之间的互相适应问题；主题公园运营的专业人才缺乏，运营缺乏创新，面临可持续性的问题。

一 河南省主题公园发展的资源优势

（一）河南省具有建设主题公园的历史文化资源优势

河南省地处华夏文明和中华民族的主要发祥地，具有丰富的历史文化资源优势，突出表现在以下三个方面。

1. 河南历史文化资源历史悠久，文化底蕴深厚。文化是民族的根基、源泉和血脉，中原文化是中华文化之根，河南人民与全球炎黄儿女血脉相连。这里诞生了人文始祖轩辕黄帝，是民族之根；孕育了举世闻名的“四大发明”，是科技之根；占据了中国八大古都的半壁江山，是城市之根；创造了古老而优美的汉字，是文字之根。河南是中国文化的发源地，其深厚的文化底蕴是中华民族凝聚力的灵魂所在。

2. 河南历史文化资源数量繁多，类型多样。河南境内历史文化资源数量众多，被誉为“中国历史天然博物馆”，已经明确的各类文物点有28168处，其中世界文化遗产6处，全国重点文物保护单位419处，省级文物保护单位1575处，市县级文物保护单位3614处。除了上述文化资源之外，河南还有以《诗经》《周易》为代表的元典文化；以殷墟甲骨文、篆书、隶书为代表的汉字文化；以老子、庄子、张衡、杜甫、岳飞等为代表的名人文化；以钧瓷、汝瓷和宋代官窑为代表的瓷器文化；以濮阳杂技和周口杂技为代表的杂技文化；等等。都具有鲜明的中原特色、中原风貌，属于典型的中原特色文化。

3. 河南历史文化资源品位高，优势明显。在历史文化中，河南形成了以郑州为中心的全国密度最大的古都群。河南的根祖文化是最具优势的资源品种，陕西、河北、湖南等地虽然也有三皇五帝的传说和遗迹，但伏羲为三皇五帝之首，“万姓之源”的地位也是不可替代的。河南大量的历史文化名人在国际和国内都有广泛影响，如老子、庄子、墨子、玄奘、张衡、张仲景等形成的圣人系列或名人系列产品成为最具优势、最有特色的资源品种。一部河南史，半部中国史，独特的区域文化、丰富的历史文化使得河南的主题公园发展具有天然的历史文化优势。

（二）河南省郑州市具有建设主题公园的区位条件和交通优势

主题公园区位的选择需要注意两个方面的相互结合：一是都市基本功能与交通往来便利的结合，既要考虑周边服务配套设施，又要考虑游客往返的便利。二是区域居住环境与周边区域商流的结合。毫无疑问，郑州具有建设主题公园的区位条件和交通优势。国务院在《“十三五”现代综合交通运输体系发展规划》中明确提出要将郑州建设成为国际性综合交通枢纽城市：“重点打造北京—天津、上海、广州—深圳、成都—重庆国际性综合交通枢纽，建设昆明、乌鲁木齐、哈尔滨、西安、郑州、武汉、大连、厦门等国际性综合交通枢纽，强化国际人员往来、物流集散、中转服务等综合服务功能，打造通达全球、衔接高效、功能完善的交通中枢。”这就意味着郑州成为全国 12 个最高等级的国际性综合交通枢纽之一。显然，在区位交通优势方面，郑州市确实拥有全国其他城市不可比拟的骄人资本，可以说郑州整合了铁路、公路、航空、内河航运、海港和运输管道为一体的海陆空协同枢纽体系，这些区域性优势可谓得天独厚，是国内其他城市艳羡的交通区位优势。郑州建设国际性综合交通枢纽意义深远，所以说郑州市具有建设主题公园的区位条件和交通优势。

（三）郑州作为新一线城市具有建设主题公园的人口资源优势

郑州市作为新一线城市具有建设主题公园的人口资源优势。首先，大型主题公园的选址需要背靠大都市，这是由主题公园的功能决定的，即满足市民休闲生活的需要，主题公园的客源主要由两部分组成，即旅游者和当地居民。2019 年 3 月 30 日，郑州市统计局发布的《2018 年郑州市国民经济和社会发展统计公报》显示，2018 年年末，全市总人口达 1013.6 万人，比上年增长 2.6%；其中女性 502.4 万人，增长 3.8%；男性 511.2 万人，增长 1.4%。城镇人口 743.8 万人，增长 4.2%；乡村人口 269.8 万人，下降 1.7%。全年净增人口 7 万人，增长 5.8%；人口自然增长率 6.98‰。“郑州已经加入常住人口‘千万俱乐部’。”主题公园非常重要的一个选址要求就是区域的人口数量，毫无疑问，郑州作为新一线城市具有建设主题公园的人口资源优势。除此之外，郑州优越的交通体系为外来人口便捷的流入提供了支持体系。

二　河南省主题公园发展的现状分析

（一）文化旅游融合背景下河南主题公园的蓬勃发展

党的十八大以来，习近平总书记发表了一系列关于文化和旅游工作的重要论述，科学回答了事关文化建设和旅游发展的一系列方向性、根本性、全局性问题，为主题公园的发展提供了根本理论指导。在此背景下，河南主题公园蓬勃发展，各种类型的主题公园应运而生。这些公园的主题涵盖综合主题型、文化主题型、主题游乐型、影视娱乐型、科技主题型、名胜微缩型等多种类型。

郑州航空港实验区双鹤湖中央公园建设了定向运动主题公园，规划设计党政树新风、重走长征路、走近双鹤湖、全民健身等 10 个不同的线路主题；郑州海昌海洋公园奠基打造中原标志性海洋主题公园。开封市政府与恒大集团举行的开封恒大童世界项目签约，总投资超 1000 亿元的开封恒大童世界项目落户开封市运粮河畔；开封市在迎宾路至西环路的环城公园内建设了首个健康主题公园。2017 年中国河洛乡愁摄影主题公园暨豫西北摄影联盟创作基地揭牌；洛阳会盟银滩电影主题公园建立；洛阳市区首个健康旅游主题公园在隋唐城遗址植物园内正式亮相。许昌市建立了45000平方米全国面积最大的质量主题公园开园；许昌市鄢陵县党建主题公园突出党建元素，融入鄢陵特色，总占地130余亩、8600多平方米；许昌市长葛市建设大中原汽车主题公园。安阳市建设了汤阴101870平方米梦幻谷主题公园。商丘市建设了商丘好人主题公园，总面积70000平方米。焦作市积极打造多处文化主题公园——韩愈文化主题园、黄河治水主题公园、黄河灾害体验公园。南阳市西峡县建设大型恐龙主题公园，含有恐龙骨骼博物馆、白垩纪景观廊道、白垩纪乐园、恐龙野战营等科普游览项目。鹤壁市建设淇河生态森林主题公园。实际上，随着主题公园的概念沉降到二三线城市，不难想象更多的主题公园已经上马或者正在筹备之中。主题公园是人为投资建设的休闲旅游景区，与传统的自然风光和人文古迹景区不一样，它们在满足世界各地旅游者旅游需求的同时，也为都市人群提供了一处休闲、娱乐、聚会的场所，为现代人带来了一种新的休闲体验。

（二）郑州、开封、洛阳主题公园的建设显示出集聚效应

目前河南的主题公园主要集中在郑汴洛东西中轴线上，形成了以开封、郑州、洛阳为中心的主题公园群落。这种空间格局与河南省的区域经济发展水平、游客分布及消费状况是一致的。河南主题公园的投资方有外省的和本地的。郑州市的绿博园，方特一期、二期、三期工程，即是深圳华强公司在河南投资建设的代表之作。绿博园模仿深圳的锦绣中华浓缩了中华五千年的历史文化和人文景观等。郑州方特欢乐世界的不同之处在于这里的主题把科技和文化相结合。它的背景是中国古老的传统文化，那些脍炙人口的神话传说，通过高科技手段在这里得到了逼真的再现。展现手段把电影特技、动漫卡通的元素和神话相结合，科技含量特别高，很有创意，很有中国古老味道。方特梦幻王国推出了很多新的项目，例如秦陵探险、决战金山寺、西游传说等，显示出本土化的构思，取得了良好的社会效益和经济效益。

开封依靠独特文化资源优势，开发了清明上河园，也取得了比较好的

经济效益和社会效益。清明上河园总投资10亿元，取材于宋代张择端的《清明上河图》，从北宋时期政治、军事、文化中取材，以情景体验的形式，设置宋代文化意境下的静态观赏型项目、互动演艺性项目和体验游乐式项目成为特色鲜明的大型主题梦幻乐园，完成了从名画到名园的华丽转身。开封在这方面做得比较成功，而九朝古都洛阳在题材的选择上就显得有些凌乱。洛阳虽然有众多主题公园，如2017年揭牌的中国河洛乡愁摄影主题公园暨豫西北摄影联盟创作基地、洛阳会盟银滩电影主题公园、洛阳市区首个健康旅游主题公园——隋唐城遗址植物园等。但是，真正具有品牌优势的主题公园尚未出现，如何提炼九朝古都洛阳的文化仍是一个值得反复探讨的问题。

（三）主题公园下沉二三线城市与传统的市政公园、主题公园的互相渗透

河南的主题公园突破了单一的游乐园形式，形成了目的地主题公园、地区性主题公园、地方性主题公园、小型主题公园等多种类型。在远离郑州大都市区的地方，一些二三线城市依托地方优势资源，也建立了相关的主题公园，如西峡恐龙园是一座以恐龙为主题的，融娱乐休闲、博物科普及表演于一体的游乐园，经过十多年的经营，西峡恐龙园从一个博物馆发展到一个主题公园，目前已经成为一个综合性的文化产业园。焦作市积极打造多处文化主题公园——韩愈文化主题园、黄河治水主题公园、黄河灾害体验公园，许多主题公园增加了互动环节，使游客增长了知识，感受到乐趣，真正体验到了互动和休闲。

三　河南省主题公园发展的存在问题

（一）主题公园的主题缺乏创新和主题定位不清晰现象

“主题”是主题公园建设和发展的灵魂，主题公园的“主题”是其市场

辨识度的重要依据，主题公园对旅游者的吸引力来自主题和对主题的演绎创新。主题公园其实是典型的创意产业，独特的文化主题是公园的核心竞争力，主题缺乏创意将限制公园的长远发展。目前河南的主题公园建设已经意识到“主题”的重要性，但多是简单模仿成功案例的运营模式，没有自己的核心亮点及可持续开发的文化演绎。虽然各家主题公园主题各异、定位不同，但主要还是对国外主题公园的模仿，甚至连建筑也多是欧洲城堡的样式，比如郑州文化创意产业园要打造东方“奥兰多”，修武云台山也要打造东方“奥兰多”，两家甚至有可能采用的是同一家设计公司的产品。目前河南的主题公园建设，缺乏权威机构进行宏观规划、协调建设和规范管理。现有的政府管理部门往往只盯着主题公园的预期利益，很多主题公园的建设没有经过科学的论证，造成同一地区内主题公园建设重复，形成恶性竞争。在建设中出现资金流失、土地占用等问题，为其日后发展埋下了隐患。政府主管部门应该及时控制类似的盲目建设，为河南主题公园行业的科学健康发展奠定坚实基础。

（二）主题公园的主题内容与传统人文历史资源开发之间的互相适应问题

人文环境特别是文化元素在现代主题公园中的作用日益重要，从某种意义上说，文化元素是一个主题公园的灵魂。虽然目前河南很多主题公园确立了文化主题，但如何将文化元素真正融入主题公园的产业链中，还是一个尚待深入研究的问题。河南的主题公园在发展中要根据河南省自身的主题定位和地区的文化特点，建立有自己特色的文化体系，包括举办符合自身特点特色的主题活动，真正形成独树一帜、具有传播效应的“城市名片”。因此，在发展城市旅游业过程中，要时刻注意不致出现纯粹商业化的遗产与文化，在保护性开发的前提下，实现发展城市旅游和弘扬悠久文化传统的完美结合。这是河南主题公园建设从业者不可回避的一个问题。

（三）主题公园运营的专业人才缺乏，运营缺乏创新，面临可持续性发展问题

专业人才缺乏，策划营销欠缺。主题公园是一个完整的产业链，是包括机械、声光电、影像、动漫等多种行业的综合体，需要一个专业团队进行联合攻关，做好充分的调研和可行性分析，是实现主题公园可持续发展的重要环节。国外主题公园的建设，一般由专门的咨询机构组织策划。河南的一些二线城市建设主题公园时，缺乏科学的市场调研。一些公园投资者在决策前把周边的人口计算一下，就把他们当作自己的潜在市场，却对公园的可进入性、市场的可支撑力、替代产品的竞争，以及交通条件缺乏通盘考虑。如果缺乏对产品的周密策划、设计和开发，主题公园不能产生自身的造血功能，仅仅依靠政府的投入，就很可能面临可持续发展的问题。

四　河南省主题公园发展的对策建议

（一）强化顶层设计，构建全省主题公园开发的大格局

2005 年 10 月河南省委书记徐光春在全省旅游产业发展大会上明确提出："我们要及时解放思想，进一步增强加快旅游产业发展的责任感和紧迫感。各地市要树立起'抓旅游就是抓经济''抓旅游就是抓发展'的思想观念，切切实实地把发展旅游当成各地头等大事来做。河南是一个旅游资源大省，制约河南旅游产业发展的重要因素是体制不顺，机制不活，产权不清，没有形成适应市场竞争的灵活的高效运营机制。因此各地市要把创新管理体制，创新经营机制当成工作重心。要进一步加大国有旅游企业的改革力度，采取股份制改造。制定相关优惠政策吸引各方资金投资旅游产业。"随着对旅游业发展瓶颈的有效突破，河南旅游必然以更强的竞争力出现在中国旅游市场上，吸引更多的国内外游客来河南。中国将成为世界主题公园巨头群雄逐鹿的主场地。专家预测，未来 5 年中国主题公园市场规模将超过每年 100

亿元，主题公园将成为社会投资的“新热点”。这就要求政府应进行长远规划，使主题公园的区位选择、规划建设与城市规划和城市定位一致，这样可以相互借力，顺势而为。当前，针对省内主题公园发展过热、开发过度的状况，政府应加强对主题公园的宏观调控，合理布局，权衡利弊，适度开发，避免重复建设和恶性竞争，强化顶层设计，谋划全省主题公园开发的大格局是政府文化旅游部门需要宏观把控的战略性问题。

（二）打造优秀的主题公园品牌，满足人们对美好生活的需求

主题公园的特色和品质是主题公园的生命，比如深圳华侨城主题公园的成功，就归功于独特的特色和品质。锦绣中华的兴建，考虑的就是当时中国人旅游的主要形式是饱览祖国的名山大川和名胜古迹。随着经济的全球化，中国主题公园行业竞争愈演愈烈。一方面，民族主题公园的成长、成熟，加剧了国内主题公园之间的竞争；另一方面，迪士尼等知名国际品牌已经登陆中国，既使国内主题公园的建设直接站位于一个较高的起点之上，也多了强大的竞争对手，竞争方式从以往单纯的产品竞争、价格竞争，变成内容的竞争、品牌的竞争。

中国主题公园的主题必须具有鲜明的文化特色，才能被市场所认可，获得稳定持久的发展。河南历史悠久，文化资源丰富，主题公园应充分利用丰富的历史文化资源，发展独具特色的主题公园项目，以避免陷入同质化竞争。开封清明上河园就是一个在打造品牌方面比较成功的例子。主题公园本质上是一种蕴含丰富地域文化内涵的旅游产品，文化内涵是主题公园保持长久吸引力的源泉，应该围绕主题对文化资源进行大胆挖掘，打造既具有文化特色，又具有创意和娱乐的休闲体验项目，园内的旅游纪念品、餐饮服务场所都可以建设成为具有主题公园文化特色的载体，增强游客的文化体验。

（三）加大主题公园企业的资金扶持，落实主题公园企业的政策

随着中国旅游产业的转型升级和蓬勃发展，主题公园迎来了发展的新契机。良好的发展平台、广阔的发展前景和旺盛的市场需求，使主题公园建设

成为企业投资关注的聚焦点。从将来发展趋势看，大型主题公园、个性化体验主题乐园（包括职业养成类、养生保健类、运动休闲类、大型演艺类等）将成为市场投资重点关注的领域。技术创新是设备更新、体验创新、提供个性化服务的重要手段，是实现主题公园产品和服务升级的关键。注重技术创新和自主知识产权的研发，积极适应中国智慧城市建设的发展，既可以有效减少对国外先进技术和设备的依赖，又可以大大提高主题公园的竞争力。主题公园的发展，还应与旅游产业、餐饮产业、房地产产业、连锁酒店产业等关联产业互为依托，相互促进，形成一个融居住、娱乐、商业等要素为一体的比较完善的人居系统，从而提升当地的文化影响力，拉动当地经济的发展。河南省主题公园普遍过度依赖门票收入，必须改变这种单一的盈利模式，以实现成功转型。当前亟须提高主题公园的项目以及衍生产品的科技含量，打造文化品牌，延伸园区的产业链，由此实现利润的最大化与持续性。主题公园投资大，单靠主题公园一个产业的投入，一定会带来产业风险。为此，需要和其他产业进行联动发展，比如通过房地产的开发快速收回投资，支撑主题公园的发展，形成主题公园发展的良性商业模式。

（四）做好主题公园的产业开发和技术人才支持

主题公园竞争力的提高依赖于主题旅游项目不断创新的意识。由于市场环境与游客需求的不断变化，主题项目必须不断地适时更新形象并重塑新的旅游项目。通过创新，将主题项目有限的周期生命转化为无限的周期循环。不得不说，创新是主题公园发展的原动力。要把主题公园的发展与时代发展及年轻人的需求结合起来，不断创新。中国主题公园的创意大多来自中国传统文化，长期形成的文化基因，使这些项目易于契合大众文化心理，形成数量庞大、规模稳固的消费群体。中国主题公园必须将国际先进的开发理念引入中国，中国主题公园开发建设、运营管理咨询业务将得到大力发展。中国主题公园的发展具有独特的优势。一是具有丰富的旅游资源。中国宝贵的自然资源和深厚的文化底蕴提供了充足的旅游资源，资源的多样性为旅游产品的丰富和拓展提供了可能。二是具有巨大的市场潜力。旅游产业的升级、消

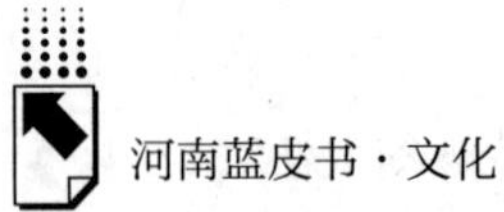

费层次的提高以及审美的多样性，为中国主题公园提供了巨大的创新与发展空间。三是具有高度的民族文化认同感。因此，做好主题公园产业和民族文化的深度融合，增强民族文化自信的研究，大力培养主题公园产业的人才，已经成为当前发展过程中比较迫切的任务。

参考文献

1. 胡亚琴：《对中国主题公园现状及未来发展趋势的探讨》，《职校论坛》2009 年第 9 期。
2. 王晓峰等：《开封清明上河园运行现状及发展对策研究》，《中国市场》2019 年第 18 期。
3. 郭二艳：《河南历史文化资源的深度挖掘及旅游开发》，《长春工业大学学报》2014 年第 1 期。
4. 徐春燕：《我国主题公园现状及影响因素研究》，华东师范大学硕士学位论文，2010。
5. 徐刚领、裴蕾等：《打造国际性综合交通枢纽　郑州有条件有基础有优势》，《郑州日报》2017 年 3 月 4 日。
6. 徐建勋、何可：《人口破千万　郑州迈入城市发展新赛道》，《河南日报》2019 年 1 月 9 日。

B.8

2019年河南文化旅游特色小镇发展报告

陈勤娜*

摘　要： 河南文化旅游特色小镇是特色小镇的重要类型，对于落实国家新型城镇化战略部署有重要意义。河南文化旅游特色小镇的文化资源丰富，区位优势突出，文化旅游经济发展迅速，交通建设突飞猛进，给特色小镇的崛起带来了便利。河南文化旅游资源类别齐全，产品丰富多样。河南文化旅游特色小镇的类型主要有：历史文化小镇、运动休闲小镇、民俗风情小镇、生态度养小镇。河南文化旅游小镇发展模式通常依托当地的文化生态资源，政府主导、社会参与。但同时也应当认识到，河南文化旅游特色小镇发展面临省级专项政策缺失、思想认识滞后、特色产业的支撑带动作用不够强、配套设施落后等问题和困难。建议提高思想认识，做好顶层设计，出台专项政策，完善法律法规，突出地方特色，做大做强支柱产业，加强基础设施建设，提高组织管理水平。

关键词： 河南　文化旅游　特色小镇

特色小镇发端于浙江，近几年顺应时代潮流，全国各地的特色小镇蓬勃发展。它对于落实国家新型城镇化战略部署有重要意义，是推进区域产

---

* 陈勤娜，文学博士，河南省社会科学院文学研究所助理研究员，主要从事中国文学和文化学研究。

业转型升级的有力抓手。河南省以建制镇为基础，开展工、农、旅、商多种类型的特色小镇探索，初步形成了一批文化旅游特色小镇、工业园区特色小镇、商贸物流特色小镇、矿业资源加工特色小镇、农副产品加工特色小镇、养殖种植特色小镇，特色突出，产业鲜明，生态良好。目前河南省特色小镇建设取得了较大进展，积累了一些成功经验，同时也存在一些不足和问题。河南文化旅游资源丰富，生态环境优美，在住建部公布的第一批河南的特色小镇中，4 个小镇都属于文化特色鲜明、旅游资源丰富的旅游特色小镇。住建部公布的第二批河南的 11 个特色小镇中，在公布名单的同时也出台了专家评审意见，明确提出以“文化”作为小镇建设关键词的有 5 个，以“生态”“环境”作为建设关键词的有 5 个，文化旅游特色小镇占全部特色小镇的 93%，可见文化旅游特色小镇是河南省特色小镇的重要类型，也是河南结合实际情况重点培育的特色小镇模式，对于河南省特色小镇的整体建设具有重大意义。

一 河南省特色小镇的概况①

目前，河南省共有国家级特色小镇 18 个（见表 1），其中住建部选出两批共 15 个特色小镇、国家体育总局评出 3 个特色小镇。国家级经济发达镇行政体制改革试点镇 2 个（安阳水冶镇和信阳明港镇），河南省经济发达镇行政管理体制改革试点镇 100 个（见表 2），河南省第一批重点示范镇 68 个（见表 3），河南还有“中国历史文化名镇”10 个②。

① 目前河南省尚未公开发布省级特色小镇的创建和培育名单，本文所论的河南特色小镇主要为住建部和国家体育总局选出的 18 个国家级特色小镇、河南省公布的 100 个经济发达镇行政管理体制改革试点镇、68 个重点示范镇和 10 个中国历史文化名镇。其中，以 18 个国家级特色小镇为主要研究对象。

② 河南省中国历史文化名镇为禹州市神垕镇、淅川县荆紫关镇、社旗县赊店镇、开封市朱仙镇、郏县冢头镇、遂平县嵖岈山镇、滑县道口镇、光山县白雀园镇、确山县竹沟镇、郑州市惠济区古荥镇。

表1　河南省国家级特色小镇

序号	住建部第一批(2016 年)	住建部第二批(2017 年)	国家体育总局(2017 年)
1	禹州市神垕镇	汝州市蟒川镇	郑州市新郑龙西体育小镇
2	温县赵堡镇	镇平县石佛寺镇	驻马店市确山县老乐山北泉运动休闲特色小镇
3	西峡县太平镇	孟津县朝阳镇	信阳市鸡公山户外运动休闲小镇
4	确山县竹沟镇	濮阳市华龙区岳村镇	
5		商水县邓城镇	
6		巩义市竹林镇	
7		长垣县恼里镇	
8		林州市石板岩镇	
9		永城市芒山镇	
10		灵宝市函谷关镇	
11		邓州市穰东镇	

表2　河南省经济发达镇行政管理体制改革试点镇（2015 年）

政区	序号	试点镇	政区	序号	试点镇
郑州市	1	新郑市龙湖镇	洛阳市	18	孟津县麻屯镇
郑州市	2	新郑市薛店镇	洛阳市	19	新安县铁门镇
郑州市	3	新密市超化镇	洛阳市	20	宜阳县香鹿山镇
郑州市	4	新密市曲梁镇	洛阳市	21	伊川县彭婆镇
郑州市	5	登封市大冶镇	洛阳市	22	嵩县车村镇
郑州市	6	登封市告成镇	洛阳市	23	栾川县冷水镇
郑州市	7	荥阳市豫龙镇	洛阳市	24	洛龙区李楼镇
郑州市	8	荥阳市贾峪镇	平顶山市	25	郏县黄道镇
郑州市	9	中牟县官渡镇	平顶山市	26	舞钢市枣林镇
郑州市	10	中牟县姚家镇	平顶山市	27	鲁山县张良镇
郑州市	11	二七区马寨镇	安阳市	28	林州市姚村镇
郑州市	12	惠济区花园口镇	安阳市	29	安阳县铜冶镇
郑州市	13	上街区峡窝镇	安阳市	30	内黄县后河镇
郑州市	14	尉氏县洧川镇	安阳市	31	汤阴县宜沟镇
开封市	15	通许县四所楼镇	鹤壁市	32	浚县王庄镇
开封市	16	杞县葛岗镇	鹤壁市	33	淇县高村镇
开封市	17	祥符区朱仙镇	鹤壁市	34	山城区石林镇

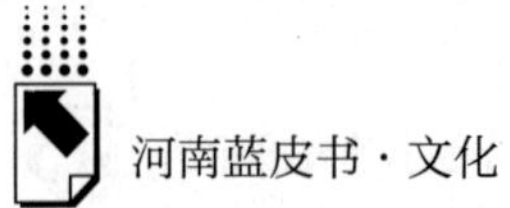

续表

政区	序号	试点镇	政区	序号	试点镇
新乡市	35	卫辉市唐庄镇	信阳市	69	罗山县周党镇
	36	辉县市孟庄镇		70	潢川县双柳树镇
	37	延津县石婆固镇		71	光山县马畈镇
	38	获嘉县亢村镇		72	浉河区东双河镇
	39	新乡县小冀镇	周口市	73	项城市秣陵镇
	40	封丘县应举镇		74	沈丘县付井镇
焦作市	41	沁阳市西向镇		75	郸城县汲冢镇
	42	孟州市西虢镇		76	西华县红花集镇
	43	武陟县西陶镇		77	商水县固墙镇
	44	博爱县磨头镇		78	淮阳县四通镇
濮阳市	45	濮阳县文留镇	驻马店市	79	泌阳县马谷田镇
	46	清丰县柳格镇		80	确山县刘店镇
	47	南乐县元村镇		81	平舆县东和店镇
	48	范县濮城镇		82	遂平县嵖岈山镇
许昌市	49	禹州市神垕镇		83	上蔡县黄埠镇
	50	长葛市大周镇	济源市	84	克井镇
漯河市	51	郾城区孟庙镇		85	承留镇
三门峡市	52	灵宝市豫灵镇	巩义市	86	回郭镇
	53	渑池县张村镇		87	米河镇
	54	卢氏县官道口镇	兰考县	88	南彰镇
	55	陕州区观音堂镇		89	蝈阳镇
南阳市	56	镇平县石佛寺镇	汝州市	90	临汝镇
	57	内乡县马山口镇		91	寄料镇
	58	淅川县九重镇	滑县	92	留固镇
	59	南召县云阳镇	长垣县	93	恼里镇
	60	唐河县湖阳镇	邓州市	94	穰东镇
	61	西峡县双龙镇		95	构林镇
	62	桐柏县安棚镇	永城市	96	芒山镇
	63	卧龙区蒲山镇		97	高庄镇
	64	宛城区红泥湾镇	固始县	98	陈淋子镇
商丘市	65	夏邑县会亭镇	鹿邑县	99	玄武镇
	66	虞城县利民镇	新蔡县	100	黄楼镇
	67	宁陵县柳河镇			
	68	梁园区谢集镇			

表 3　河南省第一批重点示范镇（2015 年）

政区	序号	示范镇	政区	序号	示范镇
郑州市	1	荥阳市广武镇	三门峡市	36	灵宝市豫灵镇
	2	新密市超化镇		37	陕县观音堂镇
	3	新郑市辛店镇	南阳市	38	镇平县石佛寺镇
	4	登封市大冶镇		39	方城县博望镇
	5	中牟县雁鸣湖镇		40	南召县云阳镇
开封市	6	杞县葛岗镇		41	内乡县马山口镇
洛阳市	7	孟津县麻屯镇		42	桐柏县埠江镇
	8	嵩县车村镇		43	淅川县丹阳镇
	9	伊川县鸣皋镇		44	新野县歪子镇
	10	栾川县潭头镇	商丘市	45	民权县北关镇
	11	宜阳县三乡镇		46	虞城县利民镇
	12	新安县磁涧镇	信阳市	47	淮滨县马集镇
平顶山市	13	宝丰县石桥镇		48	新县沙窝镇
	14	叶县任店镇		49	平桥区明港镇
安阳市	15	安阳县水冶镇	周口市	50	沈丘县付井镇
	16	汤阴县宜沟镇		51	淮阳县四通镇
	17	林州市临淇镇		52	西华县逍遥镇
鹤壁市	18	淇县西岗镇		53	项城市秣陵镇
新乡市	19	辉县市孟庄镇		54	商水县固墙镇
	20	获嘉县中和镇		55	太康县老冢镇
	21	卫辉市唐庄镇	驻马店市	56	泌阳县官庄镇
	22	封丘县黄陵镇		57	汝南县老君庙镇
	23	延津县东屯镇	济源市	58	承留镇
焦作市	24	温县赵堡镇		59	克井镇
	25	沁阳市西向镇	巩义市	60	竹林镇
	26	修武县七贤镇		61	回郭镇
	27	武陟县詹店镇	兰考县	62	堌阳镇
濮阳市	28	范县濮城镇	汝州市	63	小屯镇
	29	濮阳县文留镇	长垣县	64	恼里镇
许昌市	30	长葛市大周镇	邓州市	65	穰东镇
	31	鄢陵县陈化店镇	永城市	66	芒山镇
	32	禹州市神垕镇	固始县	67	黎集镇
	33	建安区五女店镇	鹿邑县	68	玄武镇
漯河市	34	舞阳县北舞渡镇			
	35	临颍县杜曲镇			

二　河南文化旅游特色小镇的资源优势突出

河南地处中原，是米字型高铁的枢纽联结地，文化旅游资源丰富，区位优势突出。河南文化旅游特色小镇虽然自 2015 年才起步建设，但发展态势良好，一批彰显地方文化、突出旅游体验、生态环境良好、适合养老休闲的文化旅游小镇正在迅速发展。

（一）河南文化旅游特色小镇的文化资源丰富

河南省地处中原，历史悠久，具有非常丰富的文化资源，形成了光辉灿烂的中原文化。据相关学者研究，河南特色文化资源可划分为以下几类。“一是寻根文化资源，包括始祖文化、姓氏文化、名人文化、客家文化；二是政治文化资源，包括史前文化、夏商文化、汉魏文化、北宋文化；三是思想文化资源，包括易学文化、诸子文化、宗教文化、精神榜样；四是社会文化资源，包括商业文化、军事文化、教育文化；五是科技文化资源，包括天文文化、农耕文化、医药文化、冶铸文化、陶瓷文化；六是旅游文化资源，包括山水文化、古都文化、名城文化、红色文化；七是文学艺术资源，包括汉字文化、书画文化、诗文文化、戏剧文化；八是民俗文化资源，包括武术文化、节会文化、传说文化、饮食文化、民间艺术。”① 河南由于地理位置得天独厚，长期处于政治、经济、文化中心，留下了大量的文化遗址遗迹，现有洛阳龙门石窟、安阳殷墟、天地之中古建筑群、长城（河南段）、大运河（河南段）和丝绸之路（河南段）6 项世界文化遗产，全国重点文物保护单位 419 处，国家历史文化名城 8 个，“中国历史文化名镇” 10 个，国家级非物质文化遗产 113 项。河南是中华文化的起源地和发展地，是中华民族

---

① 徐光春等：《中原文化与中原崛起》，河南人民出版社，2007；张新斌主编《中原文化解读》，文心出版社，2007。

的根脉所在。

河南现有的特色小镇文化资源丰富多样。住建部公布的河南第一批国家级特色小镇中，焦作市温县赵堡镇是名扬中外的太极拳发源地，许昌市禹州市神垕镇是中国钧瓷之都，驻马店市确山县竹沟镇则是红色文化小镇，素有革命圣地“小延安”之美誉。国家体育总局公布的国家级特色小镇中，驻马店市确山县老乐山北泉运动休闲特色小镇是历史悠久的道教圣地和内涵深厚的文化名山，山上有聚仙亭，中央电视台还曾到此处录制国家非物质文化遗产打铁花的表演。

特色小镇的生态环境良好。住建部公布的河南第一批国家级特色小镇中，南阳市西峡县太平镇生态旅游资源丰富，森林覆盖率95%以上。有“天然药库”之称。拥有国家级自然保护区、国家5A级旅游景区——老界岭生态旅游度假区，获得“全国特色旅游景观名镇”等荣誉称号。国家体育总局选出的国家级特色小镇中，信阳市鸡公山管理区户外运动休闲小镇地处以“云中公园”而闻名中外的鸡公山国家级自然保护区，是中国四大避暑胜地之一，素有“青分豫楚、襟扼三江”的美誉，风光秀丽，气候宜人。山中有霞光、云海、雾凇、奇峰怪石、瀑布流泉等美景。驻马店市确山县老乐山北泉运动休闲特色小镇有古寺名刹、茂林修竹，老乐山物种丰富，怪石林立，千姿百态。

（二）河南文化旅游经济发展迅速

近几年河南文化旅游经济发展迅速，全省旅游经济主要指标保持较快增长态势。2018年，全省接待海内外游客7.86亿人次，同比增长18.15%；实现旅游收入8120亿元，同比增长20.28%。按照文旅厅公布的数据，“2019年春节期间，全省旅游市场共接待游客3212万人次，旅游收入180.3亿元”①，总量排全国第4，实现了“开门红”。2017年全省文化事业费25.15亿元，比上年增加2.87亿元，增长12.88%。全省人均文化事业费为

① 河南省人民政府网，https：//www.henan.gov.cn/2019/02－12/733930.html。

26.31 元，比上年提高 2.94 元，增长 12.6%。2018 年河南省旅游产业发展专项资金共 1.42 亿元，其中旅游宣传和奖励资金 1 亿元，旅游厕所奖补资金 2000 万元，智慧旅游建设奖补资金 2200 万元。全年全省新改建旅游厕所 1713 座，超额完成年度 1629 座的目标任务，完成数量在全国居第 5 位。全省在建旅游项目共 544 个，完成投资 806.68 亿元，同比增长 28.28%。全年招商签约项目共 124 个，签约总金额 3200 亿元，到位资金 165 亿元。

（三）河南区位优势突出

河南区位优势突出，交通建设突飞猛进。中原大地连南贯北、承东启西。近年来，河南立足区位优势，坚持“交通先行”，推进航空、铁路、公路、水运等交通网络建设，推进多式联运，打造现代立体交通体系、现代物流体系和服务“一带一路”建设的现代综合交通枢纽。郑州已经成为全国重要的“米”字形高铁交通轴，拥有亚洲最大的列车编组站，而且还是中国境内最大的铁路集装箱货运中心。河南正好处于新亚欧大陆桥的咽喉位置，2013 年开行的中欧国际班列充分发挥这一区位优势。郑州新郑国际机场是中国八大枢纽机场之一，已成为国内第四大货运机场。截止到 2012 年，河南省高速公路通车里程 5830 公里，居全国第 1 位，全省每个县市区均可在 30 分钟内通达高速公路。全省公路通车总里程、农村公路通车总里程连续多年居全国首位。河南交通建设的飞速发展，给特色小镇的崛起带来了便利。

（四）河南文化旅游资源类别齐全，产品丰富多样

依据我国《旅游资源分类、调查与评价标准》（GB/T 18972－2003），旅游资源可以分为 8 个主类、31 个亚类和 155 种基本类型。河南文化旅游资源在地文景观、水域风光、生物景观、天气与气候景观、遗址遗迹、建筑与设施、旅游产品、人文活动等 8 个主类中均有涉及，也具备大多数亚类和基本类型。河南文化旅游产品丰富多样，特色突出，吸引力强。河南目前有 11 个世界级品牌旅游景区，包括 6 处世界文化遗产，4 个世界地质公园，1 个国际生

物圈保护网和1个世界体育活动基地。其中洛阳龙门石窟、登封“天地之中”历史文化建筑群分别在2000年、2010年列入《世界遗产名录》。河南文化艺术活动也多种多样，开封菊花文化节、洛阳牡丹文化节、焦作国际太极拳交流大赛、鹤壁民俗文化节、平顶山马街书会等文化节会规模宏大，影响力显著。河南的一些特色小镇本身就处在景区中，如南阳市太平镇地处伏牛山西南部，境内山势陡峭，群峰耸峙，气候宜人，包含群山、碧水、深潭、险峰、幽谷等生态旅游景群，融汇各类名胜景观于一地。再如永城市芒山镇，境内有国家AAAAA级旅游景区芒砀山，芒砀山是汉高祖刘邦斩蛇起义之地，被誉为“汉兴之地”，有汉梁王墓群、刘邦斩蛇处、大汉雄风芒砀山地质公园、陈胜墓、夫子崖等景点。另有一些特色小镇文化特色显著，如禹州市神垕镇的钧瓷文化、驻马店市确山县竹沟镇的红色文化、濮阳市华龙区岳村镇的杂技文化、焦作市赵堡镇的太极文化、三门峡市灵宝市函谷关镇的道家文化、南阳市镇平县石佛寺镇的玉文化等，文化产品特点鲜明。

三　河南省文化旅游特色小镇的主要类型和发展模式

河南省文化旅游特色小镇的资源优势突出，产品种类丰富。根据住建部公布的评审意见（见表4），结合当地资源和建设的实际情况，河南文化旅游特色小镇的类型主要有：历史文化小镇、运动休闲小镇、民俗风情小镇、生态度养小镇。河南文化旅游小镇发展模式通常依托当地的文化生态资源，政府主导、社会参与，进行打造建设。

表4　专家组对第二批全国特色小镇的评审意见（河南部分）

序号	特色小镇	评审意见
1	汝州市蟒川镇	1. 延长创新汝瓷产业链，丰富汝瓷小镇内容。 2. 提升规划编制质量，保持小镇的空间格局，营造尺度宜人的空间环境。
2	镇平县石佛寺镇	1. 尽快修编规划，注重集约节约利用土地。 2. 开展镇域内村庄人居环境整治，发挥小镇带动作用。

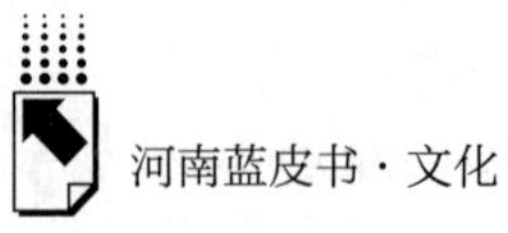

续表

序号	特色小镇	评审意见
3	孟津县朝阳镇	1. 加强唐三彩文化研究,将唐三彩文化与小镇建设充分结合,打造富有特色的小镇空间形态。 2. 严格控制房地产规模
4	濮阳市华龙区岳村镇	1. 加强杂技文化研究,将杂技文化融入小镇建设。 2. 加强房地产管控,避免因靠近都市带来的快速房地产化倾向。 3. 尽快修编规划,提升镇区风貌
5	商水县邓城镇	1. 拓展特色产业链,发挥特色产业对小镇及其周边区域的带动作用。 2. 整治镇区环境,提升综合服务能力。 3. 尽快修编规划,控制小镇用地规模,避免盲目扩张
6	巩义市竹林镇	1. 明确特色产业发展思路,创新运营模式。 2. 加强生态环境保护,创建宜居、生态的小镇。 3. 开展镇区环境整治,提升整体风貌
7	长垣县恼里镇	1. 将小镇的孔子文化资源、湿地资源融入小镇建设,提升小镇风貌和品质。 2. 尽快修编规划,统筹布局产业、居住和服务设施,促进产镇融合发展
8	林州市石板岩镇	1. 加大写生、住宿等的配套设施建设,满足不同人群的需求。 2. 防止过度房地产化,严控乡镇债务。 3. 提升规划质量,保持原生态、原汁原味的小镇空间和风貌
9	永城市芒山镇	1. 重点深化拓展"汉文化"体验,由游览式向民宿、文化传承等方向发展,拓宽产业链条。 2. 将汉文化融入小镇建设,注重保护"地下文化",传承和创新"地上文化"。 3. 尽快修编规划,提升规划质量
10	灵宝市函谷关镇	1. 将优秀的传统文化融入镇区建设,提升镇区风貌。 2. 尽快修编规划,严控建设用地规模,避免过快扩张
11	邓州市穰东镇	1. 促进传统产业提升和特色产业自身品牌的培育,落实特色产业项目。 2. 加强镇区和乡村环境整治,营造尺度宜人的小镇空间环境和美丽宜居的乡村环境。 3. 尽快修编规划,提升规划质量。 4. 加强体制机制创新

资料来源:中华人民共和国住房与城乡建设部官网,http://www.mohurd.gov.cn/wjfb/201708/t20170828_ 233078.html。

1. 历史文化小镇

历史文化类特色小镇的核心是以满足旅游者的文化需求为目标,根据当地的历史文化进行开发建设。这类小镇的灵魂是历史文化,主要依托保存、建设相对完好的古建筑、古街道，考据确凿的文物古迹，以及颇具传统文化特色的文化产品。这类小镇的发展模式，多数属于依托现有的文化资源，加以修复打造。如洛阳孟津县朝阳镇，拥有闻名世界的唐三彩工艺，不但保留了唐三彩古色古香、浑厚质朴的大唐韵味，而且品种繁多，千姿百态，生动逼真，釉色艳丽。2000 年，朝阳镇被命名为“三彩之乡”。所以住建部的建设意见明确指出要“加强唐三彩文化研究，将唐三彩文化与小镇建设充分结合，打造富有特色的小镇空间形态”。此外，辖内有豫西现存面积最大的清代古民居建筑——卫坡村，是河南省级文物保护单位。2007 年，卫坡村被命名为河南省级历史文化名村。再如驻马店市确山县竹沟镇，是革命老区，素有革命圣地“小延安”的美誉。在民主革命时期，竹沟是一块重要的根据地。抗日战争爆发后，成为我党在中原地区发展的重要阵地和战略支撑点。同时竹沟还是重要的革命摇篮，通过举办培训班和教导队，这里培养了大批党政军干部和其他骨干力量。从这里先后走出了两任国家主席，4 位副国级领导，60 多位省部级领导，100 多位将军。竹沟以红色文化为中心，建设竹沟革命纪念馆和烈士陵园，还有大量的革命旧址和陈列厅，打造成为红色旅游经典景区。此外，还有以杂技文化为特色的濮阳市华龙区岳村镇、孔子文化为特色的长垣县恼里镇、汉文化为特色的永城市芒山镇、老子文化为特色的灵宝市函谷关镇，均属于历史文化类特色小镇。

2. 运动休闲小镇

运动休闲类特色小镇主要是将运动、休闲、度假相结合的高品质小镇，主要针对当下快节奏的都市生活、高强度的工作压力、环境污染造成的亚健康身体而打造建设的。河南省这类代表性特色小镇主要是国家体育总局公布的 3 个国家级特色小镇，包括信阳市鸡公山管理区户外运动休闲小镇、郑州市新郑龙西体育小镇、驻马店市确山县老乐山北泉运动休闲特色小镇。这类特色小镇在本身自然环境优良的前提下，在政府的大力扶植支持下，建设成为有特色鲜明的运动休闲业态和深厚浓郁的体育文化氛围的小镇。目前，这些小镇都在建设的初步阶段，侧重于聚焦运动休闲、体育健康等主题，形成体育竞赛表演、体育场馆服务、体育用品制造等产业形态。打造成为具备成熟的体育赛事组织运营经验的小镇，经常开展健身赛事和活动，形成运动休闲特色名片。比如信阳市鸡公山管理区户外运动休闲小镇，风景秀丽，泉清林翠，有八大自然景观，环境优美。依托丰富的山地森林资源，积极修建登山健身设施，开展登山健身运动，先后开展2016新年登高比赛、第九届“体彩杯”全国自行车公开赛和2017年新豫商行读中原徒步活动，逐步营造深厚浓郁的体育文化氛围。

3. 民俗风情小镇

民俗风情类特色小镇，以民俗、风情、古街、地方小吃、艺术、手工艺品、非物质文化遗产为代表，以民俗风情和文化体验为主要卖点，古街古镇的建筑优美，民俗文化体验别致，又可以观看特色演艺节目，吃到地方特色小吃，住在民俗客栈，购买别具风情的手工艺品，特别适合周末假期的休闲旅游。如巩义市竹林镇的长寿山风情小镇，既有梨园大戏楼表演，又汇聚来自成都、西安、杭州、长沙等全国各地的美味小吃，唐三彩、剪纸、奇石、根雕、崖柏、牡丹香包、牡丹画、扇面工艺、鲁班锁等民俗工艺琳琅满目，散发着传统文化的韵味，让人身心舒畅。再如中国历史文化名镇朱仙镇，是著名的四大古镇之一。朱仙镇木版年画是中国年画的鼻祖，属于中国最古老的工艺品之一，它以浓郁的乡土气息，强烈的民俗情趣，独特的艺术风格，入选第一批国家级非物质文化遗产名录。境内的启封故园深入挖掘朱仙镇历史文化，提炼了朱仙镇的漕运文化、豫剧文化、木版年画和岳飞忠义文化等文化资源，从全国搜寻古建筑老物件，力求完美复原古建筑传统风貌，其中还有婚庆文化的吉庆街、科举文化的状元街及相关表演，让游客亲身体验婚庆文化和科举文化。这类特色小镇的建设，通常统筹政府、社会、市民三大主体的积极性，政府为企业创业提供条件，提供设施配套、要素保障、生态环境等方面的管理和服务，积极鼓励企业参与小镇投资、建设、运营和管理，最大限度地激发了市场主体活力和企业家创造力。如禹州神垕镇，就是通过PPP模式和EPC模式融资20亿元支持发展需要，其中神垕古镇老街修复项目就引入资金5亿元。这种实践模式为经济发展新常态下河南省文化旅游特色小镇发展模式创新做出了有益探索。

4. 生态度养小镇

生态度养类特色小镇以环境、生态、养生、度假、温泉、滑雪、养老为关键词，将休闲度假、养老养生相结合，要求小镇生态环境优美，养生设施完备。住建部发布的两批河南国家级特色小镇中，有很多本身就是景区的小镇。如安阳市林州市石板岩镇，境内的太行大峡谷景区是国家 AAAA 级旅游区，风景优美，尤其是秋季，万山红遍，两侧千山万壑，堪称精美绝伦。再如南阳市西峡县太平镇，拥有国家级自然保护区、国家 5A 级旅游景区——老界岭生态旅游度假区，还有老界岭滑雪场和伏牛大峡谷，夏天的时候可以避暑，冬天的时候还是著名的滑雪胜地。当地群众经营土特产，开办农家客栈、特色餐饮，打造“农游一体”特色旅游项目，年旅游收入 8000 万元以上。永城市芒山镇，境内有国家 5A 级旅游景区——芒砀山汉文化旅游景区。中国历史文化名镇驻马店市遂平县嵖岈山镇地处山区，境内群山叠翠，峰峦起伏，既有传统的自然景点，又有独特的人文景观，有人将景点总结为六潭六泉七瀑布，四峡四洞二古墓，六大寺峰六怪石，五大名山六碧湖。这里的温泉也很有特色，2007 年，中国地理委员会在嵖岈山景区发现罕见的铀温泉，2009 年有企业综合开发打造了嵖岈山温泉小镇，除了温泉疗养之外，还有攀岩、溜索、滑雪等多项拓展运动。

综上所述，河南文化旅游特色小镇大体上可以分为这些类型。事实上，很多小镇兼具多种类型的特征，根据当地历史文化和生态环境，打造民俗风情体验街（园），集健身、休闲、观光、养生、旅游为一体。如焦作市温县赵堡镇，作为陈氏太极拳的发源地，以太极文化为核心，全力延伸拓展“太极+”，和文化产业、乡村旅游、健康养生相融合，致力于建成“文化突出、特色鲜明、体制灵活、生态宜居”的国家级特色小镇。

四　河南文化旅游特色小镇发展面临的问题和困难

河南省文化旅游特色小镇，类型丰富多样，数量也在不断增加，呈现出良好的发展态势。但同时也应当认识到，其发展面临一些问题和困难。河南文化旅游特色小镇的专项政策缺失，思想认识滞后，特色产业的支撑带动作用不够强，配套设施落后，都在一定程度上影响了其快速发展。

（一）政策保障不足，顶层设计有待进一步完善

在住建部公布的两批共403个特色小镇中，河南省有15个，数量在全国排第9位，有3个（神垕镇、竹林镇和芒山镇）还属于全国千强镇。2016年7月，住建部、国家发改委和财政部联合发布首个国家层面的特色小镇专项政策《关于开展特色小镇培育工作的通知》后，国家相关部委针对特色小镇专项发文十几项，对特色小镇的重视程度可见一斑。省级层面，浙江省发布了18份特色小镇专项政策，山东、河北、广东、江苏也都有5～7份专项政策[①]，但是，迄今为止，河南省只是转发了一项国家发改委关于规范推进特色小镇建设的意见，并未公开发布特色小镇的任何专项政策。在全国31个省、自治区、直辖市积极创建培育省级特色小镇的情况下，河南省尚未公开发布省级特色小镇创建或培育名单。河南省特色小镇专项政策缺失，顶层设计不完善，发展类型和发展模式不健全，对于特色小镇的建设目标、创建要求、实施步骤、成果效益、保障措施缺乏指引。

（二）思想认识滞后，参与热情有待进一步激发

国家要求特色小镇立足产业"特而强"、功能"聚而合"、形态"小而美"、机制"新而活"，但是由于各级政府对于特色小镇的培育和建设不够重视，有些市县对特色小镇和特色小城镇内涵理解不到位，盲目扩张，造成资源浪费。把特色小镇当成筐，什么都往里装，盲目把产业园区、旅游景区、美丽乡村、社区等都戴上特色小镇的帽子。特色小镇的建设需要政府、社会、市民多方联合努力，目前各方的参与热情还有待进一步激发。

---

① 曾国军、余构雄：《2019年中国特色小镇发展现状、问题及对策》，载《中国特色小镇研究报告（2019）》，社会科学文献出版社，2019，第1～38页。

（三）特色产业不强，支撑带动作用有待进一步增强

在特色小镇的建设中，要把发展壮大优势主导特色产业作为特色小镇建设的核心，目前很多小镇的古街古镇建设内容重复，形态雷同，地方特色不鲜明。而且河南旅游产业起步较晚，发展需要一定周期，对小镇建设支撑力较弱。有些特色小镇，贪图国家政策红利，通过获得特色小镇的称号，招商引资，尤其是房地产商以此名义大兴房地产，造成大量的土地等资源浪费，出现“烂尾楼”“睡城”“豆腐渣工程”“半拉子工程”。

（四）配套建设落后，组织管理有待进一步提高

河南的文化旅游特色小镇，有些地方生态环境优良，但是远离都市，处于大山深处，如南阳西峡县太平镇，地质灾害、洪涝灾害时有发生，村组公路、照明、给排水、卫生医疗、教育等农村基础设施建设亟待推进。再如焦作温县赵堡镇和驻马店确山县竹沟镇，随着文化旅游业的快速发展，每年的游客吞吐量在迅速增加，小镇的承载力明显不足，亟待进一步加强各项基础设施建设。同时，特色小镇的申报、实施、创建、考核等工作，需要一套强有力的组织管理体系。但是特色小镇是多部门统筹协调配合联动的，目前河南省由省城镇化领导小组办公室发挥综合协调职能，省发展改革委、国土资源厅、环境保护厅、住房城乡建设厅，按照职责分工配合联动。这种兼而不专的组织形式，缺少专门机构、专职人员的全身心监督管理，不利于管理工作的有效开展。

五　推动河南文化旅游特色小镇有序发展的对策建议

（一）提高思想认识，做好顶层设计

一是各级相关政府部门应当逐级开展特色小镇相关政策的解读和培训，加强对特色小镇及相关概念的理解剖析，深刻认识特色小镇与产业园区、美丽乡村、田园综合体、旅游景区等概念的区别与联系，把握特色小镇产业

"特而强"、功能"聚而合"、形态"小而美"、机制"新而活"的本质要求。二是科学推进文化旅游特色小镇建设，做好顶层规划设计，完善小镇的主导产业整体规划和小镇创建方案。顶层规划要因地制宜，立足自身实际，尊重客观规律，科学推进，因势利导。对于历史文化资源丰富的地区，要加强对传统文化遗产的保护和传承，强化小镇文脉的发掘和延续。对于生态环境优良的地区，要注意生态环境保护，留住绿水青山。三是彰显地域特色、资源特色、文化特色、产业特色，规划要体现区域差异性，依靠各自资源引导历史文化小镇、运动休闲小镇、民俗风情小镇、生态度养小镇等各类文化旅游小镇的发展。

（二）出台专项政策，完善法律法规

一是尽快出台特色小镇的省级专项政策。自 2016 年 7 月我国住建部、国家发改委和财政部联合发布首个国家层面的特色小镇专项政策以后，国家对特色小镇的重视程度日渐加深，相关部门针对特色小镇的培育建设、推荐评选、金融支持、高质量发展机制等问题专项发文十几项，全国各地省级层面的特色小镇专项政策也在陆续出台。河南也应尽快公布省级特色小镇创建名单，积极发布建设指导意见，还要出台具体作用于目标规划、产业培育、组织保障、金融支持、基础设施建设等方面的专项政策。二是专项政策要更具可操作性。河南特色小镇培育和建设主要依据国家级发布的政策，省级层面唯有一个 2018 年的《转发〈国家发展改革委　国土资源部环境保护部住房城乡建设部　关于规范推进特色小镇和特色小城镇建设的若干意见〉的通知》，政策内容往往较为模糊，应当结合河南实际，依据各地资源情况出台更有可操作性的实施细则，尤其是对于特色小镇的推荐评选和考核评估，制定奖惩细则，完善实施细则，进一步细化特色小镇专项政策。三是除了目前常见的"专项通知"和"指导意见"外，还需要完善政策类型，出台包括实施、考评、认定等内容的管理办法、管理实施细则、规划纲要、发展计划以及相关规章条例，等等，逐步形成完备的政策体系，为文化旅游特色小镇建设保驾护航。

（三）突出地方特色，做大做强支柱产业

特色小镇是一个体现产城融合思路的空间载体，是一个产业、文化、旅游、生活相互融合的有机整体。要坚持产业建镇，“一镇一品”，引导特色小镇充分利用资源优势，挖掘本地最有产业基础、最有地方特色、最具发展潜力和成长空间的特色产业，做大做强，发挥规模效应，打造品牌。如南阳石佛寺镇，立足玉石特色和商贸优势，定位以产业支撑城镇、文化提升产业、旅游带动三产，形成了以玉石加工、雕刻、销售为一体的全国最大的玉雕加工销售集散地，以中华玉文化博物馆、省级电子商务示范区等产业项目为带动，成为独具特色的玉文化小镇。再如焦作市赵堡镇的太极文化产业，以太极文化为核心，打造鲜明的产业形态，实施陈家沟太极文化生态园，改造重建陈家沟，推动太极拳文化旅游景区获批国家4A级文化景区。发展养生太极拳，打造中原健康养生基地。突出太极文化内涵，投资20多亿元实施各类产业项目20多个，有力带动整个小镇的经济快速发展。根据小镇自身特点，鼓励多样化、差异化发展，分别对具有矿产资源、农产品加工、文化旅游、商贸流通进行工业重镇、农业强镇、文化旅游名镇、商贸物流大镇的培养建设，宜农则农，宜工则工，宜旅则旅，宜商则商。针对文化旅游特色小镇，利用丰富的文化旅游资源，打造独具历史文化、运动休闲、民俗风情、生态度养的文化产业和文化品牌。

（四）加强基础设施建设，提高组织管理水平

基础设施薄弱、组织机构不完善是特色小镇建设的普遍问题，为了推进特色小镇发展，要持续加快基础设施建设，逐步健全基本公共服务，积极补齐基础设施、公共服务和生态环境三块短板。河南有些特色小镇在这个问题上做出了表率，如许昌禹州神垕镇投入资金5亿多元用于城镇基础设施建设，先后完成了内外通道路网、肖河景观水系、供排水、地下管网、污水处理、星级公厕等一系列基础设施工程，建成了南水北调神垕支线工程，成为国家南水北调中线工程中唯一的镇级供水单位。完善组织机构，成立专门的

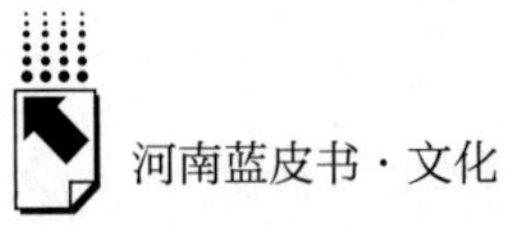

特色小镇办公室，实行规划创建工作联席会议制度，设置专门机构、专职人员全身心地投入特色小镇的监督管理工作中，提高组织管理水平。

参考文献

1. 徐光春等：《中原文化与中原崛起》，河南人民出版社，2007。
2. 张新斌主编《中原文化解读》，文心出版社，2007。
3. 曾国军、陈旭、余构雄主编《中国特色小镇研究报告（2019）》，社会科学文献出版社，2019。
4. 程芳主编《中国特色小镇发展蓝皮书 2019》，中国财政经济出版社，2018。
5. 卫绍生主编《河南文化发展报告 2017》，社会科学文献出版社，2017。

专题报告

Special Reports

B.9

关于创新文化和旅游宣传推广方式，再塑“老家河南”品牌的调研报告

周耀霞　王九位*

摘　要： 宣传推介文化产品是推动文化和旅游融合发展的重要内容，也是打造文化旅游品牌和培育精品文化旅游线路的有效举措。报告通过大量的统计数据，详细分析了河南旅游业 2016 ~ 2018 年在产品供给、市场需求、客源结构等方面的发展变化，指出文化旅游品牌“老家河南”已经获得海内外业界和游客的广泛认同，但创新产品供给不充分、要素产品链不匹配、营销策略不精准等仍是河南旅游宣传推广方面存在的突出问题。应大力实施新型产品促销工程、节庆活动提升工程、精品线路优化工程、“中华源・老家河南”品牌再塑工程，

* 周耀霞，河南省文化与旅游厅副厅长；王九位，河南省文化与旅游厅宣传推广处处长。

持续提升国际市场对于河南“中华源”地位的认知度，持续强化“老家河南”品牌在国内市场的影响力，把“老家河南”品牌上升到更高、更快、更广的宣传平台进行推广，尽早形成全方位、多层次、宽领域、智能化的文旅发展大格局，最大限度发挥文化品牌产业核心竞争力的作用。

关键词： 宣传推广　“老家河南”　文化品牌

文化和旅游宣传推广应该从产品开始，“老家河南”品牌塑造需要精品旅游线路支撑。旅游产业转型升级行动方案明确旅游品牌推广行动是“做靓旅游形象品牌、做精旅游线路品牌、做强旅游节会品牌、做优旅游产品品牌”，近年来，从“心灵故乡”到“豫见中国”，文化与情感碰撞，“老家河南”持续发声，不断传递“老家”情感，已经成为国内屈指可数的形象鲜明的成熟文化旅游品牌，获得海内外业界和游客的广泛认同。但是，综观目前河南省文化和旅游融合发展现状，特别是为适应河南省经济社会高质量发展的需要，“老家河南”品牌需要得到更多部门的认可和支持，应该上升到更高、更广的宣传平台进行推广，推动形成全方位、多层次、宽领域、智能化的大格局。

一　河南旅游业优势及发展现状

（一）产品供给渐趋丰富

随着经济全球化和世界经济一体化趋势不断增强，随着旅游消费需求及走势的变化，旅游业态、旅游内涵、旅游结构发生了“质”的变化。旅游业与一、二、三产业的跨界融合日益紧密，通过“旅游+”“+旅游”形成了众多旅游产业新业态。随着科技的高速发展和立体交通网络的形成，数字化服务贯穿旅游全过程，旅游目的地、旅游目标市场的内涵正在发生深刻变化。和全国一样，历经40年发展，河南省在文化和旅游产品打造方面取得了一系列经验和成绩。

第一，文旅资源品位世界一流。中国八大古都中河南省占郑州、安阳、洛阳、开封4座；全国135个国家级历史文化名城河南占8个；中国的世界文化遗产37项，河南占6项；大道之源、群经之首《易经》，万经之王的《道德经》源出河南；中国目前发现最早的文字，是安阳殷墟出土的甲骨文；佛教“祖庭”白马寺，禅宗祖庭和中国功夫的发源地少林寺，国家首批非物质文化遗产陈氏太极拳等均源自河南。河南是中国古代天文学、医学、地震学、文字学、老庄哲学、程朱理学等文化的发祥地；被称为文学祖典的《诗经》，许慎的《说文解字》，曹氏父子创立的建安文学，以韩愈为首的唐宋散文，杜甫、白居易、李贺、李商隐等大诗人的传世之作，这些在河南诞生的伟大成果都已成为中华文化之重要的基石。自然景观兼有“北雄南秀”之特色，地跨海、黄、淮、江四大水系，拥有“三山一岳”山地景观。这些人文和自然资源既是中国的也是世界的，是世界一流的文化和旅游资源。

第二，文旅产品打造独树一帜。目前拥有国家5A级景区13个，数量位于全国第3位，仅次于江苏和浙江；国家4A级景区164个，数量居全国第6位，远高于周边省份湖北（134个）、陕西（107个）、山西（96个）；世界地质公园4处，位于全国第1位；国家重点风景名胜区11处，数量高于周边6省份；国家级旅游度假区（继5A级旅游景区之后又一块金字招牌）1个，即尧山温泉旅游度假区；省级旅游度假区12个，与湖北等同，低于安徽（15个），数量高于山东、河北、山西、陕西；中国优秀旅游城市27个，和江苏、浙江、黑龙江并列全国第2位，远高于湖北（12个）、河北（11个）、陕西（6个）、山西（5个）；中国历史文化名镇10个、名村9个；中国传统古村落205个；国家级特色小镇18个；田园综合体6家，其中国家级试点2家（鹤壁浚县、洛阳孟津县），省级4家（永城市、汝州市、长垣县、唐河县）；中国最美休闲乡村19个，全国休闲农业与乡村旅游示范县15个、示范点20个；全域旅游示范区创建单位有郑州、焦作、济源3个市和修武、林州等23个县。做出了叫得响、有影响的品牌，如4个知名景区：少林寺、龙门石窟、清明上河园、云台山；4个知名节庆：中国洛阳牡丹文化节、中国开封菊花节、中国郑州国际少林武术节、新郑黄帝故里拜祖大典；2台知名演义：《禅宗少林·音乐大典》《大宋·东京梦华》；1个乡村度假地：栾川重渡沟；1个乡村休闲地：信阳郝堂村。

第三，“老家河南”品牌深入人心。“十三五”期间，旅游宣传进入区域大品牌营销时代，“老家河南”“好客山东”“山水浙江”“七彩云南”等不同区域旅游品牌正在逐渐建立中。中原文化有着很强的辐射力和影响力，集中表现在：一是辐射各地，如岭南文化、闽台文化以及客家文化，其核心思想都来源于中原的河洛文化；二是化民成俗，中原文化中的一些基本礼仪规范常常被统治者编成统一范本，推广到社会及家庭教育的各个环节，实现“万里同风”的社会效果；三是远播异域。秦汉以来，中原文化主要通过陆路交通向东向西传播，不仅影响了朝鲜、日本的古代文明，而且开辟了延续千年的丝绸之路。从北宋开始，中原文化凭借当时最发达的航海技术，远播南亚、非洲各国，也开辟了世界文明海路传播的新纪元。“万姓同根，万宗同源”。中原地区是中华民族的根脉所在，中华民族有源可考的姓氏中，三分之一起源于河南，100个大姓中有78个源头或部分源头在河南。“河南”过去的定位是“文化河南”“壮美河南”。然而，这些宣传口号，换给任何一个省份似乎都可以，无法将“文化”和“壮美”直接联系到河南。在深度解读中原文化的基础上，提出了“老家河南”旅游品牌战略定位，令世界耳目一新。围绕“老家河南”整体品牌形象，展开系列情感化营销。2011年拍摄制作《心灵故乡·老家河南》为旅游主题形象宣传片，诠释了河南作为“黄河文明的摇篮、炎黄子孙的记忆、华夏儿女的梦乡”所拥有的独特魅力。2016年开始策划拍摄新版宣传片，新版宣传片的主题确定为：“豫见中国　老家河南”，宣传内容凝练为：在这里，遇见中国河，遇见中国字，遇见中国艺术，遇见中国功夫。从“心灵故乡”到“豫见中国”，“老家河南”品牌内涵再度提升。

（二）市场需求持续扩大

改革开放40年来，国家大力倡导优先发展入境旅游，河南的入境旅游取得了长足发展。而国内旅游一直停滞不前，直至20世纪90年代初期，大部分地区都没有独立设立旅游管理机构，游览目的地也仅有少林寺、龙门石窟等单个景点。90年代中期，国内旅游开始呈现出迅速发展趋势，旅游经营与服务逐步规范，各地旅游行政管理机构纷纷建立，各种旅游规章制度逐步完善。近几年，河南省的游客接待人次和旅游收入一直名列全国前茅（见表1）。

表1　2016～2018年河南省接待游客人次及收入综合统计

项目	2016年		2017年		2018年	
	当年数	增长率(%)	当年数	增长率(%)	当年数	增长率(%)
接待游客	58306.95万人次	12.4	66511万人次	14.1	78582.95万人次	18.2
入境游客	293.95万人次	9.60	307.32万人次	4.5	321.73万人次	4.7
旅游收入	5764.06亿元	14.5	6571亿元	14.0	8120.21亿元	23.6

旅游市场的快速、持续增长为河南省经济、社会的全面发展提供了巨大的推动力：一是有效拉动经济增长。十多年来，接待游客及旅游收入持续保持两位数增长，旅游经济占全省经济总量的比重由2016年的4.35%提高到2018年的16.9%，有力拉动了交通、住宿、餐饮、购物、通信等相关产业的联动发展。二是有效吸纳社会就业。如新县通过发展乡村旅游和精品民宿，使3.5万贫困人口受益，占贫困总人口的84.3%，“新县实践”被新华社和中央电视台《焦点访谈》专题报道，国家发改委在成都召开全国乡村旅游发展经验交流会上，新县做了典型发言。三是有效改善区域生态环境。如郑州市布局大都市时尚休闲旅游圈项目36个，总投资达1114亿元。云台山打破门票经济，谋划云上院子、夜游云溪等总投资120亿元的“云系列”转型项目。这些生态建设项目不仅促进了生态旅游的发展，而且有效地改善了生态环境。四是有效调整了农业产业结构。21世纪初兴起的农业旅游新业态，为帮助解决农村脱贫致富提供了新的思路。五是有效提升了河南形

象。以国内旅游为主的焦作和栾川，创造了全国闻名的“焦作现象”和“栾川模式”。同时，黄帝故里拜祖大典、中国（郑州）国际旅游城市市长论坛等大型节庆活动的成功举办，对提升河南形象起到了重要作用。

但是，就全国范围而言，河南旅游发展并不尽如人意，与一些发达省份相比，差距明显。通过数据梳理发现，从各省份旅游总收入来看，2018 年，广东排名第 1，前 5 位依次为广东（1.36 万亿元）、江苏（1.32 万亿元）、山东（1.046 万亿元）、四川（1.01 万亿元）、浙江（1.00 万亿元），均破万亿元大关。其中山东、四川、浙江三省的旅游总收入首次突破万亿元。此外，贵州、云南、湖南、江西、河南旅游总收入位列前 10 位，均突破 8000 亿元。其中，贵州 2018 年实现旅游总收入 9471.03 亿元，增长 33.1%，2019 年有望突破万亿元大关。从旅游总收入的构成来看，江苏国内旅游收入最多，为 12851.3 亿元；广东国际旅游外汇收入最多，为 205.12 亿美元。从旅游人次来看，贵州接待游客总人数最多，全省接待游客总人数 9.69 亿人次，比 2018 年增长 30.2%。

2018 年，全国共接待海内外游客 55.4 亿人次，旅游总收入 5.97 万亿元；河南省接待游客人次占全国 14.2%，旅游收入占全国旅游总收入的 13.6%；河南旅游接待游客人次、旅游总收入已经进入全国 10 强。2018 年来河南游客的人均消费为 1044 元，在全国排名第 11 位，高于湖北、山西、陕西。仅从数据上看，可以说，河南已经成为旅游大省、旅游强省（见表 2）。

表 2　2018 年河南与其他主要省份旅游经济指标对比

指标＼地区	河南	山东	云南	贵州	江苏	浙江
接待游客（万人次）	78582.95	86000	70610	96900	81823.7	69000
同比增长（%）	18.2	9.0	5.75	30.2	9.6	8.7
旅游收入（亿元）	8120.21	10461.2	8991.44	9471.03	13247.3	10006
同比增长（%）	23.6	13.7	29.89	33.1	13.6	11.9

根据中国最大的独立第三方移动数据平台 Talking Data 移动数据研究中心的大数据统计和政府官方统计数据，2018 年，国内旅游最热门目的地城

市前10位中没有河南的城市；入境旅游热门目的地前10位城市中武汉排在第6位，没有河南的城市；出国旅游客源地前10位城市中，没有河南的城市，武汉排第9名；国内旅游热门5A、4A级自然景区，5A、4A级人文景区中，排名前10位的，没有河南省的景区；男性、女性游客偏爱的国内旅游目的地前10位，没有河南的城市；游客热度增长最快的人文景区中，第1名是杭州宋城，其次是浙江的“景德镇古窑民俗博览区”、山东枣庄的“台儿庄古城”；游客热度增长最快的自然景区中，第1位是河南安阳的林州太行大峡谷，其次是西藏的珠穆朗玛峰、青海省的青海湖。这些反映了消费者的价值取向，也说明河南省的资源与产品距离市场需求，还有较大的差距。

（三）客源结构不断优化

游客是旅游活动的主体，也是旅游目的地吸引和服务的对象。游客的结构与行为特征极大地影响着对目的地的选择，也影响着旅游资源的开发和管理。基于游客人口统计学分析游客个性特征，包括性别、年龄、收入、家庭结构和职业等，掌握游客的行为特点与人口统计因素之间的关系，是进行市场营销和产品开发的重要前提和关键。

1. 客群基本特征

1.1 性别特征分析

游客的性别差异对于旅游消费具有较大的影响。女性在出游过程中好奇心较强，对旅游地的特色旅游商品较为关注。而男性游客一般更加关注富有内涵的商品或可以带来较好享受度的旅游商品。河南省旅游产品的开发，应注意客源市场中不同性别游客的需要。根据腾讯公司提供的最新数据显示，来豫游客中，男性游客占比67%，女性占比33%（见图1）。而从全国范围来看，游客中女性一般占优势。因此，进一步开发女性市场，是提升河南省旅游人次的一个重要方向。

1.2 年龄特征分析

河南省的旅游客源市场中，20～39岁的人群是来河南旅游的主要客群，累计占比达70%，19岁以下的“00后”客群占比达到17.0%

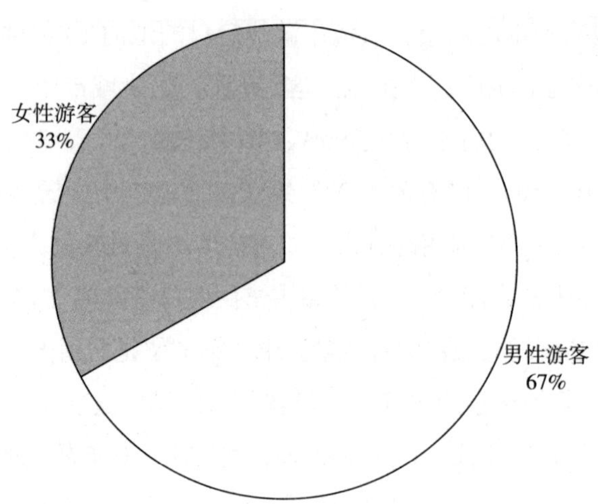

图1　河南旅游客源市场性别分布

数据来源：腾讯公司（Tencent）根据腾讯地图于2019年6月提供。

（见图2），年轻客群的价值正在进一步凸显，驱动河南旅游营销创意、游客体验向更加智能和潮流的方向精进。

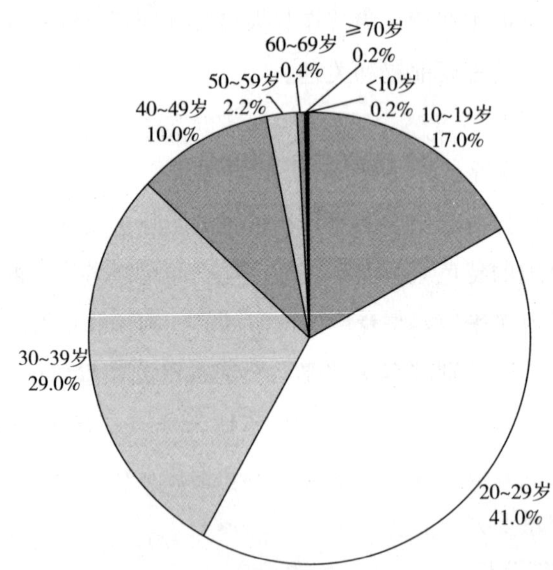

图2　来河南游客年龄结构

数据来源：腾讯公司（Tencent）根据腾讯地图于2019年6月提供。

1.3 学历特征分析

来河南游客的学历层级分布中，本科学历占比最高，达35%。在文旅融合的国家宏观政策背景下，这一数字显得尤为珍贵。当文化旅游成为旅游标配时，文化旅游产品如何与游客的心理预期和游览体验相结合，成为重要课题。

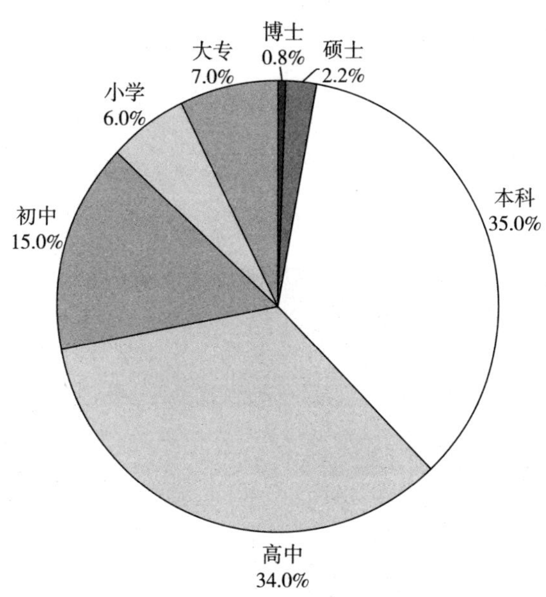

图3　来河南游客学历分布

数据来源：腾讯公司（Tencent）根据腾讯地图于2019年6月提供。

1.4 财力与消费水平分析

整体游客中，消费能力中等及以上用户占比达79%，21%游客有理财习惯，其中29%的游客有车（见图4）。文化和旅游产品的质量需要满足游客的消费需求和期待，同时，自驾游出行正在成为主流，自驾游路线和自驾游目的地的宣传需要得到进一步重视。

如何扩大高端收入游客的规模，将是河南省客源市场发展的重点领域。河南省可以依托自身的文化优势大力开拓商务旅游和会议旅游等市场，从该市场中获取可观的利润再反哺其他旅游市场，这或许可以成为河南旅游发展的另一个契机。

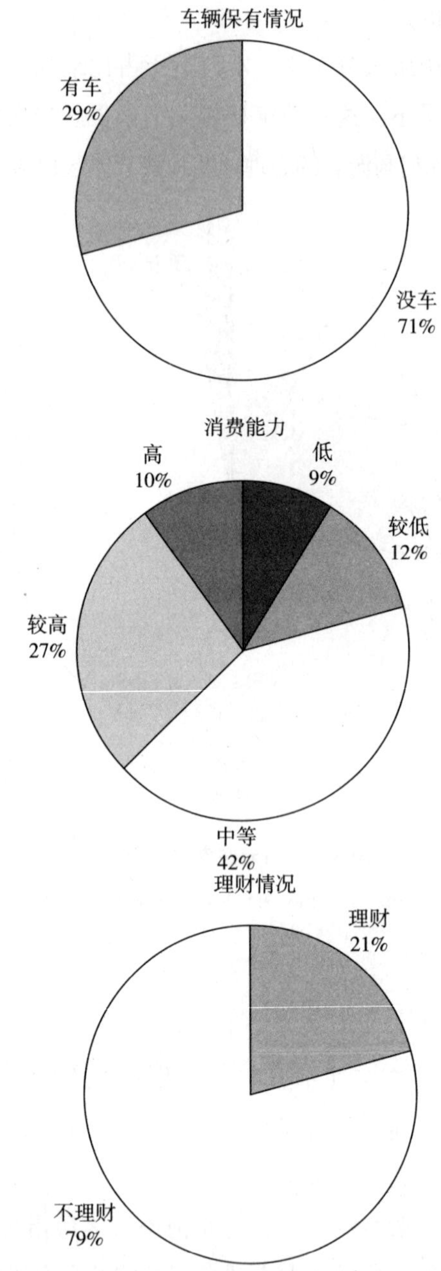

图4　来河南游客财力与消费水平分布

数据来源：腾讯公司（Tencent）根据腾讯地图于2019年6月提供。

2. 游客旅游偏好

2.1 客群产品消费偏好

根据2018年河南省旅游产品的销售情况，销量主打为景点门票，占比高，客单价117元；客群线路型旅游，客单价约796元；客群酒店，客单价约318元/（间·夜），居于中等消费水平（见图5）。整体来看，游客在线路上的购买力较高，可考虑通过周边景区联动加强休闲度假属性，挖掘相关潜力市场。

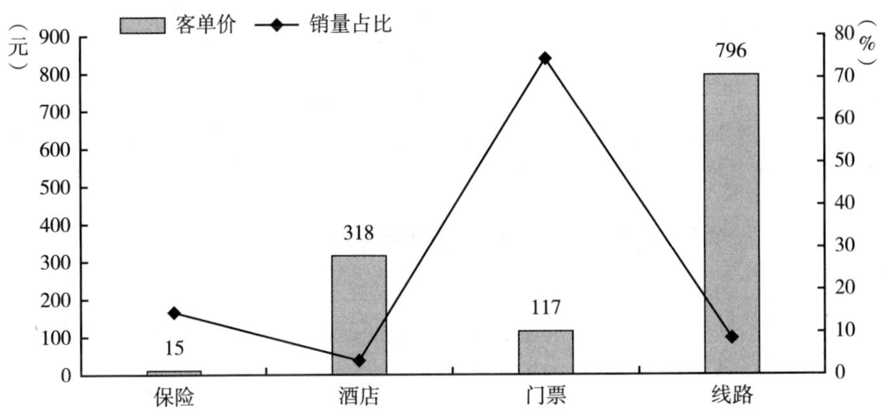

图5　来河南游客客群产品消费偏好

数据来源：驴妈妈旅游网（https：//www. lvmama. com）于2019年6月提供。

2.2 客群出游时机偏好

结合2018年游客出游实际情况，来河南旅游的高峰为4月、8月及10月，月均销量占总销量的15%以上，销售低谷包含1月、3月、5月、11月及12月，月均销量占比低于5%（见图6）。高峰与低谷间的销量差距平均约为10个百分点，这主要跟景区的季节性需求有关，可考虑在不同时期丰富营销场景活动来进行反季营销。

2.3 客群群体偏好

数据显示，河南自由行人群多以家庭为出游单位，占37%，与各省总体平均值相比高出10个百分点。其次是选择和朋友或是一个人来河南游玩，分别占26%和22%（见表3）。由此可见，河南最受家庭出游人群的喜爱。

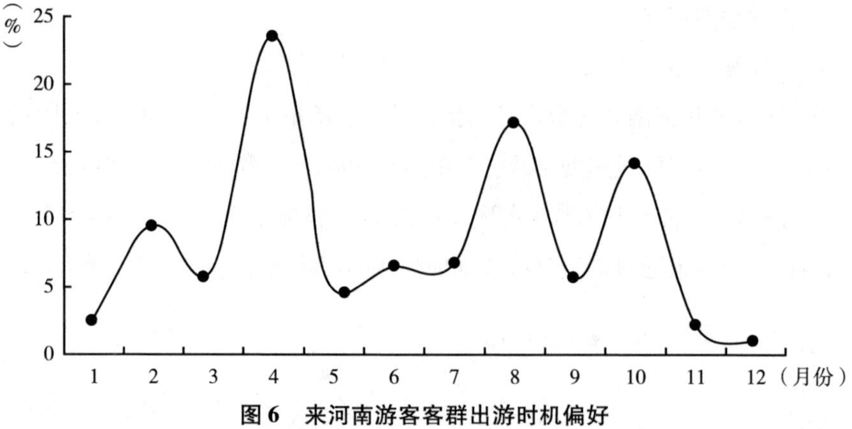

图6　来河南游客客群出游时机偏好

数据来源：驴妈妈旅游网（https：//www. lvmama. com）于2019年6月提供。

表3　河南自由行人群分布占比与各省总体占比平均值

单位：%

出游人群	占比	各省总体占比平均值
家庭出游	37	27
和朋友	26	32
一个人	22	21
情侣/夫妻	11	16
和同学	4	3

数据来源：马蜂窝旅游网（https：//www. mafengwo. cn）于2019年6月提供。

2.4 客群游玩天数偏好

数据显示，河南自由行人均游玩天数主要分布在6天及以下，平均游玩天数为4.3天。部分原因是河南的主要客群来自省内和周边省份，这些游客多会利用周末及小长假出行。另外，从酒店预订时间上看，48%来河南旅游的自游行游客会选择当天预订酒店（见图7）。由此可见，河南旅游属于短途游目的地，随走随订占比较高。

2.5 客群美食偏好

河南作为粮食大省，有不少特色美食，其中，最吸引游客的是当地的面

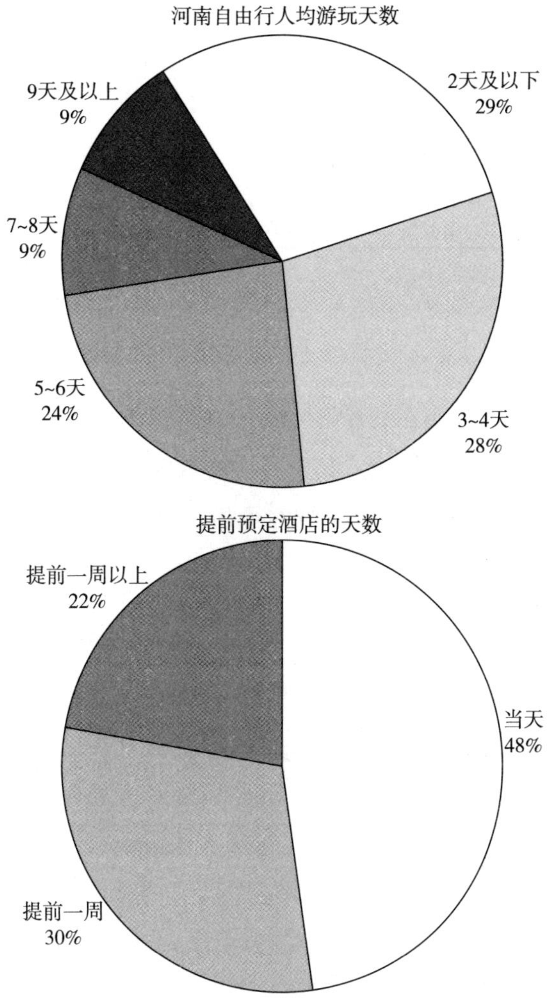

图7　河南自由行人均游玩天数和提前预订酒店天数

数据来源：马蜂窝旅游网（https：//www. mafengwo. cn）于2019年6月提供。

食和羊肉。数据显示，关于河南的游记中，提及次数最多的美食是胡辣汤、灌汤包和烩面（见表4）。很多自由行游客会专门为喝上一碗胡辣汤，或是吃上一碗河南烩面来河南游玩几天。由此可见，河南吸引游客的热门美食是胡辣汤、灌汤包和烩面。

表4　自由行游记中提及次数最多的河南美食

排名	美食名称	排名	美食名称
1	胡辣汤	6	羊肉炕馍
2	灌汤包	7	炒凉粉
3	烩面	8	羊葱兔豆鱼
4	羊肉汤	9	金星啤酒
5	羊双肠	10	牡丹燕菜

数据来源：马蜂窝旅游网（https：//www. mafengwo. cn）于2019年6月提供。

2.6 客群搜索热词偏好

数据显示，2018年自由行游客对河南自驾游的关注度有所提升，“河南自驾游”占据搜索热词第1位。其中，被搜索次数最多的是“云台山自驾”和“郭亮村自驾”。另外，自由行游客最想了解的是“河南美食”，尤其是郑州、开封、洛阳等热门目的地的当地美食。另一被多次搜索的关键词是“攻略”，包括景点游玩攻略，如龙门石窟和云台山，以及目的地游玩攻略，如“开封一日游攻略”等（见表5）。

表5　2018年河南自由行旅游搜索热词的搜索热度

单位：%

搜索热词	搜索比例	搜索热词	搜索比例
河南自驾游	20	河南景点	10
河南美食	14	云台山旅游攻略	9
龙门石窟攻略	13	开封一日游攻略	4
清明上河园	12	河南避暑胜地	3
河南旅游攻略	11	洛阳牡丹节	3

数据来源：马蜂窝旅游网（https：//www. mafengwo. cn）于2019年6月提供。

3. 客源市场与旅游决策

3.1 主要客源地为上海和江苏

河南旅游的客源地主力省份为上海、江苏、河南，占比合计高达59.28%（见图8），主要跟上海客群的高消费能力以及交通便捷性相关。从数据分析可知，河南省最大的客源地为河南省内、周边的中部省份、京津冀地区、长三角地区，总体上反映了旅游资源吸引力随距离增加而衰减的规律。一级客源市场又称重点客源市场或基本客源市场，指通过不同的交通方式4～6小时内到达旅游地的地区。河南省一级客源市场应包括周边、长三角、京津地区。二级客源市场是可开拓的客源市场，河南省二级客源市场应包括珠三角地区。三级客源市场是二级客源市场以外地区及流动人口。作为入境游，台湾、港澳地区也应作为河南省的重点客源市场。

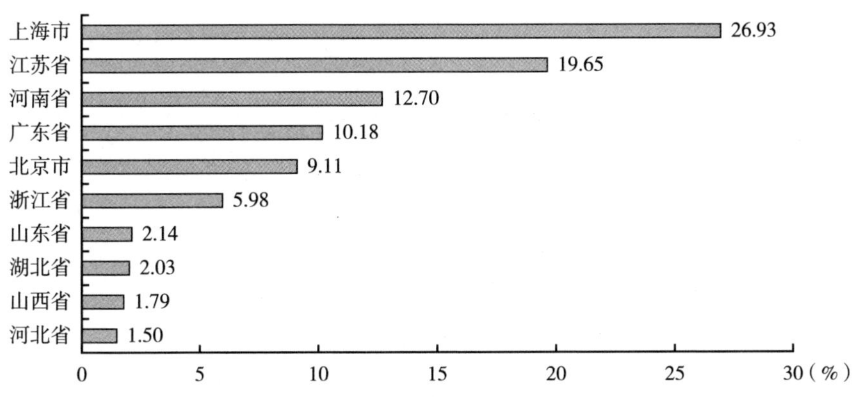

图8　河南旅游的客源地省份分布

数据来源：驴妈妈旅游网（https：//www. lvmama. com）于2019年6月提供。

3.2 河南省内18省辖市旅游资源预订量

根据同程旅游在线预订河南省各地市旅游资源分布情况，可以看出，河南省主要旅游资源预订量分布在郑州、安阳、焦作、开封，这些都是旅游发展比较好的城市，洛阳的预订量相对来说并没有达到理想的效果，豫南几个地市的预订量占比最低（见图10）。

3.3 游客获取信息的方式

携程大数据显示，游客获取旅游资讯排名前3的渠道为：旅游官方网站（48.39%），微博、微信等社交媒体（45.56%）和网络查询（44.35%），其他如亲友介绍、平面媒体、网络论坛、旅行社、电视广告等，均成为游客获取旅游信息的渠道。

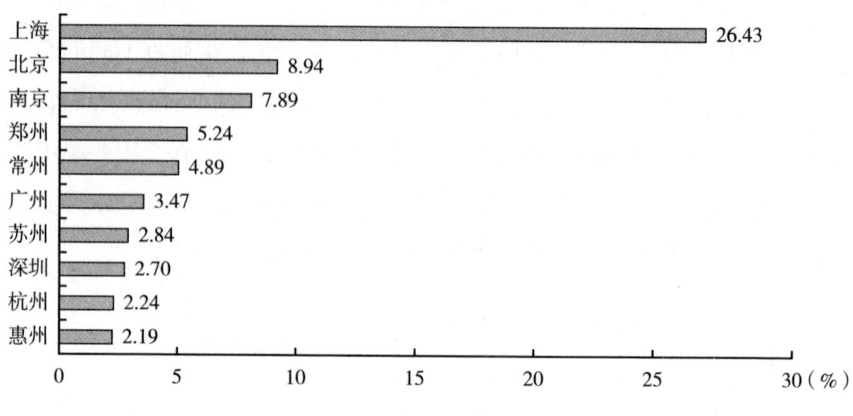

图 9　客源地城市分布

数据来源：驴妈妈旅游网（https：//www. lvmama. com）于 2019 年 6 月提供。

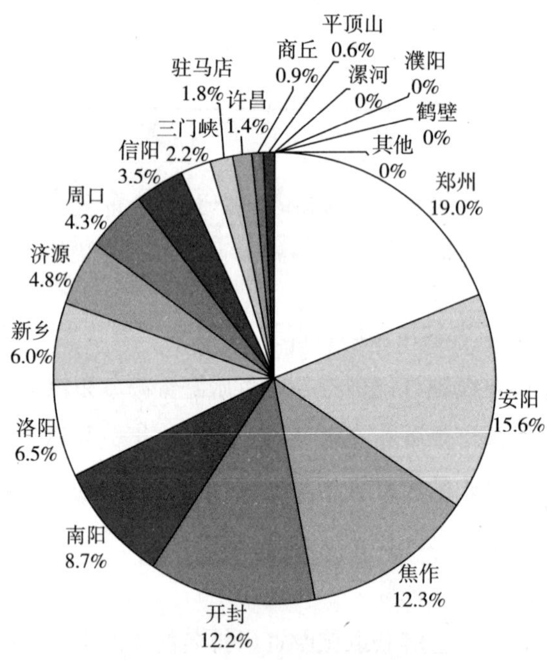

图 10　河南 18 省辖市旅游资源预订量

数据来源：同程旅游研究院于 2019 年 6 月提供。

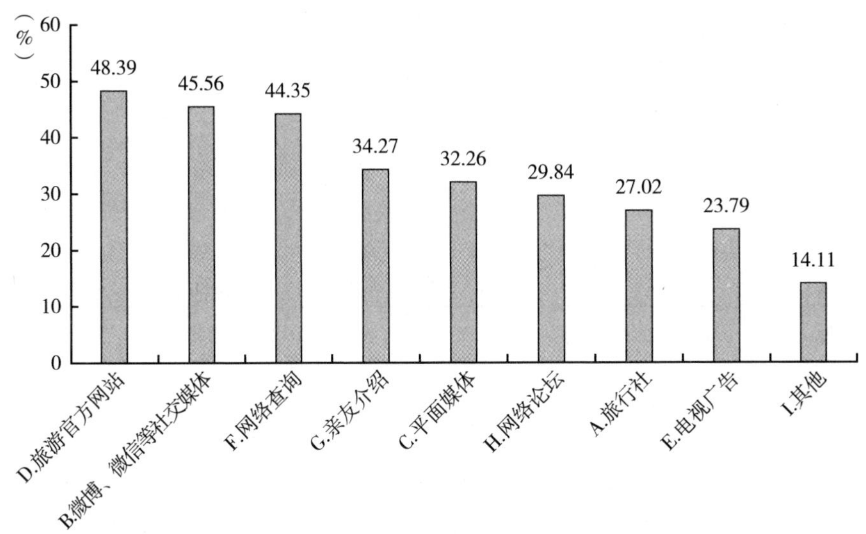

图 11　游客获取信息的方式

数据来源：携程旅行网（https：//www. ctrip. com）网络调查问卷。

3.4 游客选择出行的方式

差旅型旅游者的最大特点是，他们外出的目的是办理公务，在一定程度上不大考虑旅行费用问题。因而，他们乐于选择的旅行方式是航空、铁路和小汽车，一般很少乘长途汽车和轮船。消遣型旅游者，外出的目的是度假消遣，由于这类旅游者对价格比较敏感，所以他们会选择较为低廉的旅行方式。对于大多数旅游者来说，旅游度假都有一定的预算，在预算之内，考虑如何使旅游活动更充分、更有效。据调查，价格和费用出现波动时，会影响到旅游者对交通方式的选择。旅行距离通常涉及空间距离和时间距离两个方面。空间距离越大，完成所需要的时间距离也越多，然而人们外出的时间是有限的。为了更加有效地利用时间，人们必须尽量缩短用于交通方面的时间。据调查，长途旅行一般会选择航空、火车、自驾等方式，短途则多选择汽车出行。

表6　主要城市到郑州所需时间

单位：小时

客源城市	高铁	飞机	客源城市	高铁	飞机
北京	2.25	1.55	广州	5.25	2.15
上海	3.54	2	天津	3.21	1.35
西安	1.57	1.35	杭州	4.29	1.45
武汉	1.44	/	南京	2.48	1.4
深圳	5.58	2.25	成都	5.08	2

数据来源：马蜂窝旅游网（https://www.mafengwo.cn）于2019年6月提供。

随着以郑州为核心的“米”字形高铁网的规划建设，高铁因便利快捷成为游客的首选出行方式。从西安和武汉乘坐高铁，最快不到两个小时即可到达河南热门旅游地——郑州。河南旅游的主要客源地为3.5小时高铁圈，2小时飞行圈。

二　河南旅游产业发展存在问题及原因分析

（一）创新产品供给不充分

文旅融合深度不够，导致创新性文化和旅游产品供给不够充分。自然资源已不是文旅产品的决定性因素，需要不断创新、挖掘、整合和激活自然资源的“文化之魂”。从现实情况看，文化景区生命力则相对比较强，而山水景区则因为没有文化内涵，虽然宣传推广花费了大量的人力、财力，但往往效果不佳。所以必须彰显“以文带旅、以旅促文”的理念，将旅游与文化有机结合，发挥“文化搭台、旅游唱戏”的效能作用。

第一，产业发展跟不上时代步伐。我们知道，全球工业文明发展已经历了4个工业时代：工业1.0是以“大规模生产”（蒸汽机的发明和运用）为主要内涵；工业2.0以“电气化生产”（电力的广泛应用）为主要内涵；工业3.0以“自动化+标准化生产”和“信息技术产业发展”为主要内涵。目前，全球正在进入工业4.0时代，以“智能化生产”和“定制化生产”为主要内涵，利用物联信息系统将生产中的供应、制造、销售信息数据化、智慧化，最后实现快速、有效、个人化的产品供应。

表7　旅游产业发展的4.0时代

旅游业发展时代	主要内涵
旅游业1.0时代	旅行社主导发展时代
旅游业2.0时代	景区景点主导发展时代
旅游业3.0时代	多元化全产品链旅游目的地主导发展时代
旅游业4.0时代	智能化和全域化旅游目的地主导发展时代

目前，我国旅游产业发展整体水平处于初步进入旅游业3.0时代，各省市县区的旅游产业发展处于不平衡发展态势，多数地区旅游城市群处于从旅游业2.0时代向旅游业3.0时代升级、旅游业3.0时代和从旅游业3.0时代向旅游业4.0时代升级三个阶段。不同发展阶段决定着各地区文旅产品的发展定位和方向（见表7）。

首先，正在进入旅游业3.0时代的地区，应围绕“打造多元化全产品链旅游目的地”，着力发展以体验型文旅产品为主体的观光、休闲、度假复合产品，形成集群化旅游产业功能区。

其次，已经基本进入旅游业3.0时代的地区和向旅游业4.0时代升级的地区，应围绕“打造智能化和全域化旅游目的地”，利用各种新的文化再现技术系统，为旅游者提供以定制型、自选型、体验型文旅产品为主体的复合产品，形成智能化、全域化、国际化的异地休闲生活空间。

第二，新兴旅游业态培育滞后。休闲农业与乡村旅游、田园综合体、特色小镇、房车旅游、研学旅行、康养度假等文旅新业态、新产品如雨后春笋。随着文旅新产品和文旅新业态的不断涌现，形成了文旅产品的新分类，其中最具代表性的是七大类文旅产品（见表8）。

表 8　文旅产品的新分类

产品类型	主要内容
传统观光类	文化遗产景区、宗教型景区、古村古镇、博物馆等
传统休闲类	漂流旅游区、主题公园、大型游乐园、温泉度假区、滑雪度假区等
深度观光类	旅游演艺(实景剧场、文艺广场)、文化节庆、主题景区等
旅游综合体类	文旅小镇、城市文旅综合体、特色文化街区、田园综合体等
新型休闲类	文化休闲区、文化主题广场等
度假养生类	文化养生度假区、温泉度假区、主题度假酒店等
乡村旅游类	美丽乡村、农业生态园、休闲农庄等

近年来，在江苏、浙江、安徽、江西、湖北、陕西涌现了一批代表性、示范性的新业态旅游目的地。而在河南省，虽然信阳郝堂村、焦作孟州莫沟村的乡村旅游，曾被中央电视台《焦点访谈》宣传报道。新县发展全域旅游出现的“九镇十八湾”先后被新华社、中央电视台《焦点访谈》等中央媒体整体报道。但从总体上看，有特点、有亮点，无整体、无全局。“一点之亮”不等于“全局之光”。河南旅游在新业态的发展上，现阶段落后于江浙、落后于周边省份是不争的事实。

第三，旅游企业的竞争力不强。截至 2018 年年底，河南有 4A 级景区 164 个，5A 景区 13 个；星级酒店 432 家，其中五星级酒店 19 家，四星级酒店 126 家；旅行社 1137 家。河南营业收入过亿元的旅游企业中，酒店业没有一家。全国“百强”旅行社河南至今没有。河南 5A 景区，年营收达到亿元的有：华强郑州方特 5 亿左右（非河南本土企业）、清明上河园 3.5 亿左右、云台山 3.5 亿左右、少林寺 2.5 亿左右、龙门石窟 2 亿左右，嵩县白云山、栾川老君山、林州太行大峡谷刚刚破亿元。主板上市旅游企业至今没有；新三板上市企业三家，分别为清明上河园、香堤湾温泉、辉县宝泉旅游，前两家在挂牌两年左右，于 2018 年退出新三板，宝泉旅游 2018 年营收接近亿元，但营销费用投入 3000 多万，属非正常阶段。旅游企业整体表现与全国及周边省份差距较大。

河南省拥有的 13 个 5A 级旅游景区，其中文化类占 11 个。数据显示，好评率在90%以上的景区仅占到3家，分别是云台山、龙门石窟、太行大峡谷。其中，芒砀山旅游区的热度虽大幅度上涨，但给游客带来的体验一般，好评率仅为75%（见表9）。

表9　河南5A级旅游景区好评率排名

成为5A级旅游景区时间	地市	景点	好评率(%)
2007年	焦作	云台山	94
2007年	洛阳	龙门石窟	93
2016年	安阳	太行大峡谷	91
2011年	平顶山	尧山风景区	89
2007年	郑州	嵩山	87
2014年	南阳	老界岭	87
2013年	洛阳	龙潭大峡谷	86
2015年	驻马店	嵖岈山风景区	85
2012年	洛阳	栾川老君山	85
2011年	开封	清明上河园	84
2011年	洛阳	白云山	84
2011年	安阳	殷墟	83
2017年	商丘	芒砀山旅游区	75

数据来源：马蜂窝旅游网（https：//www. mafengwo. cn）于2019年6月提供。

第四，城市旅游带动能力不足。2018年西安市接待海内外游客超过2.4亿人次，旅游业总收入2554.81亿元；2018年武汉市接待海内外游客2.88亿人次，旅游业总收入3163亿元；2018年郑州、洛阳、开封三市接待海内外游客总和是2.53亿人次；郑、汴、洛三市的旅游收入总和是3047亿元。对比看，西安市旅游接待人次几乎是郑州、洛阳的总和，旅游收入高于郑州、洛阳的总和；武汉市旅游接待人次，高于郑州、洛阳、开封三市的总和，武汉市的旅游收入高于郑州、洛阳、开封三市旅游收入的总和。近年来，每当黄金周和小长假到来之际，海南、云南、贵州、长三角、珠三角及河南周边的西安、武汉、长沙、成都、重庆、南京等省会城市都游人云集，火爆异常。相比之下，作为首批中国优秀旅游城市、全国交通枢纽的河南省会郑州，却是一幅凄凉景象。2005 年，河南旅游的“焦作现象”“栾川模式”与浙江旅游的“宁波经验”被国家旅游局在全国推广，河南旅游极具产业自信。如今，尽管河南旅游数据在不断增长，但河南旅游在产业结构、产品表现、市场表现上，与大众旅游时代旅游消费者的需求有差距，与周边省份比较有差距，已是一个不争的事实。

（二）要素产品链不匹配

旅游产业发展从休闲度假需求到休闲度假产业转变的过程已经开始。河南目前缺乏度假产品，这导致了旅游产业要素产品的结构性短缺。一是 A 级景区数量多，精品景区数量少；盈利景区少，亏损景区多；90% 的景区，依赖门票经济，产业链短，由于有些景区的区位及体制特殊性，只能依赖门票，否则无法生存，比如嵩县的 4A 景区木札岭等。二是部分 4A 级景区和 3A 级景区几乎清一色是“占资源、无盈利，抵押贷款、待价而沽”，原因是地方政府以创 A 为政绩。三是景区景点开发建设上，创新创意少，模仿、重复、雷同化多，如近年来河南省各地一哄而上搞滑雪、漂流项目等，真正能够形成规模并产生品牌影响力产生社会综合效益的并不多。四是世界级资源或未被挖掘打造，或打造内涵与表现不足，导致众多优质文化资源未能发挥其真正的价值，如安阳、洛阳皆存在此类现象。五是“优秀旅游城市”的城市旅游功能差，只能依赖周边景区景点。六是“休闲农业与乡村旅游”发展方式粗放、同质化多；精品点、示范点太少；“田园综合体”起步慢、起点低且无一家成型；特色小镇遍地开花，有名无实，如建业电影小镇、绿地嵩山江湖小镇可能在河南独树一帜，但实际效果尚待观察。七是露营地、自驾游线路产品开发和旅游公共服务体系、配套服务设施建设非常滞后。八是旅游商品开发严重滞后，旅游购物市场发育严重不足。九是大遗址公园在保护开发利用上与西安相比差距较大，已开发利用的品位不高，视觉震撼力、历史穿透力、文化吸引力不强。十是产业结构不合理，在空间结构、产品结构、市场结构、消费结构上，都存在较为严重的问题。

（三）营销策略不精准

旅游营销经常面对的几个问题：“我们市开发建设了许多文化景区，为什么无法吸引更多的游客?”“人文景区的游客都去了哪里?”“应怎样包装文化旅游产品才能吸引游客?”专家常问的问题：“你最吸引人的文旅产品特色是什么?”“你最具市场竞争力的文旅产品是什么?”“你的文旅产品目标市场在哪里?”“假如给你一年500万的营销经费，你认为最主要的是做哪些事情?”由此可见，营销存在诸多误区和挑战（见表10、表11）。

表10　旅游营销的10个误区

误区分类	主要内容
误区1	只要获得“世界遗产”或“全国文保”称号市场自然会好
误区2	只要市场上热卖的人造文旅产品,拿过来自然有市场
误区3	人文景区没有自然景区市场吸引力大
误区4	千禧一代不喜欢人文景区
误区5	宣传促销投入越大效果越大
误区6	促销活动奖励越大效益越大
误区7	随着自驾游快速发展,只靠散客也可以给我们带来大量的游客
误区8	营销就是强化传播,只要知名度高了游客自然多
误区9	只要门票价格低,就会吸引大量游客
误区10	事件营销是万能钥匙,最适用于文旅产品营销

表11　旅游营销面临的10个挑战

挑战分类	主要内容
挑战1	各旅游地之间竞争加剧
挑战2	旅游景区产品同质化现象严重
挑战3	城市休闲娱乐场所对千禧一代吸引力越来越大
挑战4	游客对旅游产品不断增长的多样化需求
挑战5	休闲旅游需要快速增长和休闲旅游产品开发相对滞后
挑战6	自助(自驾)游的快速增长
挑战7	旅游地的旅游要素产品链不完善不匹配
挑战8	销售渠道建设成本日益增长
挑战9	新媒体和大数据对传统媒体冲击日益猛烈
挑战10	旅游营销投资效率日益下降

第一，缺少创新机制。在宣传推广活动中，重形式、轻内容，重活动、轻宣传，仅限于活动搞了，媒体宣传了，可结果怎样就不知道了，缺乏精准宣传、精准营销。宣传手段保守且单一，对新型传播形式不敏感，导致对外宣传的内容不立体，受众只闻其名，不知其实。大活动小宣传，闭门造车，很多活动流于形式，没有聚集力量做好对外传播，导致活动做成了“自嗨”。传统的宣传页、宣传材料远远不能满足市场宣传需求，如何从主题、形象、文化内涵、产品、宣传品多维度创新宣传推广手段，实施精准发力是宣传推广活动面临的重大课题。

第二，缺少长效机制。对于文旅产品而言，从研发到走向市场一般需要三年左右时间，通常第一年政府引导，第二年市场跟进，第三年形成成熟产品。从目前情况看，河南每年花了很多钱组织宣传推广活动，然而品牌知名度不高，优秀的文旅产品没有得到市场认可。其原因在于缺乏深入调研和统筹规划，不能保证宣传推广活动的连续性、整体性和可持续性。宣传主题不明确，本末倒置，只注重活动的宣传，忽略了对产品自身的宣传，导致活动本身打动不了受众，景区核心吸引物又未能有效地传递给受众，形成恶性循环，用户既没有关注活动，也没有记住景区。只盲目地选择各式渠道进行宣传，不注重传播内容的生产，导致事倍功半，形不成对受众的持续影响。

第三，缺少评估机制。随着社会的进步，人民群众的思想观念、文化需求、传播方式也发生着深刻变化。宣传推广是一项“烧钱”活动，如今传统媒体已不再风光，自媒体形式多样，如果不能进行有效的跟踪评估，结果是花钱没效果。宣传规划不精细，没有精准锁定目标客群，宣传投放指向性太差，导致宣传费用的大量浪费，且无法判断投放的实际收益。不注重宣传数据的回收和分析处理，导致宣传动作千篇一律，不能有效依据数据反馈，做出灵活调整。如何对传播方式进行科学的监测，做出客观的评价，实施动态跟踪和科学评估，对新时代文化和旅游宣传推广活动提出了严峻的考验。

三　河南省旅游产业发展对策与建议

（一）大力实施新型产品促销工程

大营销是从产品开始的，谈文旅产品营销同样要从产品策略入手。通常，文旅产品开发很难一劳永逸，特别是其产品链更是要持续不断地建设、更新和完善。因此，对现有文旅产品进行营销策划时，要对文旅产品本身提出新的产品策略，即要明确企业能提供什么样的产品和服务去满足目标市场的要求。产品策略是市场营销组合策略的基础，从一定意义上讲，企业成功与发展的关键在于产品满足消费者需求的程度以及产品策略的正确与否。这个策略通常包括：产品评估、重新定位和产品提升。不同生命周期的产品要制定不同的产品策略。

新型产品促销是通过精心创意，以展演历史文化主题内容为促销信息，通过历史再现的刺激，达到吸引旅游消费人群进行消费的一种销售促进方式。如活化红旗渠精神作为产品开发创意，要进行精品化产品开发，产品卖点是挖掘整个景区的文化内涵、特色，使景区产品的整体形象能够体现出当年林县人民改造自然、创造生活的精彩人生，使游人感怀至深，流连于山崖渠水之间。重视口碑效应，活化红旗渠精神的新型旅游产品如悬空排险、红旗渠民工食堂、铁姑娘采石场和红旗渠神工铺等。

（二）大力实施节庆活动提升工程

实践证明，河南开展节庆旅游是必要和可行的。一年四季，全省各个地方都有各种各样的节庆活动举办，吸引着来自世界各地的人前来参观。下一步，要更加注重节日旅游资源和产品的开发和管理，努力使节日旅游规模不断扩大，成为区域旅游发展的标志性事件，成为地方旅游的主题和灵魂，带动旅游相关产业发展。2018 年起，针对传统节日，分别在春节、元宵节、清明节、端午节、中秋节期间推出“过大年回老家”“老家灯会”“春醒·

忆老家，踏青赏花季”“端午·‘粽’情老家河南”等传统节庆特色活动，2019年春节期间的“春满中原　老家河南”主题系列活动更是为广大群众献上了年味十足的文旅大餐。针对公众假期，相继在“五一”“5·19中国旅游日”“国庆”期间开展了众多优质惠民活动，使节庆产品成为“老家河南”品牌的重要支撑，有力提升了“老家河南”品牌的市场竞争力。

由于节庆活动需要固化和品牌化，因此，为了推广节庆活动并扩大节庆活动的影响力，需要实施超重力促销。超重力促销是以超过常规促销力度，采用强力促销活动手段和成规模广告投放，对目标客源市场施加超出常规促销压力的持续攻击，从而迅速打开并占领目标市场的促销策略。该策略区别于一般促销之处在于超常规的系统促销推广活动和广告，始终保持攻击压力的持续促销态势。实施该策略通常采用“预期营销目标导向”，或采用“预期收益加成导向”，以巨大的财力和物力持续轰炸目标市场，以期达到预期目标。据研究表明，成功实施超重力促销策略的合理投资收益是1∶10，即每1元的促销投资可获得10元左右的直接营业收入。超重力促销策略的经典案例代表就是云台山、清明上河园、老君山等景区。

（三）大力实施精品线路优化工程

以“十九大”精神为指导，紧紧围绕河南省五大国家战略规划和《河南省“十三五”旅游产业发展规划》，科学整合精品线路沿线优质旅游资源，针对现存的各项薄弱环节，重点加强“三化提升”，即旅游线路产品高度匹配的全产业链化、旅游线路服务区域的沿线主题化、旅游线路产品和服务品质的国际化。突出“中华源”旅游主题，强化旅游与文化发展融合、与科技发展融合、与城镇发展融合，打造主题特色鲜明，在海外和全国有较大竞争吸引力的国家级精品游线，带动河南旅游业转型升级，全面走向全国和世界。最终将“中国功夫”“古都文化”“黄河—丝路文明”培育成功并纳入国家旅游精品线路。

宣传受众选择准确（选对人），投放方式筛选恰当（用对方式），匹配宣传内容（说对话），才能实现宣传活动的持续运营（好结果），尤其是对新媒体资源的整合和选择，更是至关重要。新媒体营销是通过精心创意，以历史文化主题内容为促销资源，通过新媒体海量信息实时传输功能，达到吸引旅游消费人群眼球，进而促进消费的一种销售促进方式。加强与互联网平台公司的合作，与北京字节跳动科技有限公司举办全球文旅创作者大会，邀请全球1000多名新媒体达人来河南开展创作，依托字节跳动公司旗下的今日头条、抖音、西瓜视频、火山小视频等知名App平台，对河南文旅资源进行集中展示和全面推广。拟与携程、同程、驴妈妈、美团、马蜂窝等知名OTA企业合作，于暑期在大别山、太行山和伏牛山同步推出吸引青少年的“三山暑期嗨玩季”系列活动。

（四）大力实施“中华源·老家河南”品牌再塑工程

品牌已经成为经济竞争的重要资源和产业核心竞争力的重要标志，因此，要持续提升国际市场对于河南“中华源”地位的认知度，持续强化“老家河南”品牌在国内市场的影响力。

第一，提升品牌内涵。深入挖掘、提炼河南文化旅游资源所蕴含的内在价值，重点突出河南文化底蕴深厚的优势和与旅游紧密融合的特点，再次对“中华源·老家河南”品牌内涵进行提升，同时对品牌logo进行升级，把“中华源·老家河南”品牌价值提升到“来河南看中国”的高度。

第二，制定品牌发展规划。“中华源·老家河南”在品牌架构、品牌内容、品牌发展、品牌宣传、品牌营销等方面都需要一个长期的系统谋划，下一步要尽快整合政府、专家和市场等多方力量，制定品牌发展规划。2013～2017年河南省每年的宣传经费均为5000万元，2018～2019年为1亿元。2018年，旅游宣传经费支出云南1.2亿元，山东1.5亿元，福建1.7亿元，建议河南省按照10%的增幅逐年增加宣传推广经费。

第三，完善品牌支撑。以建立子品牌体系为载体，完善“中华源·老家河南”品牌支撑，如以产品划分类别的“节庆品牌”“根亲文化品牌”“研学品牌”，以要素划分类别的“老家味道”“老家美宿”“老家礼物”，以地域划分类别的“生态豫南”“太行山水”“伏牛山联盟”等。

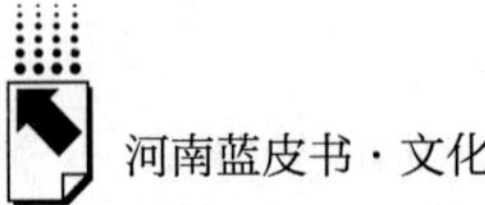

第四，创新品牌推广。品牌宣传离不开媒体支持，统筹融媒体传播，整合主流媒体、商业媒体、自媒体多方力量；强化与新媒体的合作，加大利用大数据实施智慧化宣传与推广，逐步压缩传统广告的投放；注重创意话题开展推广，不断培育打造河南文旅爆点话题，实现“中华源·老家河南”品牌的持续、良性发展。

B.10
“中华源·老家河南”品牌培育问题研究

李立新*

摘　要： 中原是华夏文明的起源地，中华民族的发祥地，河南打造“中华源·老家河南”品牌，具有丰厚的历史底蕴和文化支撑，抓住了中原文化的特色。经过多年的培育，“中华源·老家河南”的品牌效应初显，具有品类齐全、分布广泛，知名度高、影响力大，产业化低、开发潜力大等特点。还存在着认知度、竞争力和满意度均有待提升等问题，应从顶层设计、符号提炼、项目培育、创新创意、平台构建、宣传推介、软硬件建设等方面着力。

关键词： “中华源·老家河南”　旅游形象　品牌培育

中华文明是世界五大文明中迄今为止从没有间断过的文明，它的起源是一个漫长的过程。恩格斯把人类社会分为蒙昧时期、野蛮时期和文明时期，探讨中华文化之源，就是要从文化的视角探讨中华文化是如何从蒙昧、野蛮走向文明的。中原是华夏文明的起源地，中华民族的发祥地，在中华文明起源中占有非常重要的地位，已故著名学者许顺湛说：“中华文化的主体是黄河文化，黄河文化的中心是中原文化，中原文化的核心是河洛文化！”而中

* 李立新，河南省社会科学院文学研究所副所长、研究员，研究方向为中国古代史、中原文化。

原文化和河洛文化的核心就在河南境内，其显著特征就是根源性，“中华源·老家河南”这一品牌正是基于河南历史文化的这一特征而产生、孕育起来的，研究“中华源·老家河南”品牌，就是要讲清楚河南省打造“中华源·老家河南”品牌的历史底蕴和丰厚的中原文化支撑；讲清楚当前河南省在打造“中华源·老家河南”品牌的现状以及遭遇的瓶颈；提出河南有效打造“中华源·老家河南”品牌的对策建议。

一　打造“中华源·老家河南”品牌的历史底蕴和文化支撑

河南，地处天下之中，大河之南，这里是中华民族的血脉之根，中华文明的文化之源。中国史前文化裴李岗文化、仰韶文化、龙山文化在中原地区接踵而生，不仅时间上谱系连贯，而且空间上分布密集，不断与周边文化碰撞、交融，最早在这里闪现出第一束文明曙光，中国最早的国家诞生在这片热土，司马迁在《史记·封禅书》中说：“昔三代之皆在河洛之间，故嵩高为中岳，而四岳各如其方。”中国最早的三个王朝夏、商、周三代均在河洛之间建立都城或别都，所以嵩山才被称为“中岳”，成为天下之中的地标，这里是“最早的中国”；黄河贯穿河南全境，在母亲河的滋养哺育下，中原形成了得天独厚的自然条件，孕育了高度发达的农耕文明，并以其建中立极、统御四方的优越地理位置，成为历代统治者建都立国之所，在宋室南迁之前，中国历代都城一直在洛阳、郑州、安阳、西安、开封、商丘这一黄河沿线上东西移动，在中华文明5000年文明史中，中原长达3000余年处于中国政治、经济、文化中心，得中原者得天下，中原成为中国的代名词，这里是“黄河边的中国”；中原是中国农业文明最发达的地区，形成了儒道互补的中华文脉，生成了崇仁爱、重民本、守诚信、讲辩证、尚和合、求大同等思想理念，涵养了自强不息、敬业乐群、扶正扬善、扶危济困、见义勇为、孝老爱亲等传统美德。这里历代政治纷争、兵燹人祸不断，水旱天灾不绝，磨砺了中华民族坚韧不拔、吃苦耐劳的性格，这里是“缩影的中国”。

夸父追日、大禹治水、愚公移山，塑造了中华民族的精神密码和文化基因；裴李岗文化、仰韶文化、龙山文化，培塑了中华文明的肥沃土壤；河图洛书、伏羲八卦、炎黄二帝，点亮了中华文明的星星之火；夏、商、周三代文明，奠定了中国的立国规模；中国八大古都，河南有其四，维系着天下兴亡、国家强弱、民族荣辱；儒家、道家和法家等中华元典文化，辉耀古今；汉代经学、魏晋玄学、宋明理学与佛教文化等，代有显学；汉赋、唐诗、宋词，书写了不尽文学华章；少林功夫、太极拳，演绎了多少美好传奇；王亥服牛、子产质誓、范蠡散财、端木遗风，铸就了灿烂商业文明；造纸术、指南针、火药和印刷术，贡献了多少中国智慧；楚王问鼎、陈桥兵变、潘安风流、诗圣沉郁，传颂着多少中国故事。

河南是中华民族的发祥地。从盘古、女娲到三皇五帝，中华民族的人文始祖主要活动于中原地区；中华民族有源可考的姓氏三分之一起源于河南，100 个大姓中有 78 个源头或部分源头在河南，厚植了中华民族的血脉之根；河南历代名人辈出，群星璀璨，在"二十四史"中立传者有 5700 余人，仅汉、唐、宋、明几个朝代河南人即达 912 人，占总人数的 15.8%，名列第 1。全球华人祖根在中原，老家是河南，中华民族的血脉之根在中原。

河南是中华文化发祥地。中原文化是中华民族文化的根文化、母文化、主流文化，中国最早的城市西山古城、最早的文字甲骨文、最早的国家、最早的制度文明、最早的元典文化、最早的农耕文明、最早的科技文明、最早的商业文明等，都形成于中原，客家文化、闽台文化、岭南文化等都渊源于中原文化。可以说，中华民族的文化之源在中原。

综上所述，"中华源·老家河南"作为河南的文化定位是十分准确的。

二　"中华源·老家河南"品牌的形成和研究

河南原来的旅游形象定位是"文化河南　壮美中原"，用"文化"和"壮美"来界定河南，可以说没有抓住河南的优势资源和文化特点，这两个词用在别的省份也说得通，河南的旅游形象亟须重新定位和塑造。

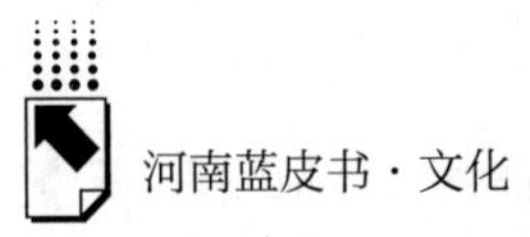

（一）“老家河南”品牌的形成和内涵升华

2012 年，河南省旅游局在原有“文化河南　壮美中原”的旅游形象定位上进行突破，推出了“心灵故乡　老家河南”的全新旅游形象。“心灵故乡　老家河南”可以说是对“华夏历史文明传承创新区”这一文化定位的通俗诠释，抓住了河南作为中华文明的文化之源、中华民族的血脉之根的鲜明特点，特别是“老家河南”，和“好客山东”“七彩云南”一样，一经提出，便广为传颂，深入人心，成为地域文化定位的典范。“心灵故乡　老家河南”获得了 2013 年“中国十佳旅游口号”。

2016 年河南省旅游局拍摄了新版宣传片，主题也确定为：“豫见中国　老家河南”。内容分为四个部分：遇见中国河、遇见中国字、遇见中国功夫、遇见中国艺术，向社会重点展示了河南的文化和历史积淀。

2018 又提出了“中华源·老家河南”旅游宣传主题词，并在香港举办了“2018 香港欢乐春节文化庙会——中华源老家河南”活动，突出“老家河南”主题，设置了六大板块，分别是：“文明河南·非物质文化遗产展”“功夫河南·武术民俗文化表演”“多彩河南·旅游文化摄影展”“物美河南·名优特精品展”“魅力中原·唯美河南印象展”“根在河南·姓氏根亲文化展”。2019 年 1 月，陈润儿省长在河南省十三届人大二次会议上作《政府工作报告》，报告在 2019 年重点工作中提出，促进文化旅游融合发展，叫响“中华源·老家河南”品牌。至此，打造“中华源·老家河南”品牌上升到河南省年度重点工作层面。

（二）“老家河南”品牌的研究

从 2012 年河南提出“心灵故乡　老家河南”的旅游宣传口号，到 2016 年提出“豫见中国　老家河南”，再到 2018 年又提出“中华源·老家河南”，三个口号都归结于“老家河南”，“老家河南”成为最核心的主题词。围绕这一旅游品牌，河南学者开展了一系列的研究，周珊珊的《从“好客山东”来看“老家河南”营销口号与之相关旅游产品的配合度》（《课程教育研究》

2018年第8期）、徐鑫鑫的《“老家河南”品牌认知与满意度调查与分析》（《传播力研究》2018年第23期）、刘茜茜《“一带一路”背景下“老家河南”品牌发展的SWOT分析》（《新闻研究导刊》2018年第4期）对“老家河南”品牌的内涵和意义、优势和劣势、对策和建议方面提出了各自的观点；胡美娟的《河南省“老家河南”旅游形象定位思考》［《旅游纵览》（下半月）2015年第7期］王茵的《河南文化产业打造中国文化高地的前景与对策分析——结合“老家河南”品牌》（《当代经济》2018年第23期）、崔建勋的《基于“老家河南”品牌的旅游业人力资源开发探索》（《河南机电高等专科学校学报》2016年第3期）则侧重于“老家河南”旅游形象定位和品牌打造；段曈曈、李娜的《“老家河南”旅游品牌的移动客户端传播策略》（《新媒体研究》2018年第16期）、李娜的《技术逻辑下文化与旅游的深度互联与传播——基于“老家河南”文化品牌的形塑思考》（《中国传媒科技》2019年第1期）主要从传播学研究“老家河南”品牌的传播与营销。然而这些研究还稍显碎片化、具象化，不够系统全面，如何打造“中华源 · 老家河南”品牌，需要进一步深入研究。

三　“中华源 · 老家河南”知名品牌分析与评价

文化品牌是知名文化资源，是由于历史和宣传等原因形成的、在社会上受到广泛认可和关注的文化资源。文化品牌可能是市场化品牌，也可能是非市场化品牌。“中华源 · 老家河南”品牌种类繁多，可以划分为市场化品牌与非市场化品牌、现实品牌与潜在品牌等类型。不同品牌的经济效益、社会效益差异较大，品牌影响力和知名度各不相同（见表1）。

表1　“中华源 · 老家河南”知名品牌分析评价

品牌名称	品牌分类	品牌社会效益	品牌经济效益	品牌影响力	品牌属地
中国盘古之乡	旅游业	中	低	省内	桐柏县
中国盘古圣地	旅游业	中	低	省内	泌阳县
盘古女娲传世神话	旅游业	中	低	省内	西华县

续表

品牌名称	品牌分类	品牌社会效益	品牌经济效益	品牌影响力	品牌属地
太昊陵	旅游业	高	中	国内	淮阳县
黄帝故里	旅游业	高	中	国际	新郑市
炎黄二帝巨塑	旅游业	高	中	国内	郑州市
嫘祖故里	旅游业	低	低	省内	西平县
仓颉故里	旅游业	中	低	省内	南乐县
颛顼帝喾陵	旅游业	中	低	国内	内黄县
客家先民首次南迁地	旅游业	中	低	国际	偃师市
珠玑巷	旅游业	低	低	国内	开封市
中原根亲文化节	旅游业	高	中	国际	固始县
国家华商文化节	旅游业	高	中	国际	商丘市
牡丹文化节	旅游业	高	高	国际	洛阳市
菊花文化节	旅游业	高	高	国际	开封市
黄河文化旅游节	旅游业	中	中	国内	三门峡
殷商文化旅游节	旅游业	中	中	国际	安阳市
三国文化旅游周	旅游业	高	中	国内	许昌市
钧瓷文化旅游节	旅游业	中	高	国内	禹州市
南阳玉雕文化节	旅游业	中	高	国内	镇平县
信阳茶文化节	旅游业	高	高	国内	信阳市
浚县正月庙会	旅游业	高	高	国内	浚县
马街书会	文化娱乐业	高	中	国内	宝丰县
中华李氏大宗祠	旅游业	中	低	国际	鹿邑县
挥公园	旅游业	高	低	国际	濮阳县
刘累墓园	旅游业	高	低	国际	鲁山县
陈胡公墓	旅游业	中	低	国内	淮阳县
比干庙	旅游业	高	中	国际	卫辉市
黄国故城	旅游业	高	中	国际	潢川县
古赖国文化园	旅游业	中	低	国际	息县
中华丘氏河南堂文化园	旅游业	高	低	国际	偃师市
二程文化园	旅游业	中	低	国内	伊川县
郑氏名人苑	旅游业	高	低	国际	荥阳市
玄奘故里	旅游业	高	低	国际	偃师市
杜甫故里	旅游业	高	低	国际	巩义市
白居易故里	旅游业	高	低	国际	新郑市
韩愈故里	旅游业	高	低	国际	孟州市

续表

品牌名称	品牌分类	品牌社会效益	品牌经济效益	品牌影响力	品牌属地
龙门石窟	旅游业	高	高	国际	洛阳市
安阳殷墟	旅游业	高	中	国际	安阳市
“天地之中”历史建筑群	旅游业	高	高	国际	登封市
丝绸之路河南段	旅游业	低	低	国际	洛阳市、三门峡市
大运河河南段	旅游业	低	低	国内	以洛阳为中心
少林武术	旅游业	高	高	国际	登封市
太极拳	旅游业	高	中	国际	温县
少林寺	旅游业	高	高	国际	登封市
相国寺	旅游业	高	高	国际	开封市
白马寺	旅游业	高	高	国际	洛阳市
中岳庙	旅游业	高	低	国际	登封市
关林	旅游业	中	中	国际	洛阳市
康百万庄园	旅游业	高	中	国内	巩义市
内乡县衙	旅游业	高	低	国内	内乡县
逍遥镇胡辣汤	旅游业	高	高	国内	西华县
灌汤小笼包	旅游业	高	高	国内	开封市
烩面	旅游业	高	高	国内	郑州市
水席	旅游业	高	高	国内	洛阳市
武陟油茶	旅游业	高	中	国内	武陟县
道口烧鸡	旅游业	高	高	国内	滑县
杜康、宋河、张弓、宝丰、仰韶酒及民权葡萄酒	旅游业	高	中	国内	洛阳、淮阳、宁陵、宝丰、渑池、民权
新郑大枣、灵宝苹果、宁陵酥梨	旅游业	高	高	国内	新郑市、灵宝市、宁陵县
豫剧、曲剧、越调	旅游业	高	中	国内	河南全境
杂技	文化娱乐业	高	高	国内	濮阳、周口
汴绣、朱仙镇木版年画、玉雕、钧瓷、汝瓷、仰韶彩陶、唐三彩	旅游业	高	高	国内	开封市、南阳市、禹州市、汝州市、渑池县、洛阳市
梨园春、武林风	文化娱乐业	高	高	国际	郑州市
《风中少林》《禅宗少林·音乐大典》《木兰诗篇》《大宋·东京梦华》《清明上河》《水秀》	文化娱乐业	高	高	国际	登封市、洛阳市、开封市、濮阳市

续表

品牌名称	品牌分类	品牌社会效益	品牌经济效益	品牌影响力	品牌属地
黄河文化	综合产业	高	低	国际	全省
农耕文化	综合产业	高	低	国际	全省
古都文化	综合产业	高	低	国际	郑州、洛阳、开封、安阳
汉字文化	综合产业	高	低	国际	安阳
名人文化	综合产业	高	低	国际	全省
裴李岗文化、仰韶文化、河南龙山文化	旅游业	高	低	国际	全省
夏商周文化、汉魏文化、唐宋文化	旅游业	高	低	国际	全省

从上述表格可以得出以下结论。

一是“中华源·老家河南”品牌品类齐全、分布广泛。河南“中华源·老家河南”品牌包括以裴里岗文化、仰韶文化、河南龙山文化等为代表的考古学文化；以夏商周文化、汉魏文化、唐宋文化等为代表的中原历史文化；以淮阳太昊陵、新郑黄帝故里、内黄二帝陵为代表的人文始祖文化；以鹿邑李姓、濮阳张姓、鲁山刘姓等为代表的姓氏文化；以新郑黄帝故里拜祖大典、商丘国际化商文化节、固始中原根亲文化节等为代表的节庆文化；以玄奘、杜甫、韩愈等为代表的名人文化；以郑州、安阳、开封、洛阳等为代表的古都文化；以白马寺、少林寺、相国寺和龙门石窟等为代表的宗教文化；以黄河文化、农耕文化、汉字文化等为代表的元典文化；以汴绣、钧瓷、汝瓷等为代表的民间工艺；以马街书会、濮阳和周口杂技等为代表的民俗文化；以少林拳、太极拳为代表的武术文化；以豫剧、曲剧、越调为代表的戏曲文化；以《禅宗少林·音乐大典》《大宋·东京梦华》《水秀》等为代表的演艺娱乐文化；以洛阳水席、开封小吃、郑州烩面等为代表的饮食文化；等等。这些不仅品类齐全，而且文化品牌分布广泛，数量众多，遍布整个河南省域，尤以黄河沿岸一带分布最为密集。

二是“中华源·老家河南”品牌知名度高、影响力大。“中华源·老家河南”品牌呈现出黄河文化的显著特征，附丽着中华民族的根和魂，沉淀着华夏儿女的乡愁记忆，浓缩着祖先的荣光、民族的血缘、中华的文脉、老家的味道，体现了中原文化所蕴含的中华民族之根与中华文化之源的特性。一方面，这些品牌闪耀着中华之源的光芒，自从盘古开天地，三皇五帝到如今，从盘古女娲到炎黄二帝，从颛顼帝喾到各个姓氏始祖，厚植着中华民族的血脉之根；从裴李岗文化、仰韶文化、龙山文化到夏商周三代文明，从盘古开天辟地、女娲抟土造人、炎黄开疆拓土，到农耕文明、科技文明、商业文明、汉字文明、儒释道元典文化，标记着中华文明的文化之源。另一方面，这些品牌烙印着老家河南的徽标。众多姓氏的起源地，规模宏大的大祠堂，令人膜拜的少林拳、太极拳，使人爱不释手的工艺品，教人欲罢不能的老家美食，释放着浓浓的乡愁，寄托着心灵的皈依，铭刻着精神的徽识。不仅在国内，而且在整个华人世界，有着广泛的知名度，巨大的影响力。

三是“中华源·老家河南”品牌产业化较低、开发潜力大。历史文化资源的有效利用，即优秀传统文化的创造性转化与创新性发展，一直是阻遏河南文化发展的一个瓶颈。“中华源·老家河南”品牌大多知名度很高，影响力很大，社会效益突出，但是产业化水平较低，经济效益不佳。比如随着寻根热的不断高涨，各个姓氏祖地投巨资兴建了各种各样的单姓文化园和大祠堂，但是这些设施大多在一年一度的祭祖活动中有所使用，其他时间闲置，地方投入只能是花钱赚吆喝，缺少应有的收益。“中华源·老家河南”品牌与文化旅游的契合度还不够，品牌内含的经济效益没有得到应有的释放，品牌的内在价值还有待进一步挖掘。

四　打造“中华源·老家河南”品牌的价值和意义

“中华源·老家河南”文化品牌具有核心竞争力，主要体现在文化资源本身的独特性、地域性和历史性，是一种基于资源的核心竞争力，可以依据独特性资源的专有垄断特性，获得超额的回报，从而产生巨大的社会效益和经济效益。“中华源·老家河南”是河南特有的文化资源，打造其系列文化品牌，具有重要的现实意义。

（一）有利于促进河南文化旅游业发展

河南历史悠久，文化灿烂，是中华民族和中华文明的发祥地，黄河文化、中原文化、河洛文化在这里积淀深厚，是中华文明的核心和主干。但是长期以来，河南的旅游业发展滞后，特别是文化旅游与厚重的文化资源很不匹配。近年来，国家支持文化与旅游融合发展，诗和远方携手同行，河南利用丰厚的历史文化资源，特别是与“中华源·老家河南”相关的文化资源，大力发展文化旅游的时间窗口已经打开。打造“中华源·老家河南”系列文化品牌，可以说抓住了河南文化的特色和亮点，将会大力推进河南文化旅游业的发展。

（二）有利于提升中原文化影响力

“中华源·老家河南”是中原文化最主要的特点、亮点，中原文化是中华文明的主干、母体和根源，客家文化、闽台文化和岭南文化等都是从中原文化中分衍出来的，打造“中华源·老家河南”系列文化品牌，有利于引起海内外华人的集体共鸣，唤醒中华儿女的乡愁记忆，激发华人社会的家国情怀，从而提升中原文化的影响力，增加老家河南的美誉度。

（三）有利于助推全球华人根亲文化圣地建设

2016 年 9 月，河南省委省政府颁发了《华夏历史文明传承创新区建设方案》，其中确立了建设全球华人根亲文化圣地的战略，即：“发挥中原根亲文化资源优势，开展寻根拜祖文化活动，发展根亲文化主题旅游，建设根亲文化主题基地，确立一批中华优秀传统文化符号，使河南成为中华民族精神家园和心灵故乡的主要承载地。”华夏历史文明传承创新区是新时代国家赋予河南的文化使命，全球华人根亲文化圣地是基于河南的资源禀赋确立的战略定位，打造“中华源·老家河南”系列品牌有利于构筑全球华人根亲文化圣地，有利于建设华夏历史文明传承创新区，有利于促进全球华人的文化认同、民族认同和国家认同，有利于提高全球华人的向心力、凝聚力。

（四）有利于促进河南经济高质量发展

当前，我国的改革开放进入深水区，那种粗放型、资源型、环境污染型的低端经济形态亟须转型升级，而文化创意、文化旅游、现代服务业正是绿色低碳、高品质高质量的经济模式，围绕打造“中华源·老家河南”系列品牌，大力发展文化旅游、文化创意、现代服务业、康养产业等朝阳产业，有利于推进河南经济的转型升级，有利于促进河南经济高质量发展。

（五）有利于推动实现中原更加出彩

2014 年 5 月 10 日，习近平总书记在河南考察时指出：“河南是人口大省、产粮大省，又地处连接东西、贯通南北的战略枢纽，在中华文明发展中占有重要地位。实现‘两个一百年’奋斗目标，实现中华民族伟大复兴的中国梦，需要中原更加出彩。”总书记的殷殷嘱托、深深期望指明了河南发展前行的希望之路，点燃了亿万中原儿女奋斗不息的激情之火。2019 年 9 月习近平总书记在河南考察时，鼓励河南“在中部地区崛起中奋勇争先，谱写新时代中原更加出彩的绚丽篇章”。“出彩”一词，注定要成为新时代河南整理行装再出发的主题词、关键词。打造“中华源·老家河南”系列品牌，可以提振中原人文精神，推动河南在文化、经济、社会等各方面全面发展，促进中原更加出彩。

五　打造“中华源·老家河南”品牌的问题和瓶颈

“老家河南”的文化定位自 2012 年提出之后，河南就进行了持续地培育、包装和推介，逐渐成为广为流传的河南旅游形象。但“中华源·老家河南”的品牌构建仍在路上，还存在着这样那样的问题和瓶颈，需要我们去解决去突破。

（一）“中华源·老家河南”品牌认知度还不够深入

一是表述变化频繁，造成认知混乱。“老家河南”的河南文化定位提出已历8年，但就在这8年时间里，这一文化定位的提法就出现了三种变化，从2012年“心灵故乡 老家河南”，到2016年的“豫见中国 老家河南”，再到2018年的“中华源·老家河南”，这种变化让人们的认知产生混乱，应该固定下来，持续宣传推介，久久为功，方可大成。二是品牌内涵挖掘不够，品牌认可度有待提升。“老家河南”品牌在河南省内知名度较高，而在省外知名度还比较低。在知道“老家河南”品牌的人群中，对其文化内涵普遍缺乏深入了解，甚至产生狭义的歪曲理解，从而不予认同。[①] 三是宣传推介还不够，品牌知名度有待提升。与先进省份相比，河南省的旅游宣传投入偏低。2013～2017年河南省每年的宣传经费均为5000万元，2018至2019年提升到1亿元。但2018年，云南省的旅游宣传经费支出是1.2亿元，山东1.5亿元，福建1.7亿元。

（二）“中华源·老家河南”品牌竞争力有待加强

一是培育“中华源·老家河南”品牌缺乏顶层设计。培育“中华源·老家河南”品牌需要一个全省统一的规划，从而发挥各地集合力量，形成综合品牌效应，但是河南这方面工作缺失。比如“中华源·老家河南”作为整个河南省的文化定位，各个地市应该围绕这一定位，依托本地区域文化资源，确定本地的文化定位，并展开文化建设。但是，河南除了少数地市文化定位明晰，维护城市文脉成效明显，比如开封市聚焦“北宋文化”，许昌市聚焦“三国文化”等之外，更多的地市缺乏明确的文化定位，或者未经充分论证，确立了错误的文化定位和发展方向，比如洛阳市，无论是“千年帝都”还是“牡丹花城”都不十分适合，在文化定位还不确定的情况下，近年文化建设上却投入巨资建设恢复了一批大唐文化的景观设施，比如上阳宫文化园、定鼎门、武则天的明堂天堂等等，洛阳在唐代是陪都，今天西安市已经以大唐文化为主题进行了充分的开发，洛阳打造大唐文化景观，没有与邻近的西安新城错位发展，不仅难以超越西安，也难以突出自身的城市文

① 徐鑫鑫：《“老家河南”品牌的认知与满意度调查与分析》，《传播力研究》2018年第8期。

化特点。有一些地市文化定位本来是准确的，却未经专家论证，随意改变，也难以凸显区域文化特征。比如商丘市，本来经过专家反复论证，确定了“三商之源 · 华商之都”的城市文化定位，这一结论不仅被写入中学教材，而且商丘市兴建了多个商业文化的主题公园，多年连续举办“国际华商文化节”，取得了非常好的社会效益和经济效益。但是近来忽然被改为“殷商之都，通达商丘”，这一文化定位和安阳市撞车，不仅难以超越安阳，而且也突出不了商丘的文化特色，属于拍脑袋决策。上述两个案例都是“中华源 · 老家河南”品牌缺乏顶层设计的结果。

二是“中华源 · 老家河南”品牌缺乏新的大项目支撑。河南的历史文化资源特别是根亲文化资源是特别丰厚的，但是多年来支撑“老家河南”品牌的仍然是那些多年前就火起来的项目，比如黄帝故里拜祖大典、《禅宗少林 · 音乐大典》、《大宋 · 东京梦华》等，新的大项目崛起缓慢，归根结底还是文化投入不够。

三是“中华源 · 老家河南”品牌的产业化水平较低。河南不乏具有世界级影响力的文化资源，但是产业化水平很低，大多仍处于博物馆里的陈列、故纸堆里的华章中，地下的多，地上的少；无形的多，有形的少；可说的多，可看的少；文化资源多，文化旅游产品少。难以形成可持续良性发展。

（三）“中华源 · 老家河南”品牌满意度有待提升

一是文化创意不足。“中华源 · 老家河南”的文化资源多属于历史文化资源，大多与时代契合度不足，需要通过创意加入时尚元素，讲好历史故事。“中华源 · 老家河南”品牌属于文化旅游产品，而文化旅游属于文化产业范畴，文化产业创意为王，但河南的文化旅游缺乏创意。河南的文化旅游景点大多仍依赖于门票收入，仍未改变“白天看庙，晚上睡觉”的尴尬现象。文化旅游缺少创意，就难以刺激游客的兴奋点，缺乏吸引力。

二是硬件建设有待加强。文化旅游需要大投入大制作，特别是河南的文化资源地下的多，地上的少，要想把概念性的历史文化资源转化为文化旅游产品，需要大量的资金投入。但是受河南经济状况的限制，河南对文化旅游的投入和兄弟省份相比是比较少的，人均文化投入在全国常年处于后进方阵。文化建设中硬件设施投入严重不足，欠账太多，文化旅游设施陈旧落后，是影响“中华源·老家河南”品牌满意度的一个重要原因。

三是旅游服务有待提质。文化旅游归于第三产业，属于服务业，但是河南除了几个比较成熟的景点，如云台山、龙门石窟等服务水平较高外，大多服务水平有待提升，主要表现在景区人员素质较低，服务意识淡薄，服务项目不全，规范管理欠缺。

六 打造“中华源·老家河南”品牌的对策与建议

2019 年 9 月，习近平总书记考察调研河南时指出，“要推动文化繁荣兴盛，传承、创新、发展优秀传统文化”，并在“黄河流域生态保护和高质量发展座谈会”上强调要“保护、传承、弘扬黄河文化”，因此，培育打造“中华源·老家河南”品牌不仅对河南意义重大，也是延续历史文脉，坚定文化自信，为实现中华民族伟大复兴的中国梦凝聚精神力量的题中之义，应从以下几个方面着力。

（一）组织制定一批“中华源·老家河南”品牌的培育规划。做好“中华源·老家河南”品牌的培育工作，首先要进行顶层设计，制定一批可以实施操作的规划，依托各地文化资源优势，实施品牌集群发展，形成品牌发展梯队，夯实“中华源·老家河南”品牌的基础和支撑。在整个河南省确定“中华源·老家河南”的文化定位之后，各个地市要围绕自己的区域文化特点，展开充分的调查研究，确定各自文化定位和旅游形象，并围绕这一文化定位开展文化建设。

（二）研究提炼一批“中华源·老家河南”的文化符号。要组织专家学者进行调查研究，在全面掌握河南根亲文化资源的前提下，进行爬梳剔抉，分门别类，依据其资源禀赋分出轻重缓急，确立一批“中华源·老家河南”的文化符号，深入挖掘其蕴含的文化精髓，探讨其开发利用的可行性，把它们作为河南对外宣传，对外传播中国声音、讲述中国故事的主要内容，成为中原文化走出去的主打产品。

（三）扶持做强一批“中华源·老家河南”的龙头项目。“中华源·老家河南”品牌是一个大品牌，应该有众多的龙头项目和子品牌来支撑。应扶持做强以各姓氏祖地寻根谒祖为代表的“姓氏根亲文化游”，以洛阳、开封、安阳、郑州为代表的“古都游”，以黄河河南段为代表的“充满野趣和史诗般辉煌”的“大黄河之旅”游，以少林武术和太极拳为代表的“功夫游”，以老子故里、庄子故里、中岳庙、老君山、王屋山、函谷关为代表的“道家文化游”，等等，构筑“中华源·老家河南”品牌的支撑体系。对于具有地方公共品牌性质的文化资源，要积极申请原产地标识，以丰富地方公共文化产品供给，提升“中华源·老家河南”品牌的区域文化美誉度和影响力。

（四）加大“中华源·老家河南”品牌的开发力度，让“古”的“今”起来、“死”的“活”起来、“高雅”的“通俗”起来。河南是文化资源大省，尤以地下文物为胜，文物总数居全国第 1 位。但是根据我国文物工作的十六字方针，即“保护为主、抢救第一、合理利用、加强管理”，文物保护是第一位的，从而限制了文物资源的开发利用。习近平总书记一向重视文物工作，既强调文物的保护：“保护文物功在当代、利在千秋。”“像爱惜自己的生命一样保护好城市历史文化遗产。”又强调文物的开发利用：“让文物活起来”，“在保护中发展、在发展中保护”。要让死的文物活起来，就要牢固树立创意无限、内容为王的理念，巧妙利用历史文化资源的内容，创意生产出大众欢迎的文化产品。早在 2010 年，中国创意产业之父厉无畏给河南文化创意产业开出的三个药方，即再现场景，加入时尚元素；编好故事，活化历史；提炼符号，打造品牌。依靠创新和创意，使传统文化与时代精神相契合，与当代审美趋向相一致，让“古”的“今”起来、“死”的“活”起来、“高雅”的“通俗”起来，使“中华源·老家河南”成为大众喜闻乐见的品牌，成为华人心灵皈依的承载。

（五）加大“中华源·老家河南”品牌的平台建设，着力构建全球华人根亲文化圣地。2016 年 9 月，河南省委省政府印发了《华夏历史文明传承创新区建设方案》，决定实施全球华人根亲文化圣地建设工程："发挥华夏文明之源、炎黄子孙之根的资源优势，挖掘中华姓氏文化、黄帝文化、功夫文化、汉字文化、元典文化、河洛文化、客家文化之源等根亲祖地文化资源，打造中原根亲文化品牌，提升具有中原特质的文化内涵，增强对海内外华人的凝聚力，构筑华夏儿女心灵故乡。"培育"中华源·老家河南"品牌，是构建全球华人根亲文化圣地的有力抓手，通过规划建设根亲文化主题基地、人文始祖拜谒地、中华姓氏文化园、元典文化主题基地，打造汉字文化重点项目、世界功夫之都等，构建"中华源·老家河南"品牌的平台体系。

（六）加大"中华源·老家河南"品牌的宣传力度，着力突破国际客源市场。加强"中华源·老家河南"品牌的宣传推介力度，丰富宣传推介方式，全面利用平面媒体、融媒体、商业媒体、自媒体、新媒体等手段，构筑立体宣传传播模式，让"中华源·老家河南"人尽皆知、深入人心。对不同的客源阶层，实施有针对性的重点推介，对数量庞大的海外华人阶层，重点用"根亲文化"来推介，形成"河洛是故乡""寻根到中原"的文化认同。对于日韩和欧美客源，重点以体验游来打动他们，形成来河南感受中华文化之源的广泛认同。充分发挥河南的区位辐射优势和"中华源·老家河南"的资源优势，着力吸引国际客源来河南观光旅游。

B.11

乡村振兴战略背景下河南省新时代农村精神文明建设路径研究

河南省社会科学院课题组*

摘　要： 中国特色社会主义进入新时代，加强农村精神文明建设，提升农民精神风貌，是实施乡村振兴战略的重要内容，是全面建成小康社会、全面建设社会主义现代化强国的战略任务，是促进社会全面进步、人的全面发展的必然要求。在实施乡村振兴战略的进程中，以习近平同志为核心的党中央高度重视农村精神文明建设，立根塑魂，正本清源，做出一系列重要部署，采取一系列有力措施，农村精神文明建设内生动力得到激发、组织基础不断夯实、经济支撑日益牢固、环境保障逐步改善、文明乡风健康向上、文明程度稳步提升。但在精神文明建设显著成效中仍存在着薄弱环节与突出短板，“两个文明”建设发展水平依然不平衡不协调。在新时代农村精神文明建设中，要认真领会、准确把握其基本内涵、主要任务和整体要求，通过加强基层组织建设、守好意识形态主阵地、实施思想道德教育、推动乡村文化振兴、巩固精准脱贫成果、持续开展移风易俗、强化乡村人才振兴等措施，培育提升文明乡风、良好家风、淳朴民风，深化拓展农村精神文明建设往深里走、往实里走、往心里走，为谱写新时代中原更加出彩的绚丽篇章奠定坚实基础。

* 课题负责人：闫德亮，河南省社会科学院研究员，《中原文化研究》杂志社社长、主编。课题组成员：李娟、杨旭东、姬亚楠、张冬宁、刘兰兰。

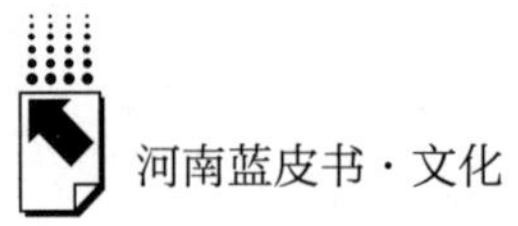

关键词： 乡村振兴　新时代　农村精神文明建设

一个国家昂扬前行，离不开强大的精神支撑；一个民族生生不息，离不开丰润的道德滋养。我们党历来高度重视精神文明建设，党的十八大以来，特别是进入新时代以来，以习近平同志为核心的党中央把精神文明建设提到了一个新的高度，做出一系列重要部署，采取一系列有力措施，精神文明建设成效显著。新时代加强农村精神文明建设，提升农民精神风貌，是实施乡村振兴战略的重要内容和有力抓手，是全面建成小康社会、全面建设社会主义现代化强国的战略任务和基础保障，是促进社会全面进步、人的全面发展的必然要求和应有之义。

一　乡村振兴战略背景下新时代农村精神文明建设的现实意义

党的十九大报告正式提出实施乡村振兴战略，并提出了产业兴旺、生态宜居、乡风文明、治理有效、生活富裕的总要求。伴随着乡村振兴战略被写进中央一号文件和《乡村振兴战略规划（2018～2022 年）》（下简称《规划》）的颁布印发，其逐渐成为顶层设计下的国家战略布局。实施好乡村振兴战略，抓好农村精神文明建设是关键一招，其意义也尤为重要。

（一）农村精神文明建设是确保产业兴旺的精神动力

产业兴，农村兴；产业旺，农村旺。要想实现产业兴旺，农村精神文明建设不可缺位。作为确保产业兴旺的精神动力，农村精神文明建设一方面有助于通过党建引领提高农民参与农村生产的信心与积极性，推动集体经济发展；另一方面可以通过思想道德教育和多方位培训提供精神支持，培育农业农村新产业新业态。同时当产业实现了兴旺，农村精神文明建设的物质基础自然也会愈加牢固。

（二）农村精神文明建设是推动生态宜居的重要保障

作为践行生态宜居的最前沿，广大农村要想以绿色发展引领乡村振兴，就离不开精神文明建设。首先，精神文明建设有助于推进“绿水青山就是金山银山”的生态理念深入民心；其次，可以通过深入挖掘乡村优秀的传统生态文化，重塑“天地与我并生，而万物与我为一”的传统生态理念；最后，通过深入推进文明创建活动，有效提升农民生态文明素质，提高综合治理的效率。

（三）农村精神文明建设是引领乡风文明的应有之义

作为乡村振兴的“根”与“魂”，在决胜全面建成小康的今天，提升农民精神风貌，满足农民精神需求，转变农民陈规陋习，最终实现乡风文明就显得尤为迫切和重要。培育乡风文明，农村精神文明建设既是着力点也是具体抓手，同时要想做好农村精神文明建设，乡风文明既是目标也是前进方向。不重视农村精神文明建设，乡风文明就会沦为空喊口号；没有乡风文明作为引领，农村精神文明建设也会不知所措。

（四）农村精神文明建设是实现有效治理的内在要求

治国安邦重在乡村。乡村治理有效与否事关国家治理体系和治理能力现代化的战略目标能否实现。在创新乡村治理体系，健全自治、法治、德治的过程中，农村精神文明建设是关键所在。农村精神文明建设不但能为乡村自治提供坚实基础，而且能为乡村法治提供有力保障，更能为乡村德治提供精神内核。实现乡村的有效治理需要强大的农村精神文明建设予以配合，这既是从顶层设计出发，完善乡村治理体制机制的必然需要；又是从基层治理着手，不断激活乡村主体的创新活力的客观要求。

（五）农村精神文明建设是实现生活富裕的有力抓手

进入新时代，实现生活富裕不仅要满足物质层面的需求，更要滋润广大农民的道德涵养，满足其对美好精神生活的追求，获得精神层面的富裕。要想实现物质层面和精神层面的齐头并进，精神文明建设可以发挥出巨大的推动作用：一是通过加强扶志教育、拓宽教育方式、培优选树脱贫典型，树立正确荣辱观，增强脱贫志向与信心，营造“扶贫先扶志”的良好社会氛围；二是在满足人民日益增长的美好精神需求的基础上，培育文明乡风、良好家风、淳朴民风，不断提高乡村社会文明程度，充分体现“仓廪足而知礼节”。

二　乡村振兴战略背景下新时代河南农村精神文明建设的实践探索

近年来，河南省经济社会迅速发展，农民生活水平不断提高，农村精神文明建设呈现出积极、健康、向上的发展态势，取得了令人瞩目的成效。

（一）强化基层党建引领，农村精神文明建设组织基础不断夯实

一方面，选好基层党支部带头人；另一方面，重视乡镇干部、村级干部、党员“三支队伍”建设。新乡市涌现出吴金印、张荣锁、耿瑞先、裴春亮等一大批群众公认的先进典型，形成了独特的先进群体现象。兰考县基层党支部变政府主干为政府主导、群众主体。平顶山市注重“领头羊”作用，选优配强“两委”班子，提升基层干部素质[①]。基层党建做得好，能进一步深化拓展群众性精神文明创建活动，切实宣传党的路线方针，引导农民听党话、感党恩、跟党走。

（二）加强乡村产业发展，农村精神文明建设经济支撑日益牢固

一方面，依托厚重的历史文化资源发展文旅产业；另一方面，重视乡村个性化发展之路，促进一二三产业融合发展。河南省多地依托历史资源，推

① 《河南日报》2019年9月12日，第11版。

动文旅融合发展，如鹿邑“老子故里”、新县“红色绿色”旅游。洛阳市以“四好农村路”助推乡村产业发展。西峡已形成“果菌药”三大特色产业集群，走出了一条现代化产业扶贫特色之路。修武、嵩县、栾川等依托地理环境发展旅游效益显著。推动河南农业农村现代化发展，努力实现“产业兴则农村兴”的目标，农民收入提高了，自然会追求更美好的精神生活。

（三）推动生态宜居建设，农村精神文明建设环境保障逐步改善

一方面，加强生态文明观引领，贯彻“人与自然和谐共生”生态文明理念；另一方面，深入推进“生态环境”工程，持续改善乡村基础设施。商丘市牢固树立绿色发展理念，区域生态环境质量持续改善。虞城县大力打造生态型、休闲型、现代化的园林县城，截至 2019 年，墙体刷漆、绘画 8000 余平方米，新建垃圾中转站 6 个，户厕改造 1265 户，畜禽粪污资源化利用率达到 92%[①]。良好的生态环境是保障生态宜居的重要基础，通过美丽乡村示范带建设，环境改善了，百姓心情舒畅了，精神面貌得到了进一步改善。

（四）实施乡村“三治”融合，农村社会和谐有序文明乡风正在形成

一方面，发挥自治和德治的基础作用，让群众掌握话语权；另一方面，坚持法治，使老百姓真正感受到公平正义。济源市将“村民说事”与村规民约、道德规范、精神文明等德治建设相融合，轵城镇建立了“古轵管家”工作组群，同时充分发挥法治作用，实现“一村一法律顾问”。“三治”融合实现了新时代乡村治理的现代化、本土化及法治化。老百姓的话语权更多了，农村社会更加和谐有序了。

（五）推进乡村移风易俗，农村社会现代文明程度稳步提升

一方面，用文明理念引导人，用先进榜样激励人；另一方面，加强了

① 《河南日报》2019 年 9 月 11 日，第 23 版。

“硬”环境设施建设，提升了“软”环境文明乡风。宁陵县364个行政村，村村都有红白理事会，全县农村操办红白事费用普遍降低1/3。柘城县22个乡（镇、办事处）都成立了“红娘协会”，“红娘出手，彩礼赶走，红娘牵线，幸福相伴”，改变了高额彩礼的局面。乡村移风易俗，提升了农村群众的文化素质和文明素养，扫清了乡土文明重建、乡村文化振兴的障碍，引导乡村社会树立新的社会风尚与现代文明。

（六）加快扶贫扶志扶智融合，农村精神文明建设内生动力得到激发

一方面，注重对贫困群众的思想引导，变“要我脱贫”为“我要脱贫”；另一方面，加强文化扶贫工作及贫困地区学龄教育和专业技能培训。夏邑县大力培育新型职业农民，近年来，累计培训“绿色证书”学员86467人，开展新型农民科技培训6600人、职业技能培训4900人、实用技术培训160多万人次，培育新型职业农民3000余人。扶贫扶志扶智相融合，解决了贫困群众的思想认识问题、观念意识问题，增强了贫困致富信念。农民有志气，脱贫有底气；农民有智气，致富有希望。

三　乡村振兴战略背景下河南农村精神文明建设存在的问题与不足

新时代河南积极推动精神文明建设，新风阵阵，成效显著，但也存在着问题与不足。

（一）物质文明和精神文明发展不平衡

由于认识不到位，统筹协调经济与文化、硬件和软件、传统文化与现代文明的关系不力，政绩观念不端等原因，河南农村精神文明比物质文明发展水平滞后，道德水平下滑、精神空虚化现象较为严重；农村精神文明比物质文明发展速度缓慢；农村精神文明比物质文明重视程度低，物质文明决策多落得实、一抓再抓，精神文明决策少落不实、抓抓放放。

（二）思想文化阵地建设存在薄弱环节

在实施乡村振兴战略的进程中，由于干部思想观念保守等原因，思想认识不到位，没有认识到精神文明建设对于新时期农村建设的重要性，存在“一手硬、一手软”的现象；宣传创新不到位，宣传内容过于死板，宣传方式单一，新媒介利用不充分，精品佳作少；精神文明建设贯彻落实不到位，大多流于形式。

（三）农村精神文明建设主体相对缺失

在实施乡村振兴战略的进程中，由于农村人口流动大，精神文明建设间歇式、运动式推进方式等，精神文明建设推动主体越位，领导干部陷于推动落实的具体事务中，伸手过长，参与过多；精神文明建设参与主体缺位，外出务工人群常年处于流动状态，根本无法参与各种创建活动；精神文明建设受益主体流失，受益主体老幼群体也流失严重。

（四）各类文化资源开发利用缺乏创新

在实施乡村振兴战略的进程中，由于文化自觉性不高，等靠要思想严重，形式主义严重等，历史文化资源挖掘保护利用问题多，跟风式地制造同质化假资源；现有文化资源配置使用不合理，难于发挥作用；文化阵地实际开放率低，挤占挪用屡有发生。

（五）各种专业人才队伍建设力度不够

在实施乡村振兴战略的进程中，由于专业人才收入低，对专业人才需求非常态化，财政支持力度小等，缺少稳定的文化工作队伍，人员配备不完善，素质参差不齐；缺少专业文化艺术人才，文化艺术专业团队少之又少；缺少对民间文艺队伍的扶持，扶植农村专业和业余文艺队伍不足，挖掘农村文艺人才不足。

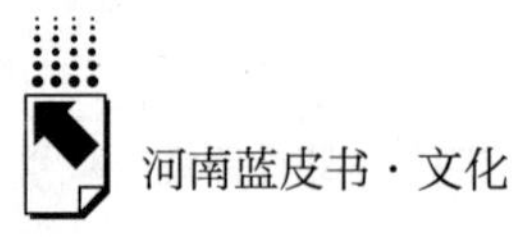

（六）基层组织领导班子缺少能人引领

在实施乡村振兴战略的进程中，由于不重视发现、吸纳、培养能人、培养队伍等，能人进入基层组织较少或没有，很多基层组织软弱涣散；缺少能人的榜样示范作用，大多数农村支部书记在思想境界和道德情操上尚担不起“能”字；缺少能人的眼界和魄力，认识不到精神文明建设的长远意义。

（七）移风易俗需要进一步加强

在实施乡村振兴战略的进程中，由于党委与政府职能部门难以形成工作合力，不了解、不尊重风俗的规律等，移风易俗工作缺少全面性，表现为表面上的与时俱进，官方发文往往也只能约束党员干部，约束不了普通群众；移风易俗工作缺乏有效性，表现为习惯于把移风易俗的内容标语化，习惯于树典型，政策有效性大打折扣；移风易俗工作缺少连续性，表现为政策具有连续性，而实践上的间断往往令已经初见成效的移风易俗出现反弹。

四　乡村振兴战略背景下新时代农村精神文明建设的路径思考

乡村振兴战略的提出，对新时代农村建设的战略部署和工作重点有了更高要求。实施乡村振兴战略成为新时代“三农”工作总抓手，农村精神文明成为推动乡村振兴战略发展的重要内容。要深化拓展新时代农村精神文明建设，为谱写新时代中原更加出彩的绚丽篇章奠定坚实基础。

（一）加强基层组织建设，筑牢农村精神文明建设战斗堡垒

一是加强基层党建，增强农村精神文明建设领导力。选好配强农村党支部书记和支委，将政治强、懂经济、善开拓、有闯劲、德才兼备的优秀年轻人吸收到基层组织中来，进一步强化党员领导干部的“头雁”作用。完善基层党组织的各项管理制度、组织生活制度，建立并完善农村党员干部的考

评监督制度。强化农村党员尤其是流动党员的管理工作，严格民主生活会制度，把党组织建在生产链条和农业社会化服务组织中。发挥好农村基层党组织的作用，使其成为积极推动农村精神文明建设的坚强基石。

二是加强教育培训，提高农村精神文明建设思想认识。用习近平新时代中国特色社会主义思想武装头脑。实施农村基层党支部书记、党务干部培训工程。加强农民夜校、讲习所、新时代文明实践中心建设。采取集中培训、跟班学习、挂职锻炼等方式，加强农村基层党组织书记“精准提能”培训，提高对新时代农村精神文明建设的深刻认识，真正实现物质文明与精神文明同步发展。

三是加强作风建设，引领农村精神文明建设新风。抓好农村基层党组织作风建设，建立和完善监督体系，按照“互联网＋党建”模式，深化“双强双带”和“双联双促”活动的开展。积极构建“党建＋志愿服务”的工作模式，有计划、有针对性地开展党员奉献日、党员献爱心、党员宣传周等活动，增强党员的服务意识，解决农民群众实际困难，密切党群关系。将全面从严治党向农村延伸，严格党的纪律监督、检查和问责，以优良的作风引领农村精神文明建设新风。

四是加强能力建设，提升农村精神文明建设水平。实施农村基层党员干部素质提升工程，提升处理问题的能力、解决矛盾的本领、真抓敢管的水平。提升农村基层党员干部乡村文化建设能力，进一步挖掘农耕文化内涵，进行创造性转化、创新性发展，培育乡村特色文化产业，提高乡村振兴的文化软实力，为乡村振兴提供精神支撑。提升乡村建设能力，规划好、建设好广大乡村，使之成为美丽乡愁的精神乐园。树立绿色发展理念，提高生态保护与环境治理能力，为精神文明建设提供外部生态环境。

（二）守好意识形态主阵地，夯实农村精神文明建设思想基础

一是落实意识形态工作责任制，牢牢掌握意识形态工作领导权。要全面落实农村意识形态工作责任制，基层党组织的领导班子要将意识形态工作纳入重要议事日程，建立健全意识形态工作的联席制度，全面落实党的意识形

态工作责任制。建立健全考核体系，将意识形态工作纳入年度绩效考评。细化责任与任务的具体清单、做到有责必问、有错必究，牢牢掌握党对意识形态工作的领导权。

二是加快新时代文明实践中心（所、站）建设，增强主流意识形态号召力。加快新时代文明实践中心（所、站）建设，充分发挥领导干部示范带头作用，提升用习近平新时代中国特色社会主义思想武装头脑的能力水平。通过理论宣讲直通车、互联网、广播电视、微信平台、文化墙、曲艺歌舞活动等多种途径和方式，开展主题宣传、典型宣传、正面宣传，大张旗鼓地宣传加强主流意识形态，增强主流意识形态的号召力，形成广泛的群众基础，引导农村精神文明建设。

三是创新传播手段和话语方式，维护农村社会和谐稳定。要创新传播手段和话语方式，用喜闻乐见的形式、大众化通俗化的话语讲好群众身边的故事，将群众关心的热点焦点问题进行权威而通俗化解读，将“党心”与“民心”连通好，传递正能量。大力扶持文艺演出团体，着力培养传统文化和地方民俗文化传承人，传承弘扬优秀文化遗产。切实把网络阵地建设和管理作为重中之重，肃清网络空间，不断增强主流文化的覆盖广度和力度，维护农村社会的和谐稳定。

四是依法治理非法宗教，占领意识形态主阵地。落实宗教工作责任制，实行对农村非法宗教活动网格化管理。将反非法宗教宣传教育和宗教中国化宣传有机结合，强化信教群众爱国爱教的思想教育。建立完善反邪教网络系统，依法严厉打击各种违法宗教活动，取缔非法宗教组织，对于参与邪教活动的当事人给予处罚，有针对性地开展教育转化和处理工作。严格控制和管理外来捐资助学活动，加强舆情监控，完善舆情研判与应急处理机制，占领农村意识形态主阵地。

（三）实施思想道德教育，确保农村精神文明建设发展方向

一是践行社会主义核心价值观，弘扬积极健康向上的正能量。农村思想道德建设以社会主义核心价值观为引领，搭建便于参与的平台，开辟乐于参

与的渠道，不断增进群众的价值认同。挖掘传统道德教育资源，大力弘扬良好家训家规家风，建立善行功德馆，弘扬孝道善行义举。积极组建传统民俗特色的宣传队、秧歌队、小剧团、农民兴趣协会等自主性文化组织，积极推进社会公德、职业道德、家庭美德、个人品德建设，弘扬积极健康向上的正能量。

二是丰富精神文明创建活动，改变农村精神风貌。发挥先进典型示范引领作用，积极开展选树新乡贤活动。创建一批全国文明村镇、农村精神文明建设示范村镇、省级文明村镇、市级文明村镇，开展各个层面的先进人物评选表彰，弘扬真善美、传播正能量。经常性地借助农民夜校、道德讲堂、文化大院、文化广场等平台，举办“我们的节日”“感恩教育”等主题活动，弘扬奉献友善新风，形成积极向上、见贤思齐的农村精神风貌。

三是大力实施乡村德治工程，实现农村和谐有序发展。实施乡村德治工程，构建自治法治德治相结合的乡村治理体系。建立道德激励约束机制，坚持以法治为保障、以德治为引领、以自治为核心的差异化治理，严格按照“四议两公开”程序开展工作。在“三治”融合的基础上，形成村干部、民情信息员、村民齐抓共管、广泛参与的农村社会管理工作新格局。充分利用新闻宣传、社会宣传、文艺宣传、典型宣传、网络宣传等途径，实现农村治理的和谐有序。

四是完善乡村道德约束机制，重塑农村文明风尚。加强信用道德体系建设，建立和完善乡村道德约束机制。建立乡村评价组织，引导群众广泛参与制定村规民约、乡村诚信道德规范等评判标准。各级党组织和政府部门对农村道德建设进行引导与监督，充分发挥农村社会组织、新闻媒介等作用，鼓励农村社会树立舆论监督意识，提高自身监督能力，发挥好典型的引领、辐射、带动作用，重塑农村文明风尚。

（四）推动乡村文化振兴，凝聚农村精神文明建设磅礴之力

一是弘扬中华优秀传统文化，提振农村发展精神动力。深入挖掘弘扬优秀传统文化蕴含的思想精髓与道德价值，倡导尊师重教、乡邻和睦、礼仪宽

恕、勤俭节约的乡风文明。积极借助春节、清明、端午、中秋、重阳等传统节日，引导农民群众继承和发扬中华优秀传统美德。实施乡村文化遗产保护活化工程，划定乡村建设历史文化保护线。尊重不同地域乡村的文化传统，遵循乡村自身发展规律，保护乡村风貌、传承乡村文脉、留住乡村记忆、重塑乡村文化，打造出高识别度的中原乡村文化标识，让乡村文化遗存真正“活起来”，提振农村发展精神动力。

二是提升公共文化阵地建设与服务水平，丰富农民群众文化生活。加大乡村文化阵地建设财政投入，充分发挥农村基层文化阵地作用。实施“互联网＋乡村公共文化服务”，开发乡村公共文化大数据平台，通过各类平台免费或优惠向公众提供文艺演出、陈列展览、电影放映、广播电视节目收听收看、阅读、艺术培训等服务。积极开展文化科技卫生“三下乡”“送戏下乡”“送欢乐进基层”“全民阅读”等活动，倡导社会力量捐建或自建公共文化设施，为群众开展文化体育娱乐活动提供场所与服务。

三是打造生态宜居美丽乡村，构建精神文明外部环境。保留乡村文化韵味与地域风情，积极培育以乡愁文化、民俗文化、乡村旅游、农耕文化为主题的示范村，构建“线上有亮点、点上有特色、面上全改善、全面大提升”的乡村生态宜居建设格局。引导农民群众积极参与建设“美丽庭院”行动，开展清洁家园行动。打造乡村生态宜居亮点，建设一批具有地域特色的精品乡村，真正使绿水青山变成金山银山，营造乡村良好的生态环境，构建精神文明外部环境。

四是促进文化旅游融合发展，打造精神文明建设新支撑。统筹发展乡村文化与乡村旅游，借助先进科技加快推进历史文化村落建设与特色小镇建设相融合，以乡村自然风光、历史村落、民俗风情、家宅文化等作为发展要素，打造出高新特文旅品牌。深入开发具有地域特色的服饰配饰、文化节日、婚俗礼仪、传统工艺、民间文学、歌舞等文化资源，实现乡村文化产业升级与创造性转化，助推乡村演艺娱乐、民间工艺品、民俗文化体验与传统节庆的创新性发展，打造精神文明建设的新支撑。

（五）巩固精准脱贫成果，加快农村精神文明建设前进步伐

一是加强宣传教育引导，为农村精神文明建设增志。以主流媒体包括党报党刊、党政信息网站、新媒体为平台，以开设专栏、发送图片、刊发消息等形式，全方位、多层次、多角度传播好声音，凝聚正能量，弘扬主旋律，展示新形象。采用标语牌、宣传栏、横幅、墙体标语、户外公益广告等方式，全视野、高密度进行宣传，对一些存在“等、靠、要”思想和发展信心不强的贫困户，不断进行教育、宣传与鼓励，真正将脱贫愿望转化为踏踏实实的脱贫行动。

二是选树先进宣传经验，为农村精神文明建设培元。向农民群众宣传脱贫致富的感人事迹与成功经验，培养“人穷志不穷”“穷则思变”等理念。选树一批工作有方法、踏实肯干的驻村干部、第一书记、帮扶责任人等典型，引导和具体帮扶贫困群众。借助主流媒体，曝光一批负面典型，挖掘整理脱贫攻坚工作的重要举措、经验做法、突出成效等进行宣传推广，并在认真提炼先进事迹的基础上，创作多种脍炙人口的文艺作品，引导农民树立信心和决心，为农村精神文明建设培根铸魂。

三是加大技能培训力度，为农村精神文明建设扶智。对症下药、精准培训、靶向治疗、授人以渔，实现扶贫由“输血”向“造血”模式的转变。借助乡村课堂等学习培训载体，加强党的路线方针政策和技术培训，提高贫困户的思想素质和职业技能。不断丰富人民群众的文化活动，将农民群众的生活引至健康文明轨道。增强科技文化和信息渠道建设，转变农民落后的生活生产方式，不断增强贫困农民的文化素质、专业能力和现代意识，更好地实现强农、惠农、富农。

四是发展优势特色产业，为农村精神文明建设筑基。积极发展乡村特色文化产业，在手工产业、康养产业、文旅产业、生态艺术、众创空间、节庆会展等方面积极拓展，推动特色文化资源与旅游、制造业等融合发展，拓展发展空间，大力发展乡村旅游。积极探索以创意驱动资源转化与产品的增值，广泛建设和利用各类文化交流平台、数字新媒体技术，组织开放新型的

文化娱乐项目。注意讲好村落文化故事，让故事传播产业品牌，实现产业品牌质的飞跃。

（六）持续深入推进移风易俗，树立新时代文明乡风

一是营造舆论氛围，倡导文明礼俗。完善移风易俗的体制机制，遏制大操大办、厚葬薄养、人情攀比等陈规陋习。利用新时代文明实践中心（所、站）、文化活动室、文化广场等文化阵地，加强对移风易俗工作尤其是婚丧习俗、殡葬改革方面政策的解读引导，大力宣传移风易俗工作方面的先进典型，争做文明新风带头人。加强舆情监测，强化媒体责任，深化舆论引导，为推动移风易俗、倡导文明礼俗，营造良好的舆论氛围。

二是改变陈规陋习，树立时代新风。通过宣传教育、政策引导、依法惩治等手段，多措并举持续推进移风易俗。党员率先垂范，带头厉行勤俭节约、反对铺张浪费，对于在移风易俗工作中违规违纪的党员干部，要加强批评、教育、处理，以优良的党风促进移风易俗工作。教育引导感召农民群众从自身做起、从小事做起，遵德守礼、增强文明认同、共同参与文明活动，维护公共秩序，树立积极向上、文明和谐的新风尚。

三是完善村规民约，弘扬文明风尚。健全完善道德评议会、禁毒禁赌会、红白理事会等群众性自治组织，协助做好移风易俗工作。制定完善村规民约、红白理事会章程、流程、规定、标准，树立鲜明正确的价值导向。积极组织党员和村干部带头成立村委会文明劝导队、村委会志愿服务队，认真排除摸清全村情况，引导和监督村民风俗行为，倡导推行文明新风尚。

四是开展专项治理，打造首善之区。将移风易俗专项治理纳入日常监督、巡察监督、派驻监督的重要内容，坚持党员、公职人员带头破陋习、树新风，制定出台相关规定，明确向组织报备程序，严格控制规模标准。对问题集中、突出的重点地区，易发多发的重要时间节点以及党员干部、公职人员等重点人群进行“靶向”监督，刹住歪风陋习。针对婚丧品市场、殡葬服务车辆进行专项整治，通过督查切实有力地推动专项整治行动落到实处。

（七）强化乡村人才振兴，增强农村精神文明建设生机活力

一是制定乡村人才队伍建设规划，确保精神文明建设人才落到实处。完善乡村人才引进、培育、评价、激励机制。对于乡村精神文明建设的人才队伍建设进行顶层设计，全面规划人才需求的类型、层次和数量，突出培养重要人才、紧缺专门人才，统筹推进精神文明建设所需人才的队伍建设。强化教育培训，引进和培育符合时代要求、具有引领和带动作用的文化专业技术人才，使得乡村文化人才队伍素质优良，为精神文明建设提供人才保障。

二是创新乡村人才队伍建设机制，推动精神文明建设持续有效。完善人才的分配、激励、保障制度，实行更加积极、开放、有效的农村精神文明建设人才引进政策和优惠政策，吸引鼓励支持各类文化人才参与农村精神文明建设，激活农村精神文明建设活力。建立引导和鼓励高校毕业生到基层工作的长效机制，对于选择返乡在文旅产业方面进行自主创业的青年，要在办公场地租用、税收、贷款、水电费等方面给予政策性优惠及减免。

三是搭建乡村人才队伍建设平台，拓展精神文明建设发展空间。搭建乡村精神文明建设方面人才培养与交流平台，加强城乡、区域之间人才培养合作与交流。支持建立多种形式的人才创业平台，建立涉农产业与文化资源整合长效机制，挖掘多种人文资源。鼓励高校与企业在农村设立教学实践基地、毕业生就业基地，整合创建一批区域特色明显、基础设施完备、创新条件完善、服务能力较强的创业孵化基地。充分利用乡村的古厝、旧仓库、传统文化小镇等资源，改造建成一批新型众创、文创空间。

四是优化乡村人才队伍建设环境，促进精神文明建设又好又快发展。不断优化乡村精神文明建设所需人才队伍建设的制度环境、人文环境、社会环境，促进城市优秀文化资源向农村流动。积极开展专业教育培训，深化农村文化人才对乡村的认知，培养乡村情怀。不断树立尊重人才的价值导向，优化乡村人才服务工作，为乡村人才的成长与发展解决实际问题，让其享受更高层次的物质生活和精神生活，促进农村精神文明建设又好又快发展。

B.12

关于设立河南文化旅游融合发展基金的调研报告

毕朝杰 *

摘　要： 近年来，河南省财政厅相继设立了河南省文化产业发展基金、河南邓亚萍体育产业投资基金、河南中原文化股权投资基金和河南省高成长服务业发展引导基金4只文化产业相关基金，在省级财政性涉企资金基金化改革试点方面进行了一系列探索。但由于河南省文化产业类政府投资基金起步较晚，在管理过程中还存在一些需要加以完善的地方，主要表现在政府让利机制不明确，社会资本参与积极性不高，基金管理公司遴选有局限，缺乏有效的激励约束机制，地区发展不平衡等问题，在一定程度上也制约了河南省文化产业的快速发展。应认真学习借鉴中央和陕西、湖南、广东等先进省份的做法和经验，结合河南实际，尽快整合设立河南省文化旅游融合发展基金，引导带动河南文化产业朝着高质量发展方向迈进。

关键词： 文化旅游融合发展基金　基金化改革　管理机制　投融资平台

针对省级文化产业专项引导资金、文化产业发展基金管理运营以及文化旅游融合发展等方面存在的薄弱环节和突出问题，为深化文化领域涉企资金

* 毕朝杰，中共河南省委宣传部文改办科长。

的基金化改革，发挥财政引导基金对文化产业发展的引领和导向作用，推动文化产业高质量发展，我们将设立河南省文化旅游融合发展基金作为重点调研课题，组织开展了调研活动。

一　河南省文化产业相关基金发展现状

调研组先后走访了省文化和旅游厅、省财政厅、省文投集团等部门，实地考察了洛阳市文化旅游产业基金、开封市文化旅游投资集团有限公司等，对河南省文化产业相关基金发展现状进行了调查了解。

2015 年 3 月，河南省人民政府印发《关于省级财政性涉企资金基金化改革的实施意见》（豫政〔2015〕17 号），要求“整合产业扶持类财政性涉企专项资金，与金融机构合作，吸引社会资本，共同设立产业发展基金”，并将设立文化产业发展基金作为省级财政性涉企资金基金化改革试点。近年来，为支持河南省文化产业发展，省财政厅相继设立了河南省文化产业发展基金、河南邓亚萍体育产业投资基金、河南中原文化股权投资基金和河南省高成长服务业发展引导基金 4 只文化产业相关基金。4 只基金首期规模总计为 24 亿元，已完成募资 11.925 亿元。从基金出资结构上看，国有资金约占基金规模的 89%，其中财政资金约占基金规模的 65.6%。各基金采取直接投资和参股子基金方式进行投资，已完成投资项目 15 个，其中直接投资项目 13 个，参股子基金项目 3 个，累计投资金额 4.243 亿元。

4 只基金自成立以来，按照“政府引导、市场运作、科学决策、循环使用、防范风险”的原则，研究建立了基金运作全流程管理框架，不断深化文化产业相关基金项目投资工作。但由于河南省文化产业类政府投资基金起步较晚，在管理过程中存在一些需要加以完善的地方。一是政府让利机制不明确，社会资本参与积极性不高。政府投资基金主要服务当地党委政府决策部署，因此对投资地域、投资行业等有较多限制。尽管出台了财政出资可适当让利的规定，但由于不够明确具体，实际操作中难以有效执行，社会投资者对基金投资收益有一定顾虑，影响了参与政府投资基金的积极性，各基金普遍存在募资困难的问题，基金出资多以财政资金和国有企业资金为主。4只基金国有资金约占基金规模的89%，其中财政资金约占基金规模的65.6%。二是基金管理公司遴选有局限。4只基金管理机构大多为河南本地公司，相对缺乏文化领域基金管理经验，创新性不足，不能够掌握文化产业发展方向，无法做出正确的投向预估和评判，在资金募集、资源整合等方面也存在明显不足，影响了投资进度。如河南省文化产业发展基金自2015年成立以来，仅以参股子基金的形式投资2个项目，且无实质性进展。河南邓亚萍体育产业投资基金仅完成投资项目1个，投资额600万元。三是缺乏有效的激励约束机制。由于缺乏有效的激励约束机制，资金进退制度缺乏，阻碍了基金有序健康发展。4只基金截至2019年完成投资项目15个，累计投资金额4.243亿元，大量资金处于闲置状态，整体投资效益不佳，未能充分发挥财政资金对文化产业发展的杠杆和引导作用。四是地区发展不平衡。截至2019年，全省18个省辖市中，仅洛阳、济源设立了文化产业相关基金，开封正筹备设立文化产业相关基金。基金设立地区发展不平衡，在一定程度上也制约了河南省文化产业快速发展。

二　中央和外省文化产业相关基金的经验做法

为学习借鉴中央做法和外省经验，调研组实地调研了中国文化产业投资基金、陕西文化产业投资基金、湖南文化旅游产业投资基金、广东省新媒体产业基金、深圳市政府引导基金等，与相关职能部门和基金管理机构负责同志进行了认真座谈，对基金的设立、募资、投资、管理等方面进行了交流探讨。

（一）中国文化产业投资基金的管理运作情况

近年来，中央财政创新财政资金使用方式，探索市场化运营模式，逐年减少文化产业发展专项资金，“由补改投”，“资金改基金”。2011年7月，财政部发起设立了总规模为200亿元的中国文化产业投资基金，目前正在筹备中国文化产业投资基金二期。

资金来源方面，中国文化产业投资基金首期募集60亿元，其中财政部出资5亿元，吸纳中银国际控股有限公司、中国国际电视总公司及深圳国际文化产业博览交易会有限公司等国有企业资本的加入。基金二期主要由财政部作为出资人，出资100亿元，委托中宣部进行管理，预计通过社会募集最终规模达到400亿元。投资方向方面，中国文化产业投资基金首期主要以股权投资方式，投资新闻出版发行、广播电影电视、文化艺术、网络文化、文化休闲及其细分文化及相关行业等领域。运作管理方面，基金二期为引导基金，将社会效益放在首位，注重投资一批社会效益突出、经济效益一般的文化产业项目。采用“母子基金”运作模式，不对具体项目进行投资，而是参与子基金的发起和运作，发挥母基金的引导和杠杆作用，使子基金获得资金的优惠和风险的释放，带动社会资本投资文化产业的积极性。监督管理方面，中宣部对于基金二期在采用市场化运作模式的同时，将进一步加强对基金的监管，将社会效益内容写入基金协议和基金考核办法，并发挥投资委员会的作用，对只注重经济效益而社会效益不突出、带动作用不强的投资项目实行一票否决，财政部同时对基金中财政资金的使用绩效情况进行了解和掌握。

（二）陕西、湖南、广东基金和投融资平台管理运作情况

陕西文化产业投资基金设立于2014年6月，由陕西省委宣传部发起并作为出资人，整合省财政专项资金和省属国有企业资金设立，总规模为16亿元，存续期为10年。湖南文化旅游产业投资基金设立于2010年2月，由湖南省财政厅发起并作为出资人，通过整合专项资金和湖南高新创投集团、湖南电广传媒集团等省属企业资金设立，总规模为30亿元的，存续期为10年。广东省新媒体产业基金设立于2017年2月，由省委宣传部和广东省财政厅联合发起，由省财政和广州市越秀区财政出资、吸纳浦发银行资本参与，总规模32.08亿元，存续期为10年。深圳市政府引导基金设立于2015

年，深圳市政府投资200亿元设立，总规模1200亿元，2016年10月正式委托深创投管理。

陕西、湖南、广东文化产业相关基金通过严密的顶层制度设计为基金市场化运行提供管理模式、组织架构保障，吸引专业一流的管理团队，实行专业化管理、市场化运作，实现政府作用与市场作用有机结合，收到了良好的经济效益和社会效益。其主要做法如下。

一是科学规范的管理体制。各基金均坚持政府引导、市场运营的原则，采取项目决策与运营管理分离的双轨制方式，决策层为政府委派人员，管理层则采用市场化方式招聘专业人员实施市场化管理和运作。陕西文化产业投资基金将双轨制置于陕西文化产业投资基金投资管理有限公司内部，基金管理公司管理层由政府委派，运营团队则市场化招聘，并运用市场化考核及激励机制吸引专业人才。同时，制定项目投资标准流程，设置清晰的项目标准，提升基金运营效率，防范运营风险。湖南文化旅游产业投资基金委托专业投资机构——湖南达晨文化旅游创业投资管理有限公司作为基金管理公司负责具体的投资运营，并设立理事会为最高投资决策机构，理事会人员由财政委派。广东省新媒体产业基金由广东省粤科母基金投资管理公司按市场化方式运营，基金设立投资决策委员会，广东省委宣传部派驻的投资决策委员就意识形态和文化安全对拟投资的子基金及项目行使一票否决权。深圳市政府引导基金的母基金由深创投作为受托管理人全面负责管理，子基金由其管理方负责，政府并不参与决策，仅派遣观察员等列席投资决策会议并对基金拟投资项目进行合规性审核。

二是灵活的投资机制。投资方向上，各基金主要投资“泛文化”领域，对可进行投资的项目范围并没有严格界定。在投资方式上，各基金普遍采取“母子基金+项目直投”的方式撬动社会资本，充分发挥财政资金的引导作用。投资地域上，各基金虽没有严格的限制，但对本地企业有一定资源倾斜，强调引导基金带动区域发展，推进本地经济结构调整和产业转型升级。陕西文化产业投资基金投资领域与陕文投集团产业方向相关；湖南文化旅游产业投资基金灵活调整区域投资比例，创新设计了政府引导基金返投机制，要求被投企业在湖南省境内设置区域总部或分支机构的方式来带动湖南文旅产业发展；广东省新媒体产业基金规定在广东省内项目投资额占比原则不低于60%；深圳市政府引导基金要求子基金投资于深圳市企业的金额不低于引导母基金出资额的2倍。各基金还充分利用行政资源、市场资源，构建投资项目库，积极为合作基金推荐优质项目，同时与相关主管部门、区县、园区、金融机构合作，举办多场对接会，为不同类型的基金和企业搭建对接交流平台，提供增值服务。

三是一流专业的管理团队。各基金按照市场通行的募资能力、投资业绩、研究能力等因素考察选择基金运营团队。陕西文化产业投资基金立足国内一流标准组建基金团队，团队核心成员均从国内知名投资公司、证券公司和中介机构市场化招聘，保障基金高效运营。湖南文化旅游产业投资基金选择知名创投机构达晨投资，由基金出资方与达晨投资合资设立湖南达晨文化旅游创业投资管理有限公司，组建专业一流的运营团队，实现项目投资收益的高回报。广东省新媒体产业基金由广东省粤科母基金投资管理有限公司管理运营，该公司是广东省粤科金融集团下属子公司，是广东省内最大的专业性国有母基金投资管理平台，拥有丰富的基金管理经验。深圳市政府引导基金管理公司依托深创投进行管理，深创投拥有200多人的投资管理队伍，其中20%为博士，70%为硕士，82%拥有超过五年的从业经历，并拥有国内创投行业第一家博士后工作站。该集团建立了覆盖全国的政府引导基金管理网络，并设有“企业服务中心”，为投资企业提供监督管理、资源整合、管理提升、资本运作等方面的增值服务。

四是市场化的激励约束机制。各基金运用“管理费+团队激励”或“管理费+后端分成”等市场化激励机制招聘运营管理团队，以吸引、培养、留住高水平的一流专业人才。湖南文化旅游产业投资基金年化收益率达到8%，将给予基金管理团队20%的业绩分成。同时以市场化方式实现科学合理的绩效考核，以核心业务团队持股基金管理公司或跟投被投企业等灵活的市场化方式实现风险共担，替代相对固化的考核。广东省新媒体产业基金按“先回本后分利”的原则，提取财政出资部分收益的一定比例实施业绩奖励，奖励基金管理人和社会投资人，业绩奖励应与考核评价结果挂钩。深圳市政府引导基金项目投资额的1%强制跟投，实际亏损的2%由团队承担，净收益的4%奖励给团队，对于超额业绩，提取一定比例对高管进行奖励。

三　设立河南文化旅游融合发展基金的对策及建议

中央高度重视文化产业投资基金对文化产业发展的引导带动作用。2015年，中共中央办公厅、国务院办公厅印发的《关于推动国有文化企业把社会效益放在首位、实现社会效益和经济效益相统一的指导意见》明确指出："鼓励有条件的地方组建或改组国有文化资本投资公司，设立国有文化资本投资基金，发挥财政资金和国有资本的杠杆作用，带动社会资本参与，支持创新性企业和小微企业，更好地引导文化产业发展。"2019年2月，在天津召开的文化改革发展座谈会上，中宣部副部长孙志军指出，中央和各地的文化产业投资基金不要片面追求经济效益，要将社会效益放在首位，充分发挥文化产业投资基金对文化产业发展的导向作用，真正通过文化产业投资基金引导带动文化产业发展。河南省是文化和旅游资源大省，目前正大力推动文化和旅游融合发展，但由于缺乏大型文化旅游投融资平台，文化旅游企业普遍融资困难。

根据中央要求，参照外省做法，结合河南省实际，建议整合河南省现有文化产业相关专项资金，设立河南省文化旅游融合发展基金，引入市场化运作模式，为河南省文化产业和文化旅游融合发展提供金融支持。

（一）资金来源。建议在征求主管部门意见后，统筹省委宣传部和省文化和旅游厅2020年省级高成长服务业专项引导资金、省级电影专项资金1.6亿元作为首期资金，其中省文化和旅游厅支持新型文化业态发展资金6000万元、省委宣传部支持文化产业发展资金6000万元、省级电影专项资金4000万元。采取分期运作的方式，连续安排5年，同时让国有骨干文化企业、大型国有企业和金融机构认购。

（二）运作模式。建议基金采取"母子基金"模式，政府基金作为母基金，与上下级财政资金及社会资本合作新设基金，或出资参与现有基金的投资模式。

（三）受托管理机构和基金管理公司。建议由省文化产业投资有限责任公司作为基金受托机构，受托管理政府出资，代行出资人职责。由省文化产业投资有限责任公司面向全国公开征集具有文化领域专业良好投资业绩、较强的资金募集和金融运作能力的一流基金管理公司具体负责基金组建和运营工作。

（四）投资方向。基金服务于省委省政府重大决策，主要投资于河南省境内未上市文化企业，也可适当投资省外优秀文化企业，重点支持基础性、带动性、战略性特征明显的文化旅游项目和文化产业项目，包括文化旅游、新媒体融合、影视动漫、游戏及软件设计、数字内容服务、文化创意、新型文化休闲娱乐、新型演艺项目等。

（五）基金存续期。鉴于文化旅游项目回报周期长的特点，建议基金存续期暂定为 10 年，其中投资期 7 年，回收期 3 年。

B.13
河南省文物外展的实践与成效研究

张玉霞*

摘　要： 河南文物出国出境展览颇有成绩，先后赴五大洲30多个国家与地区参与了140多个主题丰富多彩的文物展览，并且有越来越多的河南文物参与到外展活动中。河南文物外展呈现出蓬勃发展的态势，也表现出外展精品工程、品牌比较少等诸多不足。作为讲好中原故事、中国故事的生动载体，河南文物外展已成为有效推介河南的一张“名片”和助力河南走向世界的文化使者，为中外文化交流做出了突出贡献。继往开来，河南文物外展必将在服务大局中以更宽广的国际视野传播弘扬中原文化和中华文明，为河南在“一带一路”建设中走向更加广阔的国际舞台做出新贡献。

关键词： 文物　出国出境展览　文化交流　“一带一路”倡议

河南省地处中原，是中华文明的主要发祥地之一，在“多元一体”的中华文明中起着极其重要的作用。全国八大古都中的4个位于河南，源远流长的历史传承使得河南的文化资源相当丰厚。仅馆藏文物一项，据《第一次全国可移动文物普查数据公报》河南省有4783457件，数量占全国国有可移动文物总数量的7.47%，仅次于北京市、陕西省、山东省，位列第4，是名副其实的文物资源大省。河南的馆藏文物类型全、数量多、等级高，在出

* 张玉霞，河南省社会科学院历史与考古研究所副研究员，研究方向为汉唐考古。

国出境展览中独具优势。早在1935年，郑公大墓出土青铜器等河南省博物馆藏品就出现在为庆祝英王爱德华八世加冕而在伦敦举办的“中国艺术英伦国际展览会”上。中华人民共和国成立后，河南文物在文物出国出境展览方面配合国家有关部门做了大量工作。及至改革开放以后特别是进入21世纪，文物外展作为讲好中国故事的生动载体，为中外文化交流做出了突出贡献，为国家发展营造了有利的外部环境和良好的国际舆论氛围。文物外展也成为有效推介河南的一张“名片”和助力河南走向世界的文化使者。

一 历年河南文物外展（出国出境展览）的基本情况

河南文物早已走出去，且成绩颇为亮眼，文物外展已成为河南对外文化交流的新亮点。据不完全统计，自1982年以来，河南已先后在五大洲30多个国家与地区举办了140多个文物展览。在有明确记载展出件数的57个展览中，共出展文物2335件组。以年份为横轴，以出展国家数量、出展数量为纵轴分别画出曲线图图1、图2，两相对照，基本可以看出河南文物外展近年来逐渐增长的总体发展趋势。[①] 这与国家文化事业日趋繁荣的整体氛围一致，与河南省委省政府高度重视文化事业发展密切相关。继省第八次党代会（2006年）提出“加快文化资源大省向文化强省跨越”、省第九次党代会（2011年）提出“加快建设文化强省”之后，省第十次党代会（2016年）提出“加快构筑全国重要的文化高地”，便集中体现了河南对文化发展持续不断的思考、认识和提升。2003年没有外展，与2002年年底开始爆发并持续半年之久的非典型性肺炎不无关系。2004年以后整体上都比较多，尤其2013年后有比较明显的增长，与2013年中国国家主席习近平提出“一带一路”倡议，以及紧随其后的一系列行动部署不无关系。民心相通是“一带一路”建设的社会根基和主要内容之一，这就要求“一带一路”沿线

① 1990年之前的记载不详，2018年、2019年的统计数据还没见到，图中仅是河南博物院官网显示资料。其余数据均依据历年《河南文化文物年鉴》（《河南文化艺术年鉴》《河南文化年鉴》），后文简称为《年鉴》。

各国传承和弘扬丝绸之路自古以来友好合作的精神，广泛深入开展包括文物外展在内的人文交流。

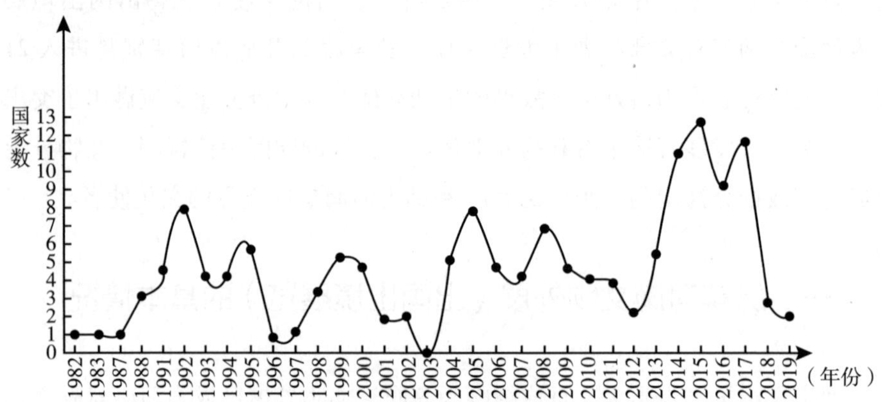

图1　1982～2019年河南文物出展国家数

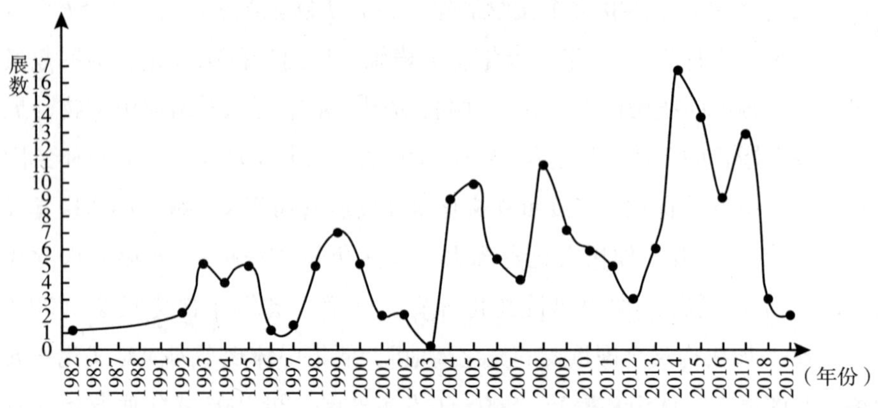

图2　1982～2019年河南文物出展数

注：1983年、1987年、1988年、1991年展数不详，1992年8个国家记载2展，1995年2个国家展数不详。

河南文物外展涉及的30多个国家和地区中，出展次数最多的是日本，共有19次；其次是美国、中国台湾，均为14次；然后是法国、韩国，各8次；新加坡、中国香港，各7次；加拿大、意大利，各6次；澳大利亚、比利时、中国澳门，各5次；德国、瑞典，各4次；英国、南非，各3次；西班牙、丹麦、以色列、墨西哥、印度、拉脱维亚、波兰、泰国等8个国家各有2次；奥地利、希腊、柬埔寨、老挝、尼泊尔等18个国家仅出展过1次。赴发达国家的展览比较多，往往一年之内就有不止一个展览。一年超过1个展览的，涉及16个年份11个国家63展次（见表1）。其中赴日本的19次展展览分布在7个年份中，有5个年份每年有3个展，2个年份每年有2个展。

表1　河南省文物出展一年超过1个的国家和地区及年份

年份	1993	1995	1998		1999		2000		2004		2005			2006
国家和地区	丹麦	德国	韩国	日本	日本	美国	美国	法国	日本	比利时	日本	意大利	美国	中国台湾
出展个数	2	2	2	2	3	2	2	2	3	2	3	2	2	2
年份	2008			2009		2010	2011	2013	2014			2015	2017	
国家和地区	意大利	日本	中国澳门	中国澳门	日本	日本	中国台湾	中国台湾	中国台湾	法国	泰国	中国台湾	美国	
出展个数	2	3	2	2	2	3	2	3	3	3	3	2	2	

河南文物外展的主题丰富多彩。综合性的外展多为配合领导人出访、两国建交纪念等重大活动，是两国官方文化交流活动的重要内容之一，以展现中华文明的优秀物质文化遗产为主。比如1992年巡展18个国家的“永恒的中国”，1999年赴美国、西班牙的“中国五千年文明展”等。综合性展览之外，外展次数较多的主题涉及个别帝王、城市、宗教、陶瓷、汉字等。关于单个帝王的展览，如1998～1999年赴日本的“武则天及其时代”。关于某个时代的展览，最受欢迎的是汉代、唐代和三国时代，比如2015年赴中国香港的“汉武盛世”，2004年赴美国的“走向盛唐”，2019～2020年赴日本的“日中文化交流协定缔结40周年纪念特别展——三国志”。关于单个城市的展览主要是洛阳，如2015～2016年赴瑞典的“洛阳·丝绸之路上的大都会——唐代文明展”。关于宗教的，如2019年赴中国台湾的“龙门佛光——河南佛教艺术展”。关于陶瓷器最受关注的是唐三彩，在日本、中国澳门、中国台湾、波兰等地均展出过，在日本还展览多次。专题性展览中出展次数最多的，非汉字展莫属。仅2014～2017年的

“中国汉字巡展”的足迹就涉足22个国家和地区。此外，外展的主题还涉及书画、青铜器、玉器、兵器、建筑明器、狗文化、马文化、音乐文化、木版年画、十二生肖等。

二 河南文物外展（出国出境展览）的基本途径

中国特色社会主义建设随着改革开放的不断深入取得了举世瞩目的发展成就，中国的国际地位日隆，国际影响愈来愈大。“中国发展进入了新时代。中国对世界的影响，从未像今天这样全面、深刻、长远；世界对中国的关注，也从未像今天这样广泛、深切、聚焦。”① 中国的发展成为世界的机遇，越来越多的国家和地区渴望了解中国。文化软实力作为国家核心竞争力的重要因素，包括文物外展在内的文化走出去成为提升中国国际影响力的重要战略选择，也是让世界更深刻地了解中国的重要途径。

河南外展的主办主体是国家相关部门。这种类型的文物外展是官方组织的文化交流活动中的重要内容，双方国家相关政府官员一般都出席开幕式。展览内容以介绍中国优秀的物质文化遗产为主，旨在加强政府之间的沟通与理解，增强两国人民之间的文化交流与情谊。这种类型的文物外展是河南文物外展最主要的方式，在河南文物参与的全部142个外展中，明确记载主办单位是国家相关机构、河南文物参与的有71个，占据总数的一半。比如，2005年中国与法国互办文化年，2006中国意大利年、2007~2008年中国希腊文化年等时期举办的“丝路遗宝展”“中国古代艺术奇观——唐代艺术展”等，2008年为庆祝中国南非建交10周年、2009年为祝贺中国突尼斯建交45周年举办的“华夏瑰宝展”，2014年为庆祝中国法国建交50周年举办的“中国汉代文物精品展”，2015年为庆祝中国意大利建交45周年举办的“早期中国——中华文明系列展”“汉唐中原——河南文物精品展”，2016

① 中华人民共和国国务院新闻办公室：《新时代的中国与世界》白皮书，中华人民共和国国务院新闻办公室官网，http：//www. scio. gov. cn/ztk/dtzt/39912/41838/index. htm。

年为庆祝中国拉脱维亚建交25周年举办的“丝路瑰宝展”，2019年为庆祝中法建交55周年、中国匈牙利建交70周年举办的“中国文字丝路行——汉字展”等。另有29个展览主办机构记载不详，主要是因为2000年以前的记载不详细。比如1992年“永恒的中国”展览在日本、美国、澳大利亚、法国等18个国家巡展，1999~2000年“中国考古黄金时代”展览在美国华盛顿、休斯敦及法国巡展，从展览的名称、展出规模等分析，应是国家相关部门组织的展览。上述展览中，河南文物都是出展文物中的重要组成部分。

除了国家主办的展览外，河南省相关机构比如河南省文物局、河南博物院等也组织外展。在河南文物参与的全部142个外展中，明确记载主办单位是河南省相关机构的有42个。比如1994年赴日本、韩国、比利时的“百狗文物展”，1999年赴日本、美国的“河南唐三彩展”，2004~2005年在日本东京等多地巡展的“洛阳之梦——唐三彩展”，2009~2010年赴日本大阪的“北宋汝窑青瓷——河南考古发掘成果展”，2014年赴法国的“洛阳·丝绸之路与大运河交汇的城市展”，2015年赴瑞典的“洛阳·丝绸之路上的大都会——唐代文明展”，2017~2018年赴美国的“中国古代音乐文物瑰宝——来自河南博物院的远古和声展”，等等。外展中的中原文物，不仅致力于展现中原乃至中国的传统文化，也践行着沟通过去与未来、历史与现代的社会责任。异彩纷呈的外展，也带来了国外关于展览的新理念、新方法，以及新的管理模式，为河南的博物馆事业注入了新的活力，并增强了河南博物院馆与国内外其他博物馆之间的交流合作。

展览中除了一次性展出之外，有些还采取了同一主题的展览到多个地方巡展的方式，扩大受众数量，从而发挥更大的社会效益。比如，1994年河南省文物局主办的“百狗文物展”先后在比利时、日本、韩国展出，1998~1999年省文物局主办的“大黄河文明展”先后在日本东京、福冈、京都等地展出，1998~1999年国家文物局主办的“中国五千年文明展”先后在美国、西班牙巡展，1999年省文物局主办的“河南唐三彩展”先后在日本名古屋等6个城市及美国巡展等。同一主题、历时最长、巡展国家和地区最多的展览是“中国汉字巡展”。这个展览最早可以追溯到2011年，当时为配合第二届“联合国中文语言日”在联合国官方驻地之一奥地利维也纳举办的“中国文字图片展”，同年在中国台湾有“汉字文字图片展”。2013 年在加拿大有“中国文字图片展”。从 2014 年 1 月赴尼泊尔开始称为“中国汉字巡展”，5~11 月在德国，6 月在法国，7 月在日本，8 月在中国台湾，9 月在韩国，10 月在中国澳门、泰国，12 月在斯里兰卡；2015 年 2 月在马来西亚、新加坡、南非、毛里求斯、俄罗斯、韩国；2016 年 1 月在印度、孟加拉国，2 月在英国；2017 年 1~2 月在秘鲁、阿根廷，5 月在老挝、柬埔寨。2019 年 8~9 月，新的“中国文字丝路行——汉字国际巡展”在法国巴黎、里昂和匈牙利布达佩斯开幕。汉字承载了中华民族的文明与智慧，以汉字为主题的展览，为公众开启了一个以汉字为桥了解中国的窗口，公众在神奇的汉字之旅中进一步感知中国的悠久古老、繁荣发展和日新月异的现在。

三　河南文物外展（出国出境展览）的发展态势

河南文物外展已取得令人瞩目的成就，其桥梁和纽带作用日益凸显，除了积极借助国家相关机构和平台，还与省相关部门主动加强与外国政府和民间文化组织的合作分不开。比如，2012 年河南省文物局与瑞典世界文化博物馆共同签署了时效五年的《中国河南省文物局与瑞典世界文化博物馆合作协议》等。目前，河南文物外展已经形成全方位、多层次、宽领域的发展格局。

越来越多的河南文物及地区院馆参与到文物外展活动中。20 世纪 80、90 年代的大多数外展都是在国家主导下联合全国文物资源开展的，记载中河南文物参与的程度并不普遍。比如，1982 年赴日本大阪的《中国古代书画展》，河南仅周口淮阳博物馆藏《王铎行书中堂》参展；1992 年赴新加坡“中国唐代丝绸之路展”，记载中只有三门峡的文物参展；1994 年赴新加坡的“宋元辽金明文物展”中也只有三门峡灵宝市的珍贵造型文物参展。20 世纪末期，随着外展数量增多，越来越多的河南文物及地区院馆参与到文物外展活动中。至 2010 年在意大利举办的“秦汉—罗马文明展”，是集合全国文物资源并联合意大利相关文物举办的外展，共展出中意两国文物489件（组），其中中方211件（组），河南省6家文博单位23件文物参展。2012～2013年在中国台湾举办的“商王武丁——殷商盛世文化艺术特展”，则整合了殷墟文物中国社会科学院考古研究所117件（组）、河南博物院8件（组）、中国台湾153件（组）、加拿大1件（组）、苏格兰1件（组）联合展出。

河南相关机构越来越积极主动，组织的外展数量呈逐年上升趋势。明确记载是省相关机构主办的展览，在1998年以前屈指可数。仅见1993年赴丹麦的“华夏帝王展”和1994年赴比利时、日本、韩国巡展的“百狗文物展”。1998年以后省相关机构主办的外展数量增长很快，除了2000年、2001年、2003年，其余每年都有。甚至有时省相关机构主办的外展数量超过参与国家相关机构主办的外展数量。1998年当年，就有“中国文化大展——河南文物展”“大黄河文明展”“武则天及其时代”“中国洛阳文物名品展”等4个省相关机构主办的外展，而参与国家相关机构组织的外展则仅有赴美国的“中国五千年文明展”一个展览。2010～2013年连续四年省主办的外展数量等于或超过国家相关机构主办的外展。

河南相关机构组织的外展往往会充分整合全省文物资源，甚至联合其他省份及国外相关机构的文物共同组展。比如，1998～1999年河南省文物局联合山西省文物局、陕西省文物局，共同赴日本举办“武则天及其时代”；2010～2011年，省文物局历时三年筹备荟萃全省181件（组）文物精品，赴日本举办“华夏文明之源——河南文物珍宝展”。2015～2016年河南省文物局联合瑞典世界文化博物馆共同主办，在斯德哥尔摩远东博物馆举办了“洛阳·丝绸之路上的大都会——唐代文明展”，以洛阳出土文物为主，调集了洛阳博物馆、龙门石窟等省内多个院馆所藏唐代文物精品149件（组）。2015～2016年河南省文物局联合台北历史博物馆在台湾举办了“盛世风华——洛阳唐三彩特展”，河南博物院、河南省文物考古研究院、洛阳博物馆、巩义博物馆等多家院馆所藏60件唐三彩与台北历史博物馆所藏60件唐三彩合璧展出，共同展现唐三彩的精湛工艺和唐代的盛世风华。

文物外展的主题越来越多样化。早期的文物外展多是综合性的。比如1992年巡展18个国家的“永恒的中国”，1993年赴丹麦的“东方文明瑰宝展”，1995年赴德国的“中国古代珍宝展”，1999年赴美国、西班牙的“中国五千年文明展”，等等。1998年以后随着省相关机构主办外展数量的快速增长，除了综合性的外展之外，外展的主题和形式趋向多样化。1998年以前也有书画、帝王等专题展览，只是数量比较少，比如1982年赴日本的“中国古代书画展”，1993年赴澳大利亚的“帝王中国”，1994年赴比利时、日本、韩国巡展的“百狗文物展”等。1998年后主题更加细化且丰富多彩，除了上文述及的大规模汉字巡展之外，还涉及个别帝王、城市、宗教、陶瓷等等。

单个帝王仅涉及武则天，是1998~1999年赴日本的“武则天及其时代”。单个城市仅涉及洛阳的，有1998年赴韩国的“中国洛阳文物名品展”，2014年赴法国的“洛阳·丝绸之路与大运河交汇的城市”，2015~2016年赴瑞典的“洛阳·丝绸之路上的大都会——唐代文明展”等。宗教涉及道教、佛教和密教，道教有2000年赴美国的“道教与中国艺术”以及2015年洛阳关林关公圣像赴台巡游；佛教有2008年赴墨西哥的“佛教慈悲女神——中国古代观音菩萨造像艺术展”和2019年赴中国台湾的“龙门佛光——河南佛教艺术展”；密教则是2005年赴日本的“古密教——日本密教的萌生”。陶瓷器涉及唐三彩、青瓷和彩陶。唐三彩出展最多，如2004~2005年赴日本多地巡展的“洛阳之梦——唐三彩展”，2008年赴日本的“黄冶唐三彩窑的考古新发现展”，2013年赴中国澳门的“盛唐回忆——洛阳唐三彩珍品展”，2015~2016年赴中国台湾的“盛世风华——洛阳唐三彩特展”，2017~2018年赴波兰的“洛阳唐三彩艺术展”等。青瓷主要是汝窑，如2005年赴韩国的“青瓷的形与色——世界青瓷展”，2006年赴中国台湾的“河南汝瓷特展”，2009~2010年赴日本的“北宋汝窑青瓷——河南考古发掘成果展”。彩陶是2010年赴瑞典的“首届仰韶彩陶文化展”。

以某一历史时期为主题的展览也有很多。先秦时期有2010年赴日本的“河南旧石器图片展”，2007年赴中国香港的“礼仪之邦——夏商周社会生活文物展”，2012～2013 年赴中国台湾的“商王武丁与后妇好——殷商盛世文化艺术特展”；汉唐时期有 2010 年赴意大利的“秦汉——罗马文明展”，2017 年赴美国的“秦汉文明展”，2014 年赴法国的“中国汉代文物精品展”，2015 年赴香港的“汉武盛世”，2015～2016 年赴意大利的“汉唐中原——河南文物精品展”，2004 年赴美国的“走向盛唐”，2006 年赴希腊的“唐代艺术展”。日本民众最喜欢三国时代，分别于 2008～2009 年、2019～2020 年赴日本举办“大三国志展”和“日中文化交流协定缔结 40 周年纪念特别展——三国志展”。

外展还有以音乐、青铜器、玉器、兵器、建筑明器、木版年画等文物为主题的。关于音乐的，如 2017～2018 年赴美国的“中原古代音乐文物瑰宝——来自河南博物院的远古和声展”。关于青铜器的，如 2005～2006 年赴澳大利亚的“中国早期青铜器文物展”，2013 年赴瑞典的“黄河流域王室与诸侯——中国河南青铜文明展”。关于玉器的，如 2017 年赴中国台湾的“玉意深远——中原古代玉器文化展”。关于兵器的，如 2006 年赴中国澳门的“钢铁文化展——东亚古兵器展”。关于建筑明器的，如 2007～2008 年赴比利时的“中国屋檐下——来自河南博物院的古代建筑明器展”。关于动物造型艺术的，如 2004 年赴比利时的“中国古代动物艺术——来自河南博物院的珍宝展”，2008 年赴中国香港的“中国马文化展”，2016 年赴加拿大的“十二生肖迎新春”。关于木版年画的，如 2012～2013 年赴中国台湾“开封朱仙镇木版年画特展”，2015 年赴加拿大的“文化中国·魅力河南——河南木版年画展”。

四　河南文物外展（出国出境展览）实践中存在的不足

众所周知，要做好外展，除了需要种类丰富、数量庞大且高级别的文物资源作为基础，以及获得领导的大力支持和各个博物馆的积极配合之外，展览还需要有相当的影响力以吸引国际博物馆界的关注和出展地民众的兴趣，需要一个认真负责且符合国际通用工作习惯的专业团队以圆满完成外展各项工作。总体上看，近年来河南文物外展事业取得了较大的成绩且发展态势良好，但在实践中仍存在着诸多不足。

首先是文物外展精品工程、外展品牌比较少。品牌是有形资产和无形资产的统一，是文化软实力的重要体现，外展品牌往往具有突出代表性并得到广大观众的普遍认同，从而成为出展地区的文化标识，进而产生强大的影响力。比如，同样是文物大省的陕西，文物外展最多的无疑是早已成为世界品牌蜚声海外的“秦兵马俑”，不仅是陕西也是中国对外文化交流的“国家名片”。近几年，陕西更是积极响应“一带一路”国家倡议，推出不少丝路主题的外展，让“西安——丝绸之路的起点”被越来越多的人熟知。就连国家主席习近平也不止一次说过：“我的家乡中国陕西省，就位于古丝绸之路的起点”，“要看千年的中国去西安”。洛阳也是丝绸之路的起点城市，而且还是两大世界文化遗产“丝绸之路”和“大运河”交会的城市，同时也是与西安齐名的古都，文化积淀深厚，文化资源极其丰富，也培育出了唐三彩展、汝瓷展等有一定知名度的外展，但像秦兵马俑展一样有强大号召力的外展品牌还没有。推及河南省，近年来“中国汉字巡展”影响很大，俨然成为河南文物外展的第一品牌。我们有必要继续挖掘文物资源及其背后的故事，塑造出更多的外展精品工程、外展品牌，以“中原故事　国际表达”来更好地展现中原文化及中华文明的多样面貌，更好地讲好中原故事、传播中原文化。

其次是文物和平台资源的整合力度均有待加强。文物资源分散收藏在省内各文博单位，灵蛇之珠、荆山之玉各有所在。外展主题确立之后，只有充分调动、整合全省文物资源联合办展，才能真正发挥河南文物的整体优势。河南文物外展目前存在的形式比较单一、赴发达国家办展多而赴发展中国家办展少等现状，均与平台建设及利用不充分不无关系。省内专业从事文物对外交流的机构只有省文物交流中心一家，力量相对薄弱。一方面，需要加强建设专业交流机构，并加强外事人才的培养，以提高文物对外交流工作的专业水平和综合实力。另一方面，需要继续加强与中国文物交流中心、其他省份文物交流中心等专业机构合作的同时，加强与海外中国文化中心和孔子学院等机构的合作，以多形式、多层次、多渠道开展文物外展，提高文物对外交流的深度和广度。在此基础上，增强文物外展的整体性和综合性，继续有序开展对发达国家和地区的文物外展，同时加大力度赴发展中国家举办外展，配合国家“一带一路”倡议积极推进与中亚、西亚及中东欧诸国的文物外展合作，力求与其他文物交流项目如国际学术会议、海外流失文物追索、考古发掘及文物保护工程合作项目等结合起来，有效加强传统媒体与“互联网＋”、手机 App 等新兴媒体的融合利用，进一步推动中原文化“走出去”，提高文物传播文化的能力。

最后是关于文物外展的记载比较零散。文物外展的记载，在 2000 年之前的《年鉴》中，都是零散地分布在综述、概况、文化交流、大事记等栏目中，且记载极其不详。比如 1991 年的文物外展的记载，仅在《年鉴》的文化交流专栏记有河南文物赴美国、加拿大、新加坡、日本等 4 国外展，其他信息则一概不记。2000 年以前，有记载的外展是 24 个，但出展国家、展览名称、主办方、文物名称及数量等信息齐全的仅有 3 个展览。2000 年以后，《年鉴》中陆续出现了文物、博物馆、特载、地市文物篇、龙门石窟篇、中国文字博物馆等专栏，关于文物外展的记载也逐渐丰富。即便如此，外展各项信息齐全的展览仍仅有 48 个，占全部外展数量的 1/3。记载中还会出现外展名称前后不一致的现象，如 2007 年《年鉴》，“河南省文化篇”记有外展“钢铁文化展”“汝瓷特展”，而“河南省文物篇”则记有“钢铁文化展——东亚古兵器展”“河南汝瓷特展”，“河南省文物篇”前后记有“古中原王朝秘宝展”和“古中原王朝密宝展”。仔细甄别后发现，这些仅仅是表述的差异，指的其实是同一个展览，而这样的情况不胜枚举。这种情况一方面说明外展记载缺乏严谨性和标准化，同时也说明外展后的档案整理工作尚未受到足够重视。

五　河南文物外展（出国出境展览）实践展望

2018 年中共中央办公厅、国务院办公厅印发了《关于加强文物保护利用改革的若干意见》，强调文物保护的同时，也要“大力推进文物合理利用”。这是对包括文物外展在内的中国文物行业的政策支持。河南是名副其实的文物资源大省，多年来在文物外展方面也已积累不少成功经验，河南应抓住机遇，进一步深化河南省文物对外合作交流。积极打造河南文物外展精品工程，依托国家海外文物机构和海外文化阵地，搭建多层次、机制性的文物交流合作平台，努力讲好中原故事，传播中原文化，增强中原文化国际影响力。

在服务大局中扩大对外文物交流合作，提升中原文化影响力。河南历来积极参与国家相关部门组织的文物外展活动。《关于加强文物保护利用改革的若干意见》指出，要深化“一带一路”文物交流合作。文物大省河南理应抓住机遇，以“一带一路”建设为引领，积极参与国家重大对外文化交流项目，主动融入“一带一路”倡议建设，不断扩大文物对外交流与合作。要充分利用馆藏文物资源优势，积极实践“互联网＋中华文明”行动计划，借助各种文化交流平台拓宽文物对外展示渠道、扩大对外文化交流、提升文化影响力，推动中原文化走出去。不仅让郑欧班列奔波于“一带一路”，随着“郑州—卢森堡空中丝绸之路”建设的推进，还要让文物交流也活跃在“一带一路”。近年来除了积极参与国家相关部门组织的以“一带一路”为主题的文物外展赴希腊、坦桑尼亚、土耳其、拉脱维亚、塞浦路斯、立陶宛、摩洛哥等20余国展出，河南也已经增加了在“一带一路”沿线国家的文物外展数量，文物对外交流遍布“一带一路”沿线国家及地区。比如，仅2018年，河南文物就赴土库曼斯坦举办了“丝绸之路上的文化遗产”展，赴沙特阿拉伯举办了“华夏瑰宝展”，赴波兰举办了“河南唐三彩艺术展”，赴卢森堡举办了“河南文物珍宝展”等多个展览。还曾赴立陶宛举办“丝路瑰宝展”，赴卢森堡举办“华夏文明之源——河南文物精品展”等，为“一带一路”文化建设提供了坚实的支撑。

在如何利用文物讲好中原故事上下功夫。作为中原文化乃至中国文化的一张名片，文物外展在给河南带来机遇的同时也提出了巨大挑战。如何透过文物这种特殊的文化符号，更好地展现中原文化及中华文明的多样面貌，如何利用文物展览讲好中原故事、传播好中原文化，是我们必须认真思考的问题。以在日本东京国立博物馆举办的“日中文化交流协定缔结40周年纪念特别展——三国志展”为例。这次展览是继2008年“大三国志展”在日本全国巡展之后的又一次以“三国”为主题的大型展览，在如何呈现一个“真实的三国志”上可谓煞费苦心。东京国立博物馆在官网上写道：“实物所具有的说服力，远远超越于各种史书和演绎。”展览依托汉至三国时代的文物及最新研究成果，但又没有止步于向观众展现这些文物的艺术价值，而是以与曹操、刘备、孙权等家喻户晓的三国时代人物相关的文物为线索，充分运用多样化的展示手法，比如在展厅内部以实际尺寸再现“曹操高陵”墓室，在展厅内以“赤壁之战”等水上战役为背景展示出万千竿箭飞舞于空中的姿态等，向观众系统呈现出历经时光沉淀而内涵更为深厚、魅力更加彰显的庞大三国文化体系，不仅有助于观众理解三国文化的精髓，同样有助于参观者理解历史对现代社会文化的深刻影响。这种讲故事的方式、讲故事的能力，都值得好好学习。

加强文物对外交流专业机构的建设。在加强省文物交流中心建设的同时，建议组建河南文物外展中心，旨在总结过往经验，并更好地服务于未来的文物外展事业，努力构建河南文物外展更专业高效的平台。已有地区做了先行者，据报道，陕西文物外展中心已于2019年10月24日在陕西历史博物馆正式挂牌。专业机构的强化有助于更好地推进外展的模式化，便于出展文物多次重复利用，一方面有利于降低文物损耗，同时也能节约开支，是一举多得且节能环保的举措。另一方面专业机构的强化无疑有助于外展水平的提高，有助于让河南文物外展成为中原文化乃至中国文化对外宣传的金字招牌和世界各国民众认识中国的重要窗口，为弘扬中国传统文化，服务国家外交大局，做出积极贡献。

习近平总书记指出：“文明因交流而多彩，文明因互鉴而丰富。文明交流互鉴，是推动人类文明进步和世界和平发展的重要动力。”河南文物外展作为中原乃至中国对外文化交流的重要组成部分，已成为国家与国家之间、

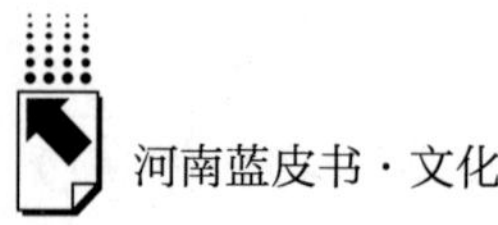

人民与人民之间交流互鉴的桥梁和见证。新时期，河南文物外展必将继往开来，在守护传承好历史文化遗产的同时，以更宽广的国际视野传播弘扬中原文化和中华文明，不断谱写文明交流互鉴的新篇章，为河南在“一带一路”建设中走向更加广阔的国际舞台做出新贡献。

B.14 2019年河南小说发展态势分析

郭海荣*

摘　要： 2019年，随着河南文化建设的不断推进，河南小说创作持续发力、稳步推进，创作出一定数量的优秀作品。文学活动开展得有声有色，更摘得茅盾文学奖，成为获得茅盾文学奖最多的省份。但2019年河南小说创作整体而言存在作品数量与文学豫军方阵不相匹配、作品内容与时代发展存在差距等问题。因此，要通过推动小说创作人才队伍及文学评论人才队伍建设，有力推动河南小说的持续繁荣发展。

关键词： 河南　小说创作　人才建设

2019年以来，河南小说创作继续稳步发展。在习近平《在文艺工作座谈会上的讲话》及十九届四中全会关于“坚持和完善繁荣发展社会主义先进文化”精神的指引下，河南小说创作持续发力，不断推出新作力作、积极推动各类文学活动、扶持年轻作家快速成长，为河南小说的健康发展打下坚实基础。

一　河南小说发展现状

（一）新作力作不断

2019年，河南作家坚持以习近平总书记关于文艺创作的一系列讲话精

* 郭海荣，河南省社会科学院文学研究所助理研究员，研究方向为现当代文学。

神为指引，坚持以人民为中心的创作导向，创作出一批优秀文学作品。长篇小说方面，南飞雁的《省府前街》可以称得上是年度佳作。《省府前街》于2019年3月由河南文艺出版社出版，它以开封的省府前街为中心搭建小说的空间结构，以沈奕雯的20年人生过往作为时间轴线，将20世纪30年代到50年代发生的重大历史事件和这一时期活跃在中原大地的重要政治力量进行编织，搭建起以历史人物为依托的故事框架。小说还通过“书信”和“日常”两种叙事、两种语感来搭建不同的时空故事，从而寻求“在历史背景和时代意蕴上实现对话的意义”[①]。将新中国建设者和逃至海外的异乡人两条线索用复调的结构呈现出来，使文本呈现出一种别样的魅力。南飞雁用数年时间查阅资料，对人物进行细致勾画描摹，从而使作品有很深的历史厚重感，因而“格局虽然很大，但笔墨集中，处理灵巧，在书信、诗词、烹饪等细节方面都进行了深入考究，对人情世故的细致体察，继承了中国古典小说的创作传统。此外，叙事严密准确，作者影视编剧的经验，使得在情节设置和人物塑造上更为准确到位”[②]。作为一名青年作家，南飞雁对青春的理解与当下的青年读者有天然的通识，他将70年前为家国浴血奋战的那群青年人身上的青春性与70年后青年身上的青春性接续起来，以时代的眼光对历史进行了更为“青春”的表达和阐释，使当下的青年读者更易理解那段艰辛岁月。由于作者的出色表达，这一部庆祝中华人民共和国成立70周年的献礼之作，在出版后不久就入选了2018年中原文艺精品创作工程。孟宪明的《三十六声枪响》也是一部向新中国成立70周年献礼的作品。他以民间英雄王二小的英雄事迹为依据，以三十六声枪响推动故事发展，描写中国普通百姓怎么样从被动卷入战争到主动参与反抗侵略、王二小如何从一个普通的放牛娃成长为抗日小英雄的过程。抗日英雄王二小的故事历来是进行爱国主义教育的重要素材，《王二小的故事》教育了一代代小学生，经典歌曲《歌唱二小放牛郎》更是广为传唱。这部作品以时代的视角对抗战时期

① http：//www.sohu.com/a/315026651_ 475768。

② http：//www.sohu.com/a/315026651_ 475768。

普通民众的内心世界进行解读，力图建立抗战英雄与当代读者间的情感联系，发掘王二小这一抗战英雄的现实价值。此外，安庆的《镇》、张小莉的《轩辕黄帝》、钱良营的《老街坊》也是值得关注的年度长篇小说。

中短篇小说一直是河南作家的强项，李佩甫等老一代作家，邵丽、乔叶等中生代作家多年来一直保持着质、量齐优的创作水平。李佩甫的中篇小说《杏的眼》（《小说月报》2019 年第 1 期）对人性有了更深一层的拷问。偏僻的傅夏祁村出了两个"人物"，一个是参军退伍后机缘巧合成了车管所所长的祁小元，另一个是高考失利四处流浪的夏保生。处在时代骤变的洪流里，各种利益纠纷下的人性显得格外的复杂，人们很难用简单的好坏来界定。作为车管所所长，祁小元有意无意地滥用职权，却使一个村子的青壮劳力因为他的"条子"改变了命运，他的腐败托举了傅夏祁村的发财之路，打通了村民与外界世界的阻隔，夏保生也凭借与祁小元的特殊关系，成了离权力最近的村民和最富有的村民，并"先富"带动"后富"，借机通过权力变现，带领全村走向"共同富裕"。被查后，祁小元用沉默保全了傅夏祁村民"来之不易"的小康生活。李佩甫以近似黑色幽默的故事对社会进行审视，以宽阔的历史视野对人物人性进行深刻剖析，显示出作家深厚的功底。邵丽 2019 年主要有两部中篇小说，分别是《节日》（《人民文学》2019 年第 3 期）和《天台上的父亲》（《收获》2019 年第 3 期），其中《天台上的父亲》可算 2019 年中篇小说中的佳作，作品探讨了中国传统亲子关系中"爱究竟要如何表达"的问题。患了抑郁症随时想自杀的父亲和以爱之名将他看管起来的家人，形式上的爱和呵护与内心的疲惫和疏离导致最终的伤害，"中国传统文化的亲亲之道，只构成尊卑有序的社会关系，而这种关系，只是一种服从和敬畏，而不是真正的理解、宽容和爱"①。邵丽近年的作品虽然较少，但写作技巧更为丰富且自然，颇有返璞归真之意，《天台上的父亲》发表后，迅速被《小说选刊》《新华文摘》《思南文学选刊》《长江文艺》等多家刊物转载，影响颇大。乔叶的《朵朵的星》（《人民文学》

① http://m.sohu.com/a/315808540_222496。

2019 年第 6 期）延续了她一向的风格，文字清澈温馨，将一个纯净的小姑娘与自然之美写得清新隽永，也可称得上一部佳作。此外，刘庆邦的《叶落桃园》，陈宏伟的《段小姐你好》，张运涛的《梅德财上访记》《姜三简史》，王苏辛的《猎鹰》，郑在欢的《点唱机》，小托夫的《弥留之际》等作品也颇令人瞩目。2019 年，河南作家在省内外文学刊物上发表中短篇小说 30 余篇，其中，在《人民文学》《小说月报》《收获》等重要文学期刊发表小说多篇，还有多篇小说被《新华文摘》《小说选刊》等刊物选载，取得不错的文学成绩。

网络小说近年来一直是文坛的热点，2019 年河南网络作家依旧交上一份不错的成绩表。河南籍网络作家柳下挥的新作《猎赝》刚一上架就在起点中文网获得约 9300 次的首订数，截至 2019 年 11 月，《猎赝》已创作出 32.86 万字，共获得 8.64 万起点收藏、207.28 万总推荐以及 9.84 万周推荐，该书已获得约 18 万粉丝，评分高达 9.5 分。此外，舞清影（杨艳）的《他从暖风来》也取得不错的成绩。出于多方面的考量，近年来作协等机构加大了对网络作家的培养和管理，经过多年努力和发展，网络作家的写作水平都有了显著提升。经过 20 年的发展，网络小说的世界逐步从喧嚣走向平静，创作队伍出现相对稳定化的趋势，往年那种大量“爆品”喷发的情形已不易再现。尽管如此，河南作家的网络小说创作还有很大潜力可挖，大量接受传统文学教育的年轻作家开始踏上网络文学的征途，参与到这一最有生机活力的文学世界，这必将对河南网络小说创作乃至中国网络小说创作带来积极影响。

（二）优秀作品斩获桂冠

2019 年度最引人瞩目的文坛盛事莫过于第十届茅盾文学奖的颁发。10 月 14 日，第十届茅盾文学奖揭晓，河南作家李洱凭借长篇小说《应物兄》与作家徐怀中（《牵风记》）、梁晓声（《人间世》）、陈彦（《主角》）、徐则臣（《北上》）共同摘得这项殊荣。李洱携《应物兄》斩获茅盾文学奖当属众望所归。作为中国当代颇具影响力的作家，李洱早就凭借《花腔》《石榴树上结樱桃》等作品获得国内外读者的肯定和赞誉，此后他蛰伏13年完成《应物兄》的写作，这部著作甫一面世，就受到极大关注，在学术界和读者群中产生热烈反响。在获得“茅奖”之前，已先后获得《收获》2018文学排行榜长篇小说第1名、《当代》长篇小说论坛2018年度最佳作品、新浪网2018年度排行榜第1名、《扬子江评论》年度文学排行榜第1名、《南方周末》2018年虚构作品第1名、“第十七届华语文学奖·年度杰出作家”奖等多项重要大奖。众多的奖项是对作品质量的极大肯定，正如茅盾文学奖给李洱《应物兄》的授奖词所说：“《应物兄》庞杂、繁复、渊博，形成了传统与现代、生活与知识、经验与思想、理性与抒情、严肃与欢闹相激荡的独创性小说景观，显示了力图以新的叙事语法把握浩瀚现实的探索精神。李洱对知识者精神状况的省察，体现着深切的家国情怀，最终指向对中国优秀文明传统的认同和礼敬，指向高贵真醇的君子之风。”① 这是对《应物兄》最为中肯的评价。

作为中国最重要的文学奖项，茅盾文学奖每4年评选一次，从1982年以来已经评选10次，河南籍作家共获得8次，位居全国首位。

茅盾文学奖河南籍作家获奖表

届次	作品	作家	籍贯
第一届	《东方》	魏巍	郑州
第一届	《李自成》第二卷	姚雪垠	邓州
第二届	《黄河东流去》	李准	洛阳
第六届	《英雄时代》	柳建伟	南阳
第七届	《湖光山色》	周大新	邓州
第八届	《一句顶一万句》	刘震云	延津
第九届	《生命册》	李佩甫	许昌
第十届	《应物兄》	李洱	济源

除了茅盾文学奖，还有一些省内评奖也同样值得关注。2019年5月22日，河南省委宣传部对河南省第十二届精神文明建设“五个一工程”47部

① http：//culture. people. com. cn/n1/2019/1015/c1013 -31400279. html。

（首）入选作品予以公示，南飞雁的《省府前街》、孟宪明的《三十六声枪响》、安庆的《镇》、张小莉的《轩辕黄帝》、钱良营的《老街坊》等五部长篇小说入选[①]。这五部作品都是回望中原乃至中国历史文化。对历史题材的开掘不仅反映了河南作家深厚的传统文化精神，更是他们对于社会发展、人性嬗变的重新思考，以时代的眼光回望历史，更能与当下读者形成有效共振。

（三）文学活动扎实有力

为深入贯彻落实习近平总书记关于文学文化的重要讲话精神，落实十九届四中全会提出的发展社会主义先进文化的要求，落实河南省委“加快构筑全国重要文化高地”的战略部署，河南文学界加强对本省作家，尤其是青年作家的扶持力度，加大力度组织各类文学文化活动，为文学创作提供了有力保障。

2019 年 4 月 27 日，河南省第六次青年作家创作会议在郑州召开，本次会议的主题是“深入学习贯彻习近平新时代中国特色社会主义思想和党的十九大精神，团结动员广大青年作家，深入生活、潜心创作，奏响新时代的青春之歌，开启河南文学的新篇章”[②]。通过代表发言、主题讲座、研讨交流等方式，提升青年作家的文学素养，开拓他们的文学视野。河南作协加大对会员的招收和推荐力度。2019 年，河南作家入选中国作协新会员数高达 30 人，远超此前几年的入选人数，2016 ~ 2018 年每年入选人数分别为 16 人、19 人、14 人，2019 年较 2018 年人数上涨 114%，显示出较强的发展潜力。

河南作家协会加强对作品的扶持力度。河南作家协会积极推动“2019 年度重点作品扶持项目”的实施，共征集到 133 项申报选题，最终有 35 部创作项目入选，涉及包括长篇小说、中篇小说、短篇小说、小小说、网络小

---

① http：//newpaper. dahe. cn/hnrb/html/2019 －05/22/content_ 340499. htm。

② http：//www. hnwriter. com/show/115. html。

说、诗歌、散文等11个门类。其中长篇小说2部，分别是李乃庆的《汲黯传》、班琳丽（班若）的《坐命》；中篇小说（集）5部，分别是赵大河的《撒谎的女人》、陈宏伟的《远方那么远》、曲从俊的《第五幅肖像》、罗尔豪的《村歌嘹亮》、张运涛的《收鬼记》；短篇小说集2部，分别是司玉亮（安庆）的《父亲的迷藏》、李晓琳（李小琳）的《去狐村的经历》；小小说集2部，分别是江明（江岸）的《炊烟袅袅》、王英芳（非鱼）的《一念之间》；网络文学（2部），分别是甘海晶（度寒）的《归时舒云化春雪》、杨艳（舞清影）的《他从暖风来》；青年作家专项中有4部长篇小说，包括智啊威的《山河余梦》、尚攀（九歌）的《明明如月》、郑欢欢（郑在欢）的《欢乐之旅》、卢姣姣（青颜如风）的《时间管理师》和一部短篇小说（集）李宇恒（小托夫）的《解鳞篇》。年度重点项目扶持必将提升作家的创作积极性，产生良好的社会影响。

（四）年轻人才成长迅速

近年来，河南文艺界推出一系列措施发掘培养年轻人才，经过多年发展，多位年轻作家在小说创作方面逐渐成熟，文学创作潜力较大，逐渐成为河南文坛未来发展的重要力量。南飞雁就是其中的佼佼者。作为一名“80后”，他在21岁就出版了长篇小说《冰蓝世界》，当时他大学尚未毕业。此后他又陆续出版了《大路朝天》《大学无烦恼》《梦里不知身是客》《幸福的过山车》《大瓷商》等多部长篇小说以及《红酒》《暧昧》等数十篇中短篇小说，与同龄人相比，他的作品少年老到，出手颇为不凡。经过鲁迅文学院和中国人民大学文学院创造性写作研究生班的系统培训，南飞雁的写作更趋成熟，新作《省府前街》“远观历史风云，近看世态人生，南飞雁把握故事架构和掂量人性的能力都有很大的长进”①。“90后”作家也开始崭露头角。王苏辛、尚攀、李宇恒（小托夫）、郑欢欢（郑在欢）等年轻作家很早就

① 陈晓明：《南飞雁〈省府前街〉：在历史中显现生命的奇崛》，《光明日报》2019年05月29日。

表现出扎实的文学功底，文学作品质量较好、文学生产效率较高。王苏辛自2009年开始写作以来，已经在《芙蓉》《山花》等多家刊物发表中短篇小说数十万字，并有多篇被《小说选刊》《新华闻摘》等刊物转载。在年轻一代作家中，王苏辛的创作能力被普遍认可，2015年她获得第三届紫金·人民文学之星短篇小说佳作奖，2017年被提名第十五届华语文学传媒大奖年度最具潜力新人，2017年荣登中国"90后"作家排行榜第4名，2018年12月被评为中国"90后"作家排行榜第6名。尚攀已出版《假如爱有天意》《随风而逝》等多部长篇小说，作品也多次获奖。小托夫以中短篇小说见长，其作品多次在《人民文学》《芙蓉》等高质量文学期刊发表，目前已是大益文学院签约作家。郑在欢自学成才，凭借出色的天分和不懈的努力在文学世界扎根发芽，早在2015年他就在中国作协举办的中国"90后"作家评选中位列第14名，其作品有短篇小说集《驻马店伤心故事集》，被视为文学世界里一股"野生的力量"①。通过多年发展，河南已经基本形成"70后""80后""90后"年轻作家梯队，为河南文艺事业今后的繁荣发展打下良好的人才基础。

二　河南小说发展存在的问题与不足

（一）作品数量与文学豫军方阵不相匹配

中国的小说创作近年来发展十分迅猛。仅以长篇小说来说，2010年我国国内长篇小说首次发表和出版的数量有2000余部，2013年达到4000余部，2017年首次超过10000部，成为我国发展最为迅速的文学类型之一。但与国内繁荣的文学生产相比，河南2019年度的小说创作显得过于冷清。从作品数量上看，2019年河南小说创作明显是一个"小年"。长篇小说发表数量明显偏少。名家新作缺乏，河南籍省外知名作家2019年大多没有推出新的作品，省内知名作家也缺少长篇力作，新生代作家作品也极为有限。中

① 马伯贤：《野生的力量——郑在欢〈戴花的羊〉解析》，《山东文学》（上半月），2014年第4期。

短篇小说近年来一直是河南小说创作的优势所在，但是2019年度中短篇小说的情况也并不乐观，作品数量较之往年有明显减少，除了邵丽、乔叶、李佩甫等知名作家还延续了一贯的创作水平，在高级别刊物上发表出高质量的作品，其他作家只有寥寥数篇发表在《人民文学》《小说选刊》等高水平刊物上。由于多种原因，网络小说的写作也出现下滑，多部作品被“弃更”，“爆款”减产，优秀的新作品数量也出现减少趋势。2019年度河南小说创作从数量和质量上与高峰期相比都有较大差距，也与文学豫军的整体实力不相匹配。

（二）作品内容与时代发展存在差距

在历史和现实、个人经验和集体记忆之间，以宏大的规模来构筑框架，是2019年河南长篇小说创作的主要风格。南飞雁的《省府前街》、孟宪明的《三十六声枪响》、安庆的《镇》、钱良营的《老街坊》等多部作品莫不如此。张小莉的《轩辕黄帝》等作品则深挖历史及文化传说。河南历史文化资源深厚，一向有历史小说写作的传统，再加上深厚的乡土文学底色，河南的年度小说创作底蕴深厚。但时代的发展日新月异，新时期河南正处在快速发展的时代进程中，现代化、城镇化、工业化加速推进，虽说作家们不必紧跟时代，做“命题作文”，但反映现实，探索河南人民乃至中国人民在当下巨大的社会变革和发展中形成的复杂多变的生活逻辑和精神活动，无疑是一项重大且必要的挑战。2019年虽然有《杏的眼》《天台上的父亲》等佳作，但整体数量偏少，不足以彰显文学豫军的实力。河南作家尤其是青年作家也应该将目光更多地放在当下，以更加主动、更加热情的态度来拥抱发展带来的挑战和变化，以时代的眼光来阐释社会、阐释生活，在个体与社会之间建立起更富有担当的文化联系。

（三）省外获奖偏少、省内奖项断层

2019年河南省内文学奖项出现断档，除了“五个一”评选，其他文学奖项年内都没有评选活动。南丁文学奖是河南2018年新设立的文学奖项，

旨在纪念河南文学名家南丁先生，同时奖掖后人，以“促进中原作家群创作的繁荣兴盛”①。参评人员为在世的河南省内工作生活的作家和在河南省外工作生活的河南籍作家，每年评选一次，每次仅评一人，作品不限体裁。2018 年 9 月，周大新以其长篇新作《天黑得很慢》荣获第一届南丁文学奖。但 2019 年南丁文学奖却悄然停摆，截至 11 月底，尚未传出再次评选的消息。莽原文学奖是由河南知名刊物《莽原》杂志社主办的一项纯文学奖。通常每年对年度内刊物发表的优秀作品进行评选，主要设置了长篇小说、中篇小说、短篇小说、散文随笔、非虚构作品等 5 个类别的奖项，对推动河南作家创作、提升河南文学影响力有着积极作用，但 2018 年度的评选同样迟迟没有推进。

2019 年河南作家获得的文学奖项数量偏少，虽然李洱凭借《应物兄》斩获茅盾文学奖这一重要文学奖项，但除此之外，传统的得奖大户阎连科、刘震云、邵丽等在 2019 年度集体“休养生息”，年轻一代还需成长，河南作家在国内外其他各类文学奖项上几无收获。这与年度河南小说创作数量、质量明显不足有直接关系，同时也与河南省内奖项缺乏有关。虽然作家创作并非为了得奖，但奖项无疑是作品质量的证明，同时也能对作家创作产生积极影响，2019 年度河南作家获奖数量的减少，也可以从侧面反映河南年度小说的创作成绩不佳。

三　推动河南小说稳健发展的对策建议

（一）加大小说创作人才的培养力度

“盖有非常之功，必待非常之人。”人才是文学发展的首要条件，也是推动文学繁荣的决定因素。因此要挖掘河南文学发展潜力，推动河南小说创

① https：//baike. baidu. com/item/% E5% 8D% 97% E4% B8% 81% E6% 96% 87% E5% AD% A6% E5% A5% 96/22899597？fr = aladdin。

作，必须要加大对文学人才的深度培养。

一要深挖现有作家的创作潜力，加大对现有人才的培养。通过文学讲座、论坛讨论、开班培训等方式提高青年作家的文学素养。小说是作家将价值观、人生观、世界观以个性化的方式进行的文学表达，它必然要求作家在对生活的理解、想象、感受、表达等方面具备超出常人的能力。处在信息时代的读者获得文化信息的途径大大拓宽，人们对世界的理解已并不必然需要作家作品的拓展，因而作家唯有通过不断学习，提高自己的文化素养及文学表达能力，才能碰触到读者的内心，获得读者的认可。

二是加强与高校的联系。高校学生是最大的读者群体，同时也是未来作家的摇篮。河南作家应积极与高校联系，通过讲座、授课等方式，增强年轻人对文学作品的理解，也提高年轻人参与文学事业的热情。

三是加强高校文学专业的改革。河南高校要改变“中文系不培养作家”这一观念，进一步解放思想，对标国外高校或国内知名学府，大力开展创意写作教学。美国的创意写作教学实践已进行了将近百年，“写作并非仅凭天分，而是可以教、学得会”这一理念被广泛认可，其课程安排，课程模式及培养成效均已得到证实。近年来，国内已经开始出现创意写作人才培养班，北京大学、中国人民大学等高校已经开设创意写作本科教学专业，并招收创意写作硕士（MFA），成立创意写作与文化系，成为人才培养的基地。仅中国人民大学 MFA 专业，目前已经对包括南飞雁、蒋方舟等在内的青年才俊做出辅导并产生实际效果。

（二）加强文学评论人才的队伍建设

小说评论对小说创作的推动规范和繁荣发展的作用是不言自明的。在河南，文学评论队伍曾经是一支在国内文学界具有相当有影响力的团队，孙荪、单占生、鲁枢元、刘思谦、耿占春、王鸿生、何向阳、何弘、孙先科等一大批文学评论名家曾经对河南的小说创作产生过重要的积极的影响。但是由于种种原因，目前走出省外的评论家已经超过一半，留守省内的知名评论家很多以届高龄，精力多有所不逮，虽然文学评论不以退休与否为界，但是年龄的增长及文学理论的保守必然会影响这些中老年评论家对新生代作家作品的理解和把握，尤其是对网络文学的评论、关注和剖析。青年评论家们虽然天然地从精神上与年轻作家亲近，但从数量和质量上与上一代评论家相比较为落后。从质量上来说，他们尚未跟上前辈们的步伐，没有出现在评论界有较大影响、较高声誉的青年评论人才；从数量上说，没有形成在国内有影响力的评论人才队伍，虽然近年来刘宏志、刘军、杨文臣、孔会侠等人在省内的影响力不断攀升，但与文学发展较好的其他省份相比，文学评论队伍仍然有所欠缺，需要不断地充实与加强。在这方面，浙江文学发展的经验可作借鉴。近年来，浙江地区的网络文学异军突起，迅速成为中国网络文学创作、改编及市场化、游戏化的重镇，这和浙江文学批评队伍和批评组织有着密切关系。早在 2007 年，杭州评论界就成立了类型文学创作委员会，这是中国首个与网络文学、类型文学有关的组织，此举被视为“打破常规的文学秩序，重建活跃健康的文学主体，以达到最终对文学性的追求”[①]，并迅速吸引了沧月、南派三叔、曹三公子等网络文学名家加入。2014 年 1 月，浙江又率先成立了网络作家协会等，包括夏烈在内的青年网络文学评论家大力开展网络文学批评活动，很多大神级的类型小说家、编剧在浙江成长或落户，极大地刺激了当地类型小说的创作发展。因此，河南要充分利用河南高校、社科院、作协及其他文学研究机构的文学研究人才，利用好《莽原》《奔流》《大观》《牡丹》等文学刊物及《中州学刊》《郑州大学学报》《河南大学学报》等学术期刊，积极参与河南小说创作的进程，做好河南文学创作的引导者和推动者。

① https://baike.baidu.com/item/杭州市作家协会类型文学创作委员会/7824915?fr=aladdin。

B.15 2019年河南诗歌散文发展报告

靳瑞霞*

摘　要： 2019年以河南诗歌学会为主要依托，河南在诗歌作品的发表及出版方面新作不断；诗会、朗诵会、研讨会等持续进行；更有诗人诗作在全国获得相关奖项。同时，散文及散文诗的发展以河南省散文学会和河南省散文诗学会为主要依托，河南在相关作品的发表与出版、相关作品朗诵会、相关文学赛事的参与上，也都有所展现。紧扣时代脉搏，遵循文体自身的发展规律，河南的诗歌和散文有最广泛的民间基础，发展态势良好。总体来说，较之2018年，河南文学显得沉静了不少。但是，文学创作与生产是一个周期性相对较长的过程，本时段的沉潜预示着下一年度更好更快的发展。

关键词： 河南　诗歌　散文

2014年10月15日，习近平召开文艺座谈会并就文艺发展做了重要讲话。2019年10月恰逢文艺座谈会讲话发表5周年。5年来，河南的文学事业获得了蓬勃发展。继2018年女诗人杜涯凭作品《落日与朝霞》获得鲁迅文学奖之后，2019年李洱凭《应物兄》又众望所归地拿到了茅盾文学奖。

---

* 靳瑞霞，河南省社会科学院文学研究所助理研究员，研究方向为文艺学。

2019 年 4 月 1 日，河南省第八次文代会召开，会议指出，在习近平新时代中国特色社会主义思想和党的十九大精神指导下，全省广大文艺工作者必须用新思想引领创作实践，用高标准的创作产出优秀作品，唱响新时代，为新时代中国特色社会主义事业发展，凝聚共识、培根铸魂。在习近平文艺思想引领下，在省第八届文代会指导下，河南的 2019 年的诗歌散文也获得了有声有色的发展。

一 2019年河南诗歌散文发展现状

（一）新作出版与发表层次丰富

诗歌的发表以及诗集的出版方面，河南诗歌 2019 年的表现甚是亮眼。河南省诗歌学会会长张鲜明近一年创作新闻诗和超现实主义诗歌 160 多首，刊发于《上海诗人》《天津诗人》《诗选刊》等重要文学杂志。2019 年 8 月其诗作《想跟你谈谈秋天的感受》收入《2018 年中国新诗排行榜》。同月，其诗歌《猫头鹰的举报》被译成日文，发表在日本文学杂志《小说导热体》2019 年第 2 期。2019 年第 11 期的《延河》以专辑形式推出张鲜明梦幻新作《倒立》30 篇，并配发著名文学评论家耿占春的评论文章。河南著名文学批评家耿占春 2019 年 4 月出版诗集《我发现自己竟这样脆弱》。这是耿占春的首部诗集，时间跨度达 30 年。其内容包括四个小辑。呈现出批评话语与诗歌话语在个体身上的裂变与统一。河南诗人张晓雪 2019 年也较为高产，在《诗刊》《十月》《上海文学》《星星诗刊》《清明》等重要诗刊发表《恋情》《云过屋脊》《丝路古驿上的漫歌》《诗记兰草》《秘密的叙事与插图》等多首诗歌力作。诗人萍子 2019 年在《大观》《天津诗人》《奔流》《河南日报》等发表多首组诗，并出版诗画集《迎春》。

2019 年 1 月，诗人田君的诗集《中年》由四川民族出版社出版。长诗《长淮简史》入选“2019 年度中国作协定点深入生活项目”。组诗《月亏月盈》入选《大地上的灯盏——中国作家网精品文选 2018》。

诗人柳歌 2019 年发表了《无名烈士墓》《致祖国》等多首诗歌，其诗作《下雪的情人节》《致敦敦》两首入选北塔主编的《中国诗选》2019 卷。诗人小葱 2019 年在《诗刊》《江南诗》《广西文学》《诗林》《草堂》等诗刊发表多首优秀组诗，部分诗作入选《好诗记》等多本诗集。

诗集编辑与出版方面，2019 年 4 月，杜道珍、徐道胜主编的《白河诗丛》在中州古籍出版社出版，收录了河南南阳籍 112 位诗人的 243 首诗歌作品。2019 年 7 月刘静沙、宋石峰主编的《中国新诗评论读本（第一辑）》由大象出版社出版发行。该书被誉为“诗歌研究的重要文本，诗歌创作的经典教程”。9 月 10 日，开封市作协在诗云书社举办开封作家纳兰诗集《纸上音阶》研讨会。其诗集《纸上音阶》于 2019 年 8 月出版。《天津诗人》2019 冬之卷《中国诗选·河南诗歌档案》专刊于 2019 年 12 月出版。

散文方面，散文名家王剑冰自 2018 年年末，在《中国作家》期刊上连载了非虚构文学作品《生命的重量》，对河南著名道德模范谢延信的故事进行了精心叙述；2019 年着手著作《文学的视角》的撰写。2019 年年初，“80 后”作家寇洵的散文集《风过龙门》出版。2019 年 2 月，作家梦情散文集《愿人生光芒万丈》在郑州市精神文明建设“五个一工程”评选中被评为郑州市第二十届文学艺术优秀成果奖，其励志文集“成长三曲部”之三《许幸福一树花开》又出版发行，并举行新书首发式。周口女作家叶灵在《文艺报》发表《旱塬的记忆》《不曾湮没的辉煌》等多篇散文。2019 年 9 月 30 日，第十届（2019 年）新月文学奖评奖工作顺利结束，获奖名单出炉，河南省散文女作家阿慧《一滴水的镜像》获一等奖。

（二）相关文学活动活泼多样

在诗歌相关的对外交流方面，河南省诗歌学会组织策划作用明显。中

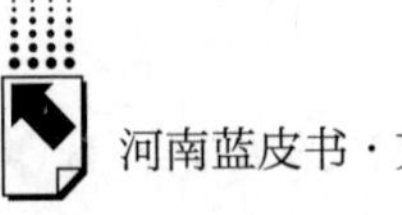

国作家协会举办“到人民中间去”职业道德教育和文学服务实践活动专题培训班，省诗歌学会会长张鲜明作为河南省作家代表团领队积极参与，其间与来自全国的诗人、作家进行了深度交流。另外还组织和参与《河南日报》庆祝中华人民共和国成立70周年大型诗歌专版的策划、“走进郑州航空港实验区河南文艺界创作采风”活动、许昌第十三届三国文化旅游周、诗刊社在三门峡举办的“全国刊物主编恳谈会”、苏州“香雪海诗会”等省内外诗歌笔会活动，以及省内外大型诗歌创作笔会、朗诵会、探讨会、论坛等共计20余次。省诗歌学会还积极参与组织和支持包括巩义杜甫诗歌节、三门峡白天鹅诗会、灵宝苹果花节诗会、中秋诗会、大河诗会在内的重要的诗会活动，在全省范围内不断扩大诗歌的影响。另外，2019年省内诗歌大赛也热烈地举办。诸如2019第六届“诗兴开封”国际诗歌大赛，第五届“中国诗河　鹤壁”诗歌大赛，等等。2014年9月，鹤壁淇河被中国诗歌学会命名为“中国诗河”，诗歌正成为鹤壁的一张文化名片，融入地市的文化建设。

散文方面，2019年7月9日至10日，在2019年河南省散文学会年会暨鲁山采风活动举办期间，散文学会年会热烈召开，参与者众。“河南省散文学会创作基地”也趁此机会正式落户鲁山阿婆寨景区。另外，7月28日，在河南省商城县国有黄柏山林场召开了以“山水传统与当代散文”为主题的散文论坛。本次论坛以“黄柏山精神”宣讲及黄柏山征文大赛颁奖活动为契机，举办了以散文为主题的交流研讨活动。一批包括散文批评家、高校研究人员、散文作家、媒体记者等在内的众多文学界同仁以散文为对象进行了研讨。信阳本土作家及相关人员也与会建言，四个议题分别是“山水传统与当代散文”“信阳本土散文写作”“当下散文写作的现状”“征文获奖作品的特色”，各位作家评论家对散文的发展源流与趋势进行了分析。就自然生态的保护以及生态文学的可能性，有作家做了专题发言。散文家艾云、鱼禾、杨永康、杨瑛等人，批评家刘军、耿立、吕东亮等人，围绕着不同的主题展开专题性论述。在当下语境中，专业散文论坛较为少见，此次黄柏山散文论坛的召开更让人尊重。论坛不仅凝聚了当下散文不同的力量，而且以专题论坛的创新形式为当代散文话语场的建构注入一种活力。

在散文朗诵会方面，2019 年 7 月 28 日，知名作家刘先琴作品朗诵会举行。朗诵家们深情诵读了其散文《今生有缘》《喊妈回家》《淅川大声》等作品。文字的温度和力量通过声音传递到现场每个参与的听众心中。

散文诗方面，2019 年 10 月 28 日至 30 日，河南省散文诗学会第九届年会，在鹤壁市古村西顶小镇召开。全省 60 余名散文诗作家参加了本次年度盛会。会议颁发了河南省散文诗学会首届优秀成果奖（2015 ~ 2018）。马东旭、范恪劼、孟令波、霍楠楠、庞娟、张娜 6 人获奖。2019 年，河南散文诗作家和写手写作状态热情度饱满。河南散文诗方阵在全国的影响力不断增强，河南散文诗作家在全国产生影响的越来越多。本次年会所产生的相关作品，河南省散文诗学会主办的会刊《中原散文诗》也将以专辑形式刊发，并拟将所有笔会作品结集出版。

二　诗歌散文发展的特点

（一）诗歌人才队伍建设得力

在人才建设上，省诗歌学会做出了许多卓有成效的努力。首先是为诗歌作品提供发表和交流的刊物或版块等平台。为了扩大河南诗歌队伍的影响，省诗歌学会顾问、著名文艺批评家耿占春，省诗歌学会副会长单占生、李霞、杨吉哲、邓万鹏、张晓雪，省诗歌学会理事夏汉、王东东等，凭借其在全国诗坛的影响，利用一切平台和机会推荐河南诗人及其作品，为河南诗人走向全国做出了积极贡献。河南省的文学和诗歌阵地，如诗歌学会副会长、《莽原》杂志社副主编张晓雪主持的诗歌版块、诗歌学会名誉会长高旭旺主编的《大河诗歌》、副会长杨炳麟主编的《河南诗人》、理事宋石峰主编的《诗评媒》等，大量刊发河南诗人和诗歌爱好者的诗作，组织诗歌培训，进行理论指导，为河南诗歌的繁荣做出了贡献。

其次是注重宣传，营造整体氛围。省诗歌学会配合中国诗歌学会在河南建立了多个中国诗歌之乡，配合《诗刊》社以及中国诗歌万里行组委会在河南举办诗歌活动。另外还在全省建立了多个诗歌学会创作基地，在郑州瓦库文化传播股份有限公司建立“诗人驿站”，开辟“诗人小屋”。仅在2019年就建立了河南省诗歌学会商丘创作基地和河南省诗歌学会新疆天基创作基地。在平台建设上，河南诗歌走在了河南文学的前列，为河南诗歌人才的持续增值增量提供了有力支撑。

在省诗歌学会努力下，河南诗歌生态良好，优秀诗人不断涌现。2018年，杜涯继马新朝之后获得第七届鲁迅文学奖诗歌奖即是明证。据不完全统计，张鲜明、冯杰、高金光、高旭旺、孔祥敬、马海盈、吴元成、蓝蓝、萍子、温青、田君、琳子、单占生、李霞、青青、尹聿等人近年来分别获得了十月诗歌奖、杜甫文学奖、河南省“五个一工程”奖、河南省第六届文学艺术优秀成果奖、曹植诗歌奖、莽原文学奖、大河诗歌奖等。诗人张晓雪继2015年获鲁藜诗歌奖之后，2019年再次获得第二十八届全国鲁藜诗歌奖；2019年1月，诗人畝儿的组诗《悲伤是棉质的》在西南大学中国新诗研究所《中国诗界》诗刊主办的“和平崛起·改革开放四十周年全国文学创作大赛”中获得现代诗歌银奖；2019年9月，田万里荣获第七届白天鹅诗歌奖特别荣誉奖。诗人小葱的诗集《青葱》获第二十八届“东丽杯”鲁藜诗歌评选一等奖，其本人获突围诗会“新世纪中国十大先锋诗人奖”。这些佳作和奖项的无疑都是人才建设的效果最佳呈现。

（二）诗会品牌建设卓有成效

2019年8月16日至19日，由河南省作协、河南省诗歌学会、商丘市委宣传部联合主办的河南省第22届黄河诗会在商丘举行。黄河诗会自1986年首届诗会举办以来，在河南省政府和河南省作协的领导和精心扶持下，在河南省诗歌学会的高度重视和全力筹办下，在河南诗歌届的积极拥护热情参与下，早已成为受到全国诗歌界瞩目的具有重大影响的大型诗会。20 多年来，黄河诗会的连续举办，已经成为集结和发展壮大河南省诗歌力量的一个重要平台，成为河南省重要的文学品牌和文化品牌，对于宣传河南形象、扩大中原文化影响、推动中国诗歌创作发挥着日益重要的作用。2019 年的第 22 届诗会迎来了中国作家协会副主席、书记处书记、著名诗人吉狄马加以及 200 多位来自全国各地的诗人、诗歌翻译家、诗歌评论家们与会。河南省作协副主席、河南省诗歌学会会长张鲜明主持开幕式。在这届诗会上，河南省诗人邓万鹏、李霞、宋石峰获“中原诗歌突出贡献奖”，并举办了主题音乐诗会、诗歌论坛、采风创作笔会等主题活动，举行了“河南省诗歌学会商丘创作基地”“河南省诗歌学会新疆天基创作基地”授牌仪式。这届黄河诗会对商丘作为“华商之源”和“诗之源”的文化根脉进行了深入的探讨，同时也为商丘建设华夏文明传承创新高地和中国“诗之源”的确立做出探索，为推动河南诗歌创作的大发展大繁荣做出了努力。

自第十七届黄河诗会以来，每届黄河诗会会推出两三位成就突出的中原诗人，颁发“中原诗歌突出贡献奖”，这一方面是对河南诗人为河南诗歌发展贡献力量的鼓励，另一方面也确实在中原诗人的群体实力打造上有塑造之功。每届诗会在地点上以河南 18 地市为中心，从鹤壁、三门峡、南阳，到郑州、开封、洛阳，几乎遍布全省。诗会对当地文化的推介与提升影响也越来越大。

从本次诗会来看，吸引了国家级权威媒体《人民日报》、新华网、央广新闻，影响力很强的澎湃新闻，省内多家权威媒体《河南日报》、《大河报》、河南电视台、河南人民广播电台、人民网河南频道、人民日报客户端、映象网等，以及重要网络媒体网易新闻、凤凰网、中华网、“学习强国”学习平台等网络媒体平台对本届诗会给予了广泛传播和重点关注，既印证了黄河诗会在诗歌及文化方面的影响力，同时也使诗会的传播半径更广，对河南诗歌的发展和河南文化的繁荣，起到更好的联通和兴发作用。黄河诗会的品牌建设值得河南其他体裁文学的发展学习借鉴。

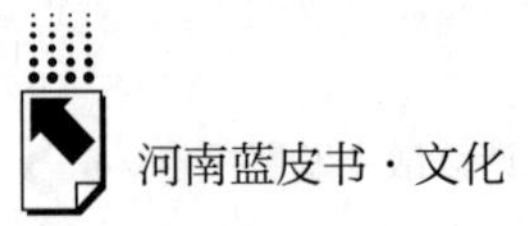

三　诗歌散文发展经验与启示

（一）选材紧扣时代脉搏

紧扣时代脉搏，重视新时代下河南乡村肌理的变化。河南是农业大省，河南的诗人与散文作家中有很多是活跃在市县基层文学领域的业余作家，他们是中原作家群庞大的基础，是整个中原写作群体的巨大分母，其中蕴藏着中原文学的无限希望和可能。非职业身份恰恰为他们带来了深入生活现场，获得鲜活实践经验的创作红利。尤其可贵的是，不同于很多作家笔下“二手乡村”“童年乡村”的景观经验，这些基层作家作品中常常流淌出的仿佛来自神经末梢的真实而强烈的悸动，正是当下中国乡村的真实写照。这样的写作不是观照与被观照，不是看与被看，而是一种自身的书写——他们和他们的叙述一同构成了极具主体性的乡土书写。在庸常的日常中提炼出诗意，在生活琐事中揭示人生困境和发现生命的感动。这正是一种紧扣时代脉搏的书写。然而还有一些人，一方面囿于自身学识和审美水平，另一方面，写作及发表过程中主动向文学期刊的规约靠拢，趋同于各类文学期刊的发稿审美倾向和习惯，反倒丧失了自己的个性，丢弃了真正的映照现实的机会，在复杂多变的乡村现实面前丧失了具有独特风格的书写能力，甚至陷入了无奈的失语困境。在处理乡村经验时要力戒浅薄和武断，避免以一种肤浅的道德优势和怀乡病的角度回望乡村，尤其要避免矫揉造作地描绘概况复杂又生动的中国乡土。期刊作品的用稿示范既是一种新的指向，也是一种旧的规训。基层作家既要看到指向的“新”，也要辩证认识到成为规训的“旧”，才能不断获得突破，真正反映时代精神。

时代为我们提供了广阔的生存背景，特别是在中原农村。基层作家唯有有意识地摒弃浮泛不实的伪抒情，大胆确认自己作为作家的身份认知和使命担当，才能真正承担对农民生存境遇展开历史性思考和表达的使命，才能用文学的方式为广大人民构建一个精神家园。

对时代脉搏的把握还离不开对中华优秀传统文化发扬与继承。在河南商丘举办的第二十二届黄河诗会“以优秀传统文化与新时代诗歌”为主题的诗歌论坛上，与会诗人和评论家结合各自的创作实践和学习体会，畅谈如何从优秀传统文化中汲取营养，如何贴近时代并放眼世界。如果说，悠久、深厚、灿烂的中国哲学和诗歌传统是取之不尽用之不竭的宝库，是诗歌创作的“母本”，那么，新时代的新气象、新现实、新成就可以说是诗歌创作的“父本”。有幸生活在这样一个新时代，更应用心感受和全力描绘这千年未有的大变革。每一个有雄心、有担当的中原诗人都应该肩负起这伟大的使命，深入生活、扎根现实，创作出与新时代相匹配的黄钟大吕般的伟大诗篇。

（二）尊重文体发展规律

文学的每一种文体都有自身的特质，有独特的文学性，有自身的发展规律。诗歌如此，散文也如此。在追求思想性和时代性的同时，文学的发展还要遵循每一种文体自身独特的发展规律。深刻认识和掌握诗歌和散文两种文体自身的发展规律，更有助于此两类文学体裁文学性和思想性的结合，更有助于创作出时代之精品力作。

诗歌的特性之一是因其篇幅的短小，对语言的精炼蕴藉、思想性、抒情性等要素有超高的要求，比小说和散文都要更严格。中原诗歌的发展一方面极大地继承了传统诗歌在语言凝练方面的优点；另一方面，中原诗歌也不乏对先锋性的追求，这使中原诗群的层次非常丰富和多元。另外，诗歌因其“歌”的因素，在韵律与节奏上也有较高要求。中原诗歌近些年的发展极大地遵循了这一诗歌特性，将诗歌中声音与节奏的要素发扬光大。其实例就是与河南广播电视台、河南广播电台等主流媒体进行长期合作，组织诗人围绕特定主题进行诗歌创作，多次在电台播出诗歌专题、与电视台联合举办大型诗歌朗诵会，从而使诗歌插上声音的翅膀，日渐深入人心，掀起诗歌热潮。河南省诗歌学会还有意与声音的另一门艺术——朗诵——有机结合，他们与河南省演讲与口才学会朗诵专业委员会、河南省老干部朗诵艺术团、河南省直朗诵艺术协会、最美读书声读书会等长期合作，不断举办朗诵会和朗诵沙龙，形成了诗人与朗诵艺术家相互支持、密切合作，从而让诗歌向更广泛大众群体顺利传播的良好局面。

散文则因其“散”字，看似对文体没什么要求，写什么和怎样写都行。但散文之散其实是以“无为”著“有为”，于无声处听惊雷。所以入门者众，精者甚少。好的散文，不仅要求或优美蕴藉，或真挚不伪，文字之后呈现的更是作者的见识是否丰赡、思想是否智慧、胸怀是宽是窄、境界是高是低，包含了对人生体悟之深浅、对万物认识之真伪、对情感诉求之纤秾等等。中原散文要想走过高原，甚至走向高峰，散文创作必然需要在思想深度厚度、文字创造性创新性和对人性的探索和观照方面有所深入和突破，必须在与时代的融合中激发写作者的思维活力，贴合散文自由广阔的特性，发掘散文文体在新时代的新可能。批评家王尧曾在一篇散文评论文章中这样说：“相较于小说、诗歌，散文凭借自己的文体优长能更直接呈现大时代中人、思想和文字的魅力。在这个意义上，散文的兴盛直接关乎文学的整体繁荣。只有当散文写作对准时代中的人、思想和文字，校准文学与现实、文学与读者的关系，散文写作才能离文学高峰越来越近。”这正是中原散文写作者所应该注意的。

诗歌与散文的发展因其广泛的全民参与基础、火热的氛围，早已成为中原文学中两股不可忽视的力量。年中推出的河南省作家协会 2019 年度重点作品扶持项目中包括散文集三部，陈俊峰的（陈峻峰）《个人史》、郑毅（叶灵）的《函谷风来》、马国兴（曲辰）的《写心》；诗歌集三部，郭艳梅（黑女）《蜡梅诗学》、李俊功《开封开封》、霍楠囡（霍楠楠）《树梢层》；河南散文名家王剑冰的《文学的视角》。扶持项目的青年专项中包含了三部散文作品和两部诗歌作品，散文是冻凤秋的《心田种字》、李梅（如荷）的《光和影的比例》、张艳庭的《解剖城市——城市空间的文化解码与精神分析》；诗歌有寇洵（西屿）《你从中原来》和马东旭（妙正）《父亲的黄岗镇》，从数量比例以及作者的年龄层次上，可以看出，中原诗歌和散文的力量一茬接一茬，从冬之潜滋暗长，春之新芽吐绿，到夏之郁郁茂盛，秋之硕果挂枝，代代迭出，薪火有续。

2019 年 3 月 4 日，习近平在看望参加政协会议的文艺界社科界委员时强调指出："希望大家立足中国现实，植根中国大地，把当代中国发展进步和当代中国人精彩生活表现好展示好，把中国精神、中国价值、中国力量阐释好。文艺创作要以扎根本土、深植时代为基础，提高作品的精神高度、文化内涵、艺术价值。"河南诗歌和散文一直坚守中原文化的传统，始终坚持现实主义追求，立足现实，植根中原大地，注重作品的价值和意义，必将创作出一批又一批优秀的文学作品，为文学中原、文学中国，努力添上一抹抹动人的色彩。

B.16

2019年河南曲艺发展报告

鲁占盈*

摘　要： 近年来，国家设立的有国家艺术基金、省级艺术基金、省级宣传文化发展专项资金、政府购买公共文化服务专项资金和高成长服务业专项引导资金等，对于河南省优秀曲艺剧目的创作、曲艺人才培养起到了助推的作用。针对现存的曲艺人才缺乏、消费市场萎缩、创作题材保守等问题，可以通过曲艺改革创新、提升演员专业水平、加大政府购买力度、曲艺进校园等措施加大曲艺的传播和感染力，以此让更多的观众，特别是年轻的观众更好地接纳和融入。

关键词： 河南曲艺　曲艺人才　曲艺消费市场

曲艺是通过说唱来叙述故事，集文学、音乐、表演等于一体的综合艺术形式，其文本上散韵相间，叙事与代言结合，表演上讲述故事与模拟人物互动，表现出不同人物情感和语音生态的表演形式，绘声绘色、引人入胜，为广大民众所喜闻乐见。

一　河南曲艺的历史与发展

《诗经》中的十五国风，多数是西周时期的采诗官从民间记录下来，经

---

* 鲁占盈，河南歌舞演艺集团曲艺团，国家一级演员、高级民间曲艺师。

过整理才得以成型。而十五国风之中，有郑、卫、陈、王、邶等八国风出自中原，其中很多充满泼辣野趣的篇章，就是后代曲艺唱词的原型。战国时期荀子的《成相篇》中有："请成相，世之殃，愚暗愚暗堕贤良。人主无贤，如瞽无相，何怅怅……"这是一种很明显的散韵相间的文体，也就是今天所说的说唱词，这种朗朗上口的感觉，如果结合汉代出土的说唱陶俑的造型展开联想，可以让我们穿越时空，身临其境，如闻其声，如睹其形。

汉代也效法周朝采诗，将民间曲艺汇入文人创作，留下了璀璨的汉乐府诗，可惜古人的曲艺习惯于口口相传，并不重视音乐记载，保留至今的也只有唱词和记载这类表演的相关叙述了。宋朝是说唱艺术最为发达的时期，瓦肆勾栏成为艺人们固定的演出场所，城市民众把观听曲艺说唱作为重要的生活内容，艺人们也在以京城开封为中心向周边的传播交流中，不断提高表演技艺。当时书会盛行，受欢迎的曲艺形式主要有陶真、说话、涯词、鼓子词、唱赚和诸宫调等具有代表性的曲种，诸宫调也是一种大型说唱音乐形式。经历北宋、南宋的发展形成了南北两个中心，因而使诸宫调分成了南北两个体系，为元杂剧提供了丰厚的土壤；元代曲艺说唱形式更是演变出了货郎儿、道情、莲花落、弹词等，它们的音乐被明清两朝的杂剧和昆曲广泛吸收。但曲艺说唱，并不因曲牌的戏曲化而湮灭，它独立存世，并不断流变和进步。

明至清晚期，各类曲种日趋成熟，河南也有新的曲种形成和流入，如大铙、槐书、河南竹板快书、四块瓦、河洛大鼓、拉洋片等，河南曲艺呈现出了一个发展的高潮阶段，艺人们在瓦舍、勾栏等地进行表演。走入近代，则归于"什样杂耍"，在开封大相国寺等这样的民间娱乐场所表演。中华人民共和国成立后，众多相对成熟的说唱艺术被统称为"曲艺"，开始进入剧场进行表演。

清末民初，中原地区数得上而且具有音乐性能的曲种有 33 个，因为当时板腔体盛行，这 33 个各曲种中有 22 个属于板腔体，如道情、三弦书、河南大鼓书、河南坠子等。今天活跃或存活的河南曲艺种类仍有三十余种，通过学校、电视、电台、网络进行传播，如河南坠子遍布全省，覆盖河南、河北、山东、山西、安徽、湖北、广东、青海、新疆等多个省份，在河南的曲艺演出市场中，演出量占70%，有些曲种因为方言、唱腔和人才等原因，拘囿于原生地，使外界不能熟知。

曲艺在农村有着广阔的市场，在曲折演变中不断丰富、创新，形成了贴近民众生活的曲目曲种，成为民众日常生活的主要娱乐方式，反映着民众的生活情趣，影响着民众的生产、生活、思想和风尚。各曲种形式色彩分明，各具明显的地域特色，形式多样、道具简单，为群众喜闻乐见。

二 河南曲艺的现状与成绩

河南是一个人口大省，更是一个曲艺大省，其以曲种多、曲目多、专业团队多、曲艺之乡多、从业人员多而享誉全国。

（一）加强曲艺人才培养。河南曲艺在全国曲艺界可以说是举足轻重的，其中河南的四大鼓曲唱曲大调曲子、河洛大鼓、三弦书、河南坠子在全国极有影响，加上河南宝丰的马街书会作为精神家园一直发展至今，孕育和滋养着一代又一代优秀的曲艺名家，刘宗琴、赵铮、王小岳、党志刚、范军、于根艺、刘小宝、崔文化、陈梅生、温淑萍、王国军、牛清栏、张志华、张萍、白军选、陈胜利等都是河南乃至全国极有影响力的曲艺名家，其中刘宗琴、赵铮荣获中国曲艺牡丹奖终身成就奖；王小岳演唱的河南坠子《清廉石》荣获第一届中国曲艺牡丹奖表演奖；范军表演的相声《劝驴》荣获第二届中国曲艺牡丹奖表演奖；由陈佳陡创作、导演，韩冰、崔银龙、贾世忠、徐萍表演的小品《高效率的爱》荣获第四届中国曲艺牡丹奖节目奖；河南省群众艺术馆青年相声演员史不凡表演的相声《品相声》荣获第五届中国曲艺牡丹奖新人奖；王国军演唱的《岳母刺字》荣获第六届中国曲艺牡丹奖表演奖；陈红旭创作的小品《笑比苦难》荣获第六届中国曲艺牡丹奖文学奖；河南省艺术研究院副研究员张凌怡与河南歌舞演艺集团创作中心主任李广宇撰写的《乱里世界　静里春秋——河南坠子艺术流变与传承》荣获第七届中国曲艺牡丹奖理论奖；河南省曲协顾问焦随东、南阳市文广新局副调研员焦蕴创、南阳市高新区管委会主任任文华和河南省曲协顾问兰建堂创作的南阳鼓儿哼《留守娃》荣获第七届中国曲艺牡丹奖文学奖；白军选荣获第八届曲艺牡丹奖表演奖；河南省艺术研究院副研究员张凌怡荣获第八届中国曲艺牡丹奖终身成就奖；陈梅生、师亚峰分别荣获第九届中国曲艺牡丹奖表演奖和新人奖；牛清栏荣获“马街书会书状元”称号并多次荣获中国曲艺牡丹奖提名奖；在老一辈曲艺名家的影响下，鲁占盈、徐晓娜、韩亮、师亚峰、韩秋俊、赵丽、胡锡安等一大批青年演员也正在稳步学习、茁壮成长；范军目前已位列中国曲艺家协会副主席行列，肩负着带领河南曲艺发展的重任。

（二）加强活动交流和展演力度。近几年来，河南曲艺界多次举办河南省曲艺大赛、河南省鼓曲唱曲大赛、河南省少儿曲艺大赛等活动，组织全省积极参与中国曲艺家协会举办的讲座、培训、展演等全国性的曲艺活动，给青年演员提供了大量的学习和交流的机会。2019 年 2 月，由中国曲艺家协会主办的第十四届马街书会优秀曲艺节目展演、2019 年中国·宝丰马街书会长篇大书争霸赛、第五届“南山杯”全国曲艺新人新作展演、2019 年中部六省优秀曲艺节目展演、鄂皖苏豫四省曲艺节目展演、河南曲艺界推荐的河南坠子《习总书记到河南》、三弦书《德行为先》、河南坠子《平民英雄》和河南坠子《忠烈骄阳》都载誉而归，并获得了专家和观众的一致好评。自 2004 年河南省组织首届河南曲艺牡丹奖评选至今，共评选出河南曲艺牡丹奖 154 个，其中节目奖 49 个，表演奖 63 个，文学奖 42 个。自 2001 年以来，河南省少儿曲艺大赛已成功举办 10 届，不仅为来自全省的少年儿童提供了展示自我才华和交流学习的机会，也使我们看到了振兴河南曲艺事业的美好前景。河南歌舞演艺集团曲艺团连续多年举办河南省新春曲艺专场演出，场场爆满，热情的掌声充分体现了河南观众对曲艺的喜爱和关注。2019 年上半年，河南曲艺界再传喜讯，孙绍堂、鲁占盈、王印等 21 人被批准成为中国曲艺家协会会员，占此次新会员人数的9%，可见河南曲艺人在全国同行当中的分量。

（三）加强剧目创新和精品剧目改编。在创作和创新方面，河南省近些年也涌现出大量的优秀作品且连获大奖，由河南歌舞演艺集团曲艺团精心打造的河南方言剧《老汤》《老街》荣获国家艺术基金大型剧目扶持项目，曾先后走上北京人民大会堂、北京大学百年讲堂、第九届中国曲艺节的舞台；由韩亮、张志华演唱的河南坠子《包公赔情》，王国军演唱的河南坠子《慈母泪》，鲁占盈、徐晓娜演唱的河南坠子《杀庙》分别荣获2017年、2018年、2019年国家艺术基金小剧目扶持项目，足以证明，河南坠子是河南曲艺中的一颗明珠。

（四）打造曲艺阵地高度。对于鼓曲唱曲演员来说，滋养他们的场所和精神家园，就是河南宝丰的马街书会了，每年的正月十三，河南宝丰都要举办全国闻名的马街书会，来自全国各地的说唱艺人都会负鼓携琴云集马街，马街书会地处麦子地，没有华丽的专业舞台，却是全国说唱艺人心目中的圣地，无论是曲艺名家还是乡村艺人，到马街说唱，是一种化不开的情结；艺人们打起简板、拉起胡琴……说书亮书，以书会友，切磋技艺，争做当年的书状元；现场戏台连着戏台、书摊挨着书摊，不论房前屋后还是田间地头，艺人们所占据的方寸之地，就是他们亮书的大舞台。他们以天为幕，以地为台，一行行、一排排的书摊俨然形成了美好而又壮丽的画卷，成千上万的观书者也如痴如醉地沉浸其中。河南省的南阳市、宝丰县、沈丘县、平顶山市新华区被命名为“中国曲艺之乡”。随着国家政策的大力支持，平顶山马街书会近年来已经上升为国家级的曲艺展演圣地，平顶山市也被中国曲艺家协会授予“中国曲艺城”称号；2018年河南曲艺人在天津参加第九届中国曲艺艺术节的专场演出中，已再次接过会旗，将在平顶山市承办第十届中国曲艺艺术节。值得一提的是，这已经是平顶山市第三次成功申办中国曲艺艺术节，相信对于河南的曲艺人又是一次大的提升，对于全国曲艺人，马街、平顶山的名字会如雷贯耳、深刻铭记，同时对于对平顶山来说，也会带来更多的经济效益和发展前景。

（五）增加与社会各界的交流。目前，河南歌舞演艺集团曲艺团在袁满团长的带领下，注重培养新人，在各种曲艺培训活动中，积极推动青年演员参与学习和交流，鼓励他们参加大赛和展演。南阳艺术学校作为中国曲协以河南坠子艺术为主的第一个教学基地，由河南省曲艺团配备各曲种教师力量，来传承、挖掘、培养更多的曲艺新人。团内中青年艺术家牛青栏、鲁占盈与坠胡演奏家党志刚也多次走入河南农业大学、洛阳慈善职业技术学校多家院校，开设河南坠子的讲座及表演课程，与媒体及企业联合举办曲艺专场的演出。河南艺术职业学院近两年也开办了河南坠子大专班及河南坠子中青年人才培训班等。

三　河南曲艺发展存在的问题与挑战

虽然河南曲艺取得了很大成绩，但是相比繁盛之时的曲艺发展还有较大落差，后续发展依然面临严重的问题和挑战。

（一）曲艺人才匮乏

传承需要人，这一点，与其他艺术形式相比，曲艺更为突出，这与其特点是分不开的。与北京、天津相比，河南曲艺名家数量不多、人才老化、水平衔接断档非常明显，曲艺演员因其专业的特殊性，文化水平普遍偏低，拥有大专、本科学历的只是极少数，中专学历的占 4 成左右，其余大部分是自幼拜师入行或者半路出家，文化水平不高，虽然学历并不能代表个人的真正水平，但文化基础的薄弱是河南曲艺进一步提升的主要障碍。曲艺的生长需要肥沃的土壤，没有很好的教育土壤，就很难有人才的成长和涌现。然而，河南具有曲艺专业的院校少之又少，河南艺术职业学院近两年才开始办班、招生，招收的学员数量有限。王稀玲艺术学校开设有曲艺班，但是报名学员也是年年递减。南阳艺术学校则刚刚启动。曲艺行业不景气的现状，影响到青年曲艺人的就业，加剧了曲艺人才的流失。

许多已年近花甲的老艺人收不到年轻弟子或者没有系统化教学经验，更有中老年演员不愿意倾注精力在教学工作。人才匮乏、培养不足、人才断档、整体素质不高等问题凸显，导致曲艺的创新、研究及发展受到严重的制约。

（二）消费市场疲弱

任何艺术形式的发展都需要有大量的消费者群体来支撑，但随着现代娱乐消费观念的转变，人们大多关注电视、网络和自媒体等，虽然曲艺形式在人民群众中有着深厚的基础，但是他们更倾向于从电视、手机等免费的渠道观看，老年曲艺迷越来越少且消费能力有限，年轻人对于曲艺看得少、懂得少，为其消费的更是寥寥无几。

（三）曲艺创作保守单一

艺术的发展关键在于剧本的创编，好的剧本必然能够被演员传唱和传播。而曲艺创作人员中，大多由原有的曲艺演员或爱好者组成，因其文化基础薄弱和曲艺模式的限制，现有曲目大多是由历史故事、民间传说等改编而成，在表现力和情感价值方面已不能满足当代观众的需求和审美。创作人员不能够真正深入基层、扎根人民来反映当下群众的真实生活和心声。近年来虽然也有不少获奖作品，但就内容来看，很难走入百姓心中，更难得到传唱和传播。就目前曲艺曲目的形式来看，存在严重的单一化，叙述的政治题材较多，表现群众生活中的喜怒哀乐、爱恨情仇的题材较少，不能够真正的反应基层百姓心声，缺乏以百姓的需求为出发点的精品剧目。

（四）与现代科技融合不够

曲艺应与当代新技术、新科技、新媒体等紧密融合，固有的曲艺表演形式比较传统刻板，与时下的生活相脱离，与观众的审美趣味相背离，应借助新科技、新媒体的优势，用崭新的形式表现传统的内容，全方位、多样化地把剧目展现在观众面前，为大众提供与时代精神相契合的曲艺作品。

（五）曲艺表演场所稀少

曲艺社或者曲艺小剧场少，在北京、天津、苏州等地，随处可见曲艺小剧场。河南却寥寥无几，仔细观察你会发现，小剧场的演出无论节目数量还是演员舞台经验都明显不足。然而，玉不琢不成器，演员不是只在方寸的课堂上就能成长起来的，他们需要见观众，需要拥有让自己说活练活的舞台来锻炼，来打磨。

四 促进河南曲艺健康发展的对策建议

新时代河南曲艺的发展存在着种种问题和挑战，建议通过曲艺改革创新，提高演员综合水平，加大政府扶持力度，以进校园、开课程等多种方式，多管齐下，多方发力，提升曲艺专业水平和影响力，促进其更广泛地传播，更深入地融入百姓生活。

（一）推进曲艺改革创新

河南曲艺历史源远流长，在中原大地有着深厚的土壤和影响力，是基层民众最容易接受的艺术形式之一，扎根于基层人民群众当中，曾是社会文化和时代文化的领跑者。创作作品时，应该以时代主流为主要背景，应该记录出正能量的典型人物及大事件，但是，更应该抓住时代所需，紧扣民众所求，打造出生活色彩浓厚、小人物大现象、与民众之间有亲和力、感召力的作品。如河南坠子《偷石榴》《摘棉花》等优秀作品，一直传唱至今，剧中没有古今的英雄人物、没有载入千秋的重大事件，描述的都是生活中的点点滴滴，反应的都是当下社会轻松有趣的生活现状，所以更容易让观众产生共鸣。

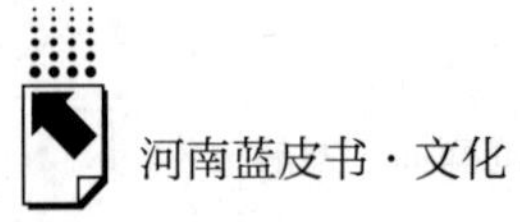

（二）提升演员基本素养和专业水平

一是要提升演员的文化素养。现阶段，演员的整体文化水平偏低，在作品理解和二度创作中会出现困难，在好题材的历史背景下，要加强相关文化知识培训，提高演员对作品的认知，才能够更好、更准确地把握人物背景和内心情感。二是要提升演员的专业水平。就目前曲艺演员的身上，很难体现出“爱岗、敬业”四个字，许多演员并不注重基本功的练习，在这个浮躁的社会风气下，很难静下心去钻研琢磨自己的专业，而是一心只向钱看，似乎忘却了老一辈艺术家所传承下来的“冬练三九、夏练三伏”，“台上一分钟、台下十年功”的精神。如果自己的专业水平功底深厚的话，舞台上想要什么样的效果都可以达到。三是要加强曲艺的正规教育。早期，曲艺的学习形式都是口口相传、口传心授，到了今天，我们应该让它标准化、系统化、专业化，建议在中专、大专、本科等学校专门开设此类专业，着力打造几所高品质的专业院校，为社会培养和输送更多的专业曲艺人才。

（三）提高曲艺演员各种待遇

目前河南的专业曲艺院团并不多，能够活跃于舞台的演员更是寥寥无几，然而，经常活跃于舞台和荧屏的演员却是苦不堪言，他们都是改企后进团的，工资每个月只有2000元钱左右，根据2018年10月开始实施的河南省最低工资标准1900元来看，改企后的演员工资都徘徊在最低工资标准线上，交了房租，所剩无几，连基本的生活都难以维持。正如河南方言剧《老街》中的一句台词：“搬砖的一天还150，咱艺人咋就这么苦。”温饱问题都难以解决，更遑论艺术产品生产了，建议政府采取切实有效的措施解决改企后曲艺人的待遇问题。

（四）加强中小学生的曲艺教育

一切好的教育都要从娃娃抓起，建议政府把中国传统文化曲艺纳入课堂教学范畴，即使不作为主要课程，每周也都能够让孩子们寓教于乐，在轻松愉悦的环境中成长，就像学校的体育、美术、音乐一样，多给孩子们一个选择，让他们认识到曲艺的魅力。这不仅对于孩子们的身心健康会有良好的作用，而且可以培养出新的曲艺幼苗和新的曲艺观众群体。

（五）激励曲艺演员参加公益演出

曲艺的发展和传播，离不开每一位曲艺人的关注和付出，建议管理部门实施演出场次积分、公益类演出积分制度等，统一纳入职称晋级、评优、评先、年终考核等工作，演员在除本职工作以外的时间，可以结合社会各界开展各类公益活动，组织、参与综艺类演出或者曲艺类专场演出，在活动中自己保留好相关资料，由主管组织部门备案、登记积分。这样一来，不仅激发了演员的工作劲头，提高了演员自身的专业水平，更能够更多、更快、更好地起到传播的作用。

（六）增加对曲艺的资金扶持

文运同国运相牵，文脉同国脉相连。文化是一个国家、一个民族的灵魂。文化兴国运兴，文化强民族强，十九大以来，在习总书记提到的四个自信中，文化自信得到了很好的诠释和体现。作为中国优秀的传统文化，学习交流是发展的重中之重，建议省委省政府加大对于曲艺行业的资金支持力度，让省曲艺家协会能够更多地组织召开曲艺行业会员大会、举办各专业类培训，在培训中让各地艺术家互相沟通、交流、结识，在会议过程中必然会有新的发现和新的碰撞，为更多地优秀作品和合作创造机会。每期培训和学习都要筛选出重点培养对象，通过团队打造、政府支持等形式着力打造新人，推出新作。

（七）打造小剧场小舞台等曲艺表演平台

在北京、天津、苏州等地，城区内随处可见各种曲艺社、小剧场，而在河南，想听个曲儿却很不容易。打造此类小剧场可能不是一时之功，我们可以合理地利用现有资源，比如各地市、县都有文化馆，乡镇、村也都有文化大院和文化活动室，建议管理部门充分利用这些场馆，配备相关的专、兼职工作人员，成立基层文艺社团，在欢庆的节日及每年固定的时间让大家一起展演、交流、学习。以团队打造曲艺项目、政府参与支持的方式，打造一批曲艺小舞台、小剧场。

（八）促进曲艺演员和受众的沟通交流

曲艺艺术本来就扎根人民，在基层有着坚实的基础，专业的曲艺演员可以与基层组织经常交流、互动，辅导基层的文化建设工作，也可以结对子，到基层挖掘有意义、有价值的创作素材，对于创作优秀的经典剧目必然会有很大帮助。在国家制定的各项文化惠民活动中，不是让专业演员演出完就结束了，更要和当地群众和爱好者多沟通、多交流，有必要的时候可以结合活动开展交流会，与大家一起探讨、互动。这样不仅活跃了基层文化生活，更能够让基层群众感受到幸福，从而促进河南曲艺的繁荣与发展。

区域报告

Regional Reports

B.17

郑州市推动文旅深度融合发展调查报告

席 格*

摘 要： 实现文化与旅游的深度融合发展，是郑州市加快国家中心城市建设的重要内容。近年来，郑州市依托丰富的文化资源和完善的旅游产业链条，在融合文化与旅游方面成效显著。但相较于文化资源可开发内容的丰富性、旅游产业竞争力可提升空间的宽广度、文化旅游对满足人们追求美好生活的重要性等，郑州市尚须努力打造真正意义上的文化旅游融合产品。基于此，郑州市必须紧紧抓住国家中心城市建设的机遇，在让中原更出彩过程中充分发挥文化创意、文化科技和文化政策的作用，将文化与旅游的互相利用切实转变提升为文化体

* 席格，哲学博士，河南省社会科学院文学研究所副研究员，研究方向为审美文化。

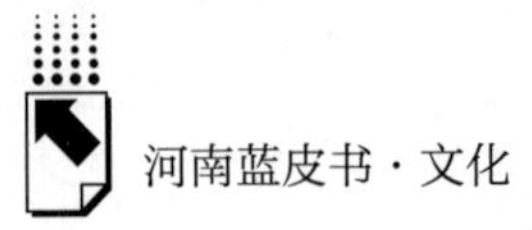

验游、文化访客游和文化品质游融为一体的真正的文化旅游。

关键词： 郑州　文化旅游融合　文化遗产

文化与旅游具有天然的融合性，如何充分发掘文化资源提升旅游产业竞争力与发展质量，已经成为文化资源丰富区域面对的共同难题。郑州市作为中国“八大古都”之一、国家历史文化名城，拥有很多历史悠久、底蕴深厚、影响广泛等产业化发掘可行性强的文化资源，文化与旅游深度融合发展可谓具有得天独厚的文化资源优势。正是受益于此，郑州市在探索文化与旅游融合发展方面起步较早，并且取得了较为显著的成效。但若就文化与旅游融合的深度、广度而言，郑州市的文化旅游目前仍难以与郑州在“中原更加出彩”中的引领性地位相适应，也难以与郑州建设国家中心城市的目标相匹配。因此，郑州市在积极融入国家发展战略的前提下，采取切实有效的措施深化文化与旅游的融合具有重要意义。

一　郑州市文化与旅游融合发展的现状

（一）文化旅游资源基础坚实

郑州市拥有丰富独特的文化旅游资源。从物质文化遗产来看，根据2019年10月16日国务院正式发布的《关于核定并公布第八批全国重点文物保护单位的通知》，新密市窑沟遗址、登封市三祖庵塔、荥阳市佛顶尊胜陀罗尼经幢等9处被新增为全国重点文物保护单位，至此郑州市便有83处89项全国重点文物保护单位。就非物质文化遗产来看，郑州拥有悠久的优秀传统思想文化资源，如以少林功夫为代表的武术文化，以黄帝故里为代表的黄帝文化和姓氏寻根文化，以列子、子产、杜甫、白居易等为代表的名人文化，以“河出图，洛出书”为代表的黄河文化，以周公测景台、观星台为代表的科技文化，等等。如何通过旅游产业发掘这些文化遗产，事实上郑州市旅游经济自起步之初便与对文化遗产的利用密切相关。

（二）文化与旅游从简单利用走向品牌打造

从郑州市现有的知名景区来看，嵩山少林景区凭借着少林功夫、嵩山建筑群、嵩山文化等成为郑州市唯一一家5A级景区，尤其是2010年8月“天地之中”历史建筑群进入世界文化遗产名录之后，进一步提升了嵩山少林文化旅游的价值。在郑州市所拥有的4A级景区中，康百万庄园、黄帝故里、杜甫故里等亦是直接利用文化遗产来推动旅游发展的。而少林国际武术节、黄帝故里拜祖大典等，则是以节庆的形式带动文化与旅游的融合发展。如果说这些通过文化遗产自身的影响力来发展旅游的方式尚属于文化与旅游相互利用的层面，是文化与旅游融合发展的初级形态，那么，以《禅宗少林·音乐大典》为代表的文化旅游产品，则是郑州市文化与旅游融合走向深入的成功探索。正是在探索文化与旅游深度融合发展过程中，郑州市逐步形成了“少林功夫游”“寻根拜祖游”和“黄河文化游”等具有国际知名度和美誉度的旅游品牌。

（三）文化旅游宣介方式多样化

文化旅游融合品牌的打造，离不开多样化的宣传方式。如积极开展“天地之中，功夫郑州”文化旅游推介活动。为充分利用世界文化遗产“天地之中”历史建筑群和少林功夫作为著名文化品牌的影响力，郑州市自2018年以来特地打造了以“天地之中，功夫郑州”为主题的文化旅游推介会。如在国际方面，借助郑州—卢森堡空中丝绸之路建设、中国与俄罗斯地方合作交流年活动，宣传少林功夫、黄帝文化、黄河文化等，并在俄罗斯成立“中国·郑州少林功夫旅游莫斯科推广中心”。在国内，则是直接以“天地之中，功夫郑州”为主题进行宣传推介，如2018年12月在哈尔滨隆重举行专场推介；2019年5月先是参加江苏省举办的“2019首届大运河文化旅游博览会”，紧接着又在南京举行推介。从文化旅游推介活动的关注度、郑州文化旅游市场的热烈度来看，旗帜鲜明地以“天地之中，功夫郑州”为主题打造文化旅游品牌，在相当程度上加快了郑州文化旅游产业的融合式发展。再如积极运用技术手段提升文化旅游品牌传播效应，由自媒体达人、短视频小组、网红旅游大咖等精心制作的“黄河游”短视频，创作成果发布后受到了广泛关注，很短时间内在抖音上的播放量就达到了1000万，有力推动了文化遗产与自然生态相结合的旅游发展模式；制作“码上游郑州”App和小程序，将文化旅游品牌打造纳入大数据战略、“互联网+”等，助推文化旅游融合的信息化、数字化传播。

（四）文化旅游融合新业态成效显著

除运用当下流行的传播平台宣介文化旅游外，郑州市还积极发展旅游新业态以拉动文化旅游。如研学游作为提升素质教育的重要路径，研学旅行越发受到教育部门、学校和家长的重视。2019年9月26日，郑州市旅游协会专门正式发布了《研学旅行基地（营地）建设、管理与服务规范》《研学旅行基地（营地）等级评价规范》。充分利用郑州市所拥有的历史文化资源，打造适宜研学旅行的研学基地，既可推动优秀文化资源的传承，又可拉动旅游产业的发展。乡村游充分发掘民俗文化、特色名镇等资源来促进文化与旅游的融合。主题公园游，如建业·华谊兄弟电影小镇便充分引入了大鼓书、三弦、皮影戏等非物质文化遗产。正是得益于此，郑州市文化与旅游的融合得到逐步深化。以国庆假日游为例，2016年，“共接待游客1171.81万人次，同比增长10.8%；旅游收入44.603亿元人民币，同比增长12.6%”①。2017年由于国庆节与中秋节重合，郑州市国庆旅游数据再次得到提升，“据重点统计和抽样调查测算，国庆、中秋假期郑州市共接待游客1228.06万人次，同比增长4.8%；旅游收入46.88亿元，同比增长5.1%”②。2018年国庆假期，“全市共接待游客1700万人次，同比增长38.43%；旅游收入

① http://henan.sina.com.cn/news/z/2016-10-08/detail-ifxwrhpm2521757.shtml。

② https://www.henan.gov.cn/2017/10-11/381477.html。

56.15亿元，同比增长19.78%"[①]。但2019年国庆假期，郑州市旅游受客观天气情况影响，出现小幅下滑，"郑州市共接待游客1408.5万人次，同比减少5.0%，实现旅游收入53.3亿元人民币，同比减少6.5%"[②]。即便如此，依然可以看出郑州旅游以及文化旅游的提升。

（五）文化旅游有力推动了旅游产业的发展

正是在文化与旅游融合逐步深入的过程中，郑州旅游产业获得了蓬勃发展。从年度旅游整体状况来看，根据《郑州市2017年国民经济和社会发展统计公报》发布的数据可知："全年实现旅游总收入1195亿元，比上年增长13.4%；来郑旅游人数10092万人次，比上年增长12.9%；其中国际旅游人数50.3万人次，增长4.7%；国内旅游人数10042万人次，增长14.2%。年末全市共有旅行社301家，星级酒店84个，A级旅游景区40个，4A级以上景区16个。"[③] 也即，2017年郑州市年度游客接待量已经突破1亿人次，发展可谓快速迅猛。而根据《郑州市2018年国民经济和社会发展统计公报》的数据，2018年郑州市旅游产业再创新高："全年实现旅游总收入1387.4亿元，比上年增长16.1%；来郑旅游人数11410万人次，比上年增长13.1%；其中国际旅游人数52.7万人次，增长4.8%；国内旅游人数11357.3万人次，增长13.1%。年末全市共有旅行社311家，星级酒店80个，A级旅游景区42个，4A级以上景区18个。"[④]

二　郑州市文化与旅游深度融合存在的问题

（一）文化资源数量发掘比重偏小

若就旅游开发比较好的文化资源在郑州旅游资源中所占的比例来看，比

---

① http://www.zhengzhou.gov.cn/html/www/news7/20181008/1271091.html。

② https://new.qq.com/omn/20191008/20191008A0DDJC00.html。

③ http://www.tjcn.org/tjgb/16hn/35406_2.html。

④ http://tjj.zhengzhou.gov.cn/tjgb/1647824.jhtml。

重相对偏小。以郑州市所拥有的4A级景区来看，自然风光旅游景区、主题公园景区所占的比重更大，如方特欢乐世界、银基国际旅游区、绿化博览园、伏羲大峡谷景区、荥阳市古柏渡丰乐樱花园等。若就与旅游融合比较好的文化资源在郑州市文化资源中所占的比例来看，比重相较而言仍然偏小。虽然嵩山胜景与少林功夫两大文化旅游品牌，有效发掘了少林寺、东汉三阙、嵩岳寺塔、中岳庙、嵩阳书院等全国重点文物保护单位的旅游价值，但相较于郑州市所拥有的重点文物单位而言，确实不多。当然，这与文物自身的地理位置、文物属性、文物影响力等有密切关联，但更与文物资源旅游价值的开发模式、宣介力度、路线规划等直接相关。如巩义康百万庄园相较于平遥的乔家大院、王家大院，在旅游发掘方面存在相当差距；而巩义主要为北魏时期开凿的石窟寺，虽然拥有著名的壁画《帝后礼佛图》，但旅游开发并不成功。而占比更大的则是没有得到发掘的文物保护单位，如何整合文化资源、深度发掘郑州优秀文化资源的文化价值、审美价值、经济价值，是郑州市实现文化与旅游深度融合发展必须突破的瓶颈。

（二）文化资源发掘创新形式偏少

从郑州市目前文化与旅游融合的形式来看，二者之间简单的相互利用仍是主要形式。也即，旅游借助文化资源的知名度、认可度等开发旅游线路、旅游产品，文化资源则是借助旅游得以展现文化价值、艺术价值与审美价值等。这种融合形式虽然客观上取得了一定成效，但发展空间、发展潜力都有限，当达到一定程度之后便难以突破。当下“旅游+”“文旅融合”就是针对这种情况提出来的，旨在以多种形式实现文化与旅游的深度融合，以催生真正的文化旅游产品。当然，值得肯定的是郑州在文化与旅游深度融合方面，通过打造《禅宗少林·音乐大典》积累了一定经验。这种经验就是深度发掘少林文化、嵩山文化的精神，以实景演出的形式打造文化旅游精品，实现文化与旅游的真正融合。既让游客直接感受到传统文化的精髓与魅力，又能直接推动旅游产业的发展。遗憾的是，此类文化旅游融合产品的打造并没有得到进一步推广，而一般性的文化旅游纪念品或缺乏地域文化特色，或粗制滥造缺乏美感、缺乏文化价值。如何借助创意、借助 3D 技术、复原技术等开发更多形式的文化旅游商品，打造更富有文化底蕴、审美价值的文化旅游纪念品，已经成为文化与旅游深度融合必须面对的问题。

（三）文化资源精神呈现程度偏浅

文化旅游与自然观光旅游、现代娱乐主题公园旅游等的根本不同，就在于能够让游客从中感受文化的魅力。而无论是物质文化遗产还是非物质文化遗产，都是以外在形式呈现的，文化遗产中蕴藏的文化精神很难被游客直接深刻地感受到。所以，相当多的游客即便选择文化旅游的方式，往往也是“外行看热闹”，对看到的文化遗产缺乏深刻的了解、感受与认同。究其原因，一方面与游客自身的文化素养有关，另一方面则是与旅游产品对文化精神的发掘与呈现有关。就郑州市的文化资源来看，在历史悠久、博大精深的中原文化的滋养下，承载着天人合一、中庸和合、开放包容、开拓创新等中华民族精神。显然，这些精神仅仅依靠走马观花式的浏览，根本难以感受、理解。如巩县石窟寺所展现的开放包容、兼容并蓄的精神，康百万庄园建筑所承载的和谐、谦和、勤劳等文化精神，即便在有讲解的情况下短时间之内都难以领会，何况在没有讲解的情况下仓促观看。基于此，如何打造文化讲解的免费宣传片，以深入浅出地讲解文化精神，或者打造老百姓喜闻乐见的情景短剧、影视作品等，以形象生动地呈现文化精神，等等，是文化与旅游深度融合不得不解决的问题。

（四）文化资源内涵体验指数偏低

旅游重在体验，重在与日常生活的短暂隔离中获得审美愉悦。文化与旅游的融合，无疑是要让游客在文化旅游中获得文化审美体验。对此，郑州市也进行了一些积极探索，如 2019 年国庆小长假期间，为满足广大游客对少林功夫的喜爱，在少林景区组织“武动少林魂，畅想中国梦”的功夫秀；在嵩阳景区推出“穿传统汉服、品国学文化、秀嵩山秋色、祝祖国昌盛”

为主题的系列活动等。这些活动在一定程度上改变了先前文化旅游的单一性，让游客能够参与其中，乐在其中。即便如此，游客的参与度仍然不够，相应地对文化资源内涵的体验度也不够。以功夫文化为例，少林武术具有深刻的哲学基础，丰富的文化内涵。武术在最高层面上追求人与自然、与世界的合一，中间层面可以强身健体、自我防卫，最表层的才是武术套路的表演性、观赏性。如何让游客在对功夫文化的观赏过程中，提高参与体验，进一步提升游客对武术的认识，才是功夫文化旅游深化的重要路径。扩而言之，郑州市在探索文化与旅游融合过程中，理应解决游客参与度、体验度不高的问题。这既可以让游客对文化本身有切身体验，提升对文化旅游的满意度，又可以拉长旅游产业链条。

三　深化郑州市文化与旅游融合发展的建议

（一）抓住国家战略，贯彻文化与旅游深度融合规划

自2006年12月郑州市进入国家中心城市建设序列以来，2017年又成为国家区域协调发展新机制建设城市，可以说这给郑州市带来了巨大的发展机遇，进而促使郑州将创新、转型、国际化作为发展的关键词。而文化旅游的转型升级，乃是郑州建设国家中心城市的应有之义。2019年9月18日，习近平总书记在郑州主持召开黄河流域生态保护和高质量发展座谈会上发表重要讲话时，明确指出："黄河流域生态保护和高质量发展，同京津冀协同发展、长江经济带发展、粤港澳大湾区建设、长三角一体化发展一样，是重大国家战略。"[①] 同时，习总书记明确要求保护、传承和弘扬黄河文化，强调指出："黄河文化是中华文明的重要组成部分，是中华民族的根和魂。要推进黄河文化遗产的系统保护，守好老祖宗留给我们的宝贵遗产。要深入挖掘黄河文化蕴含的时代价值，讲好'黄河故事'，延续历史文脉，坚定文化

① http://www.xinhuanet.com/2019-10/15/c_1125107042.htm。

自信，为实现中华民族伟大复兴的中国梦凝聚精神力量。”① 郑州作为黄河流域生态保护和高质量发展区的重要城市，理应主动融入国家战略，肩负起保护、传承和弘扬黄河文化的重要责任。而文化旅游乃是实现保护、传承和弘扬黄河文化的重要路径之一。必须强调的是，郑州市为抓住战略机遇，已经制定了《郑州市旅游产业转型升级行动方案（2018～2020）》，对郑州市旅游产业的发展进行规划引领。其中，从宏观上关涉了文化与旅游的融合发展问题，而要真正实现文化与旅游的深度融合，尚须制定详尽可行的落实细则，在创意、人才与技术等方面彻底打破制约瓶颈，才能实现“国际文化旅游名城”的建设目标。

（二）发挥文化创意，打造文化与旅游深度融合精品

文化创意，是实现文化与旅游深度融合的必由之路。但发挥文化创意、讲好传统文化故事，又决非轻而易举的事。优秀创意匮乏，乃是全球文化产业发展都面临的严峻问题。而文化与旅游真正融合的呈现，便是文化创意旅游的蓬勃发展。因此，郑州市要实现旅游产业的转型升级，就必须脚踏实地地走出一条文化创意旅游发展之路，在保护、传承的基础上充分弘扬优秀传统文化、发掘传统文化资源、展现中原文化精神，同时还要满足现代人的审美需求、文化需求，推动新时代文化的建设发展。为此，第一，应对郑州市文化资源进行梳理和评估，筛选出适宜于创意发掘的资源，如黄河文化、禅武文化、嵩山文化、黄帝文化、杜甫文化等；第二，应对重点先行创意开发资源进行招标，打破地方保护和对外盲目选择两种方式的弊端，以创意本身作为衡量标准，选择多类型的优秀创意进行开发；第三，应建立重点发掘文化创意产业园区，形成完善的文化精神呈现集群，如登封“天地之中”历史建筑群融合的少林文化、嵩山文化创意集群，黄河文化旅游带的创意集群，新郑黄帝故里园区创意集群等；第四，应建立完善的文化旅游创意保障体系，提供政策、资金与人才引进等的支持。

---

① http：//www.xinhuanet.com/2019－10/15/c_ 1125107042.htm。

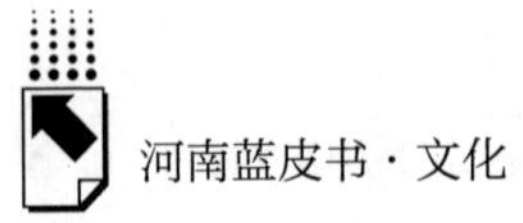

（三）打造访客旅游，拉动文化与旅游深度融合升级

文化旅游魅力的彰显，关键在于文化旅游线路、内容和相关衍生产品的独特性。只有让游客深刻体验到原汁原味的、地地道道的文化内容，体验到其他地方没有的文化内容，才能进一步产生品牌效应，变游客为访客，变游客的一次游为访客的多次游。而访客正在成为文化旅游的主力军，只有抓住访客游兴起的浪潮，才能实现郑州文化旅游的弯道超车、后来居上。而要达成访客游，首先要打造特色旅游内容。以杜甫文化为例，杜甫作为世界级文化名人，所具有的文化影响力自不待言。但相较于成都杜甫草堂的旅游发掘，巩义杜甫故里在旅游方面可谓是空抱一个金饭碗。如何创意性地发掘杜甫出生窑洞、笔架山和杜诗的当代文化价值，乃是杜甫故里能否实现反超的关键。其次要提升体验深度。文化旅游不是快餐式的旅游，走马观花根本难以触及文化的核心内容。为此，应抓住少林武术与健身、少林药膳与养生、拜祖仪式与现代礼仪等可体验性文化内容，但又不能因此过度追求经济效益。不仅要让老百姓愿意体验，而且要让老百姓体验得起。最后要注重多元性。大流量访客的培育，不仅取决于旅游产品的内涵与质量、体验的快感，而且直接受到旅游产品内容丰富程度的影响。因为访客的文化素养、兴趣爱好、价值观念存在着很大差异，只有打造丰富多元的特色文化产品才能满足他们的文化需求。

（四）提升柔性服务，营造文化与旅游深度融合环境

为推动旅游产业升级，郑州市进一步完善了旅游公共服务体系，形成了旅游集散咨询服务体系，融旅游信息咨询服务，网站、App 和小程序查询服务，景区游客服务，志愿者服务等为一体。同时，在《郑州市旅游产业转型升级行动方案（2018～2020）》中明确提出了旅游公共服务标准化建设的目标和内容。这些内容可以视为旅游服务业必须加强的硬性基础或者服务，而要实现文化旅游的深度融合，还必须着力抓好柔性服务，提升柔性服务质量。所谓柔性服务，就是提升游客满意度、舒适度、赞誉度的服务，内容小

到一个微笑、大到健康安全照顾，吃、住、行、游、娱、购都关涉柔性服务的质量。而要使柔性服务获得质的提升，关键在于理念的转变。不能只重经济效益，更要重视社会效益。文化遗产的保护、传承与弘扬，相较于暂时的经济效益，更值得也更需要关注。相应地，文化遗产所承载的文化精神的发掘，客观上会带动更为持久、更为绿色的经济效益。

B.18
开封市推动文化旅游产业高质量发展调查报告

周　颖*

摘　要： 2019年，开封文化旅游产业在持续发展的基础上，高质量发展成效显现。从数量上看，上半年全市旅游接待3959.6万人次，同比增长18.9%；实现旅游综合收入336.5亿元，同比增长21.3%。从质量上看，文化品质提升，“融合”成效明显。要素融合、产业链融合、表现形式融合、多元化融合特征突出。进一步促进开封文旅产业高质量发展，要用系统论方法探索开封“文化+旅游”的行动路径，明确“文化+旅游”行动中政府、企业、学者、客户等方面的特点及其相互关系，构建科学的运行机制，打造以不断创新的科技和创意系统为动力，以品牌集聚的企业系统为主体、以强劲的市场消费系统为导向、以一流的政府服务系统为保障的“文化+旅游”发展大格局。

关键词： 开封　文化旅游产业　高质量发展

文旅产业是开封的“柱石”产业。2019年，在开封市委市政府的有效推动下，开封文旅产业高质量发展成效喜人。及时总结经验，深入探索进一步发展的路径对于推动河南省文旅产业高质量发展具有重要的意义。

---

* 周颖，河南省社会科学院文学研究所副研究员，研究方向为文化产业发展与“三农”问题。

一　开封文化旅游高质量发展状况及特色

开封深入贯彻落实习近平总书记关于文化和旅游融合发展的重要论述，坚定文化自信，彰显文化特色，按照“宜融则融，能融尽融，以文促旅，以旅彰文”的要求，推动文化旅游转型升级和高质量发展，进行了一系列谋划和探索。2019 年，开封文化旅游从数量上看，上半年全市旅游接待 3959.6 万人次，同比增长 18.9%；实现旅游综合收入 336.5 亿元，同比增长 21.3%。从质量上看，文化品质提升，“融合”成效明显。

（一）文旅产业基础日益强固

文化是旅游的灵魂，旅游是文化的载体。开封文化旅游产业的发展，在“文化 +”战略的引领下，紧盯文化资源优势，狠抓“文化”基础，使开封文化在开封文化旅游高质量发展中起到了强大而有力的支撑作用。

清明上河园景区进一步深化文旅融合的创新发展，着力打造“文化清园”。景区在非物质文化遗产展演和体验基地的基础上，积极引入民间博物馆，并结合各类展馆、博物馆，引进民间艺人和传统手工艺大师进行教学展演，使景区的文化氛围更加浓厚。

万岁山景区狠抓精品文化项目建设，深度开发大型实景剧《三打祝家庄》《神州起航》。景区不断完善演出脚本，严扣演出细节，提升演出水平，观看人次及好评度大幅提高，已成为景区一道亮丽的“名片”。在此基础上，大力引进民间博物馆，诸如开封市弘法博物馆、开封王炯民俗博物馆等，丰富了景区的文化内容，满足了广大游客精神文化生活的需求。

开封府景区注重包公文化的挖掘和弘扬。如 2019 年的“中国开封清明文化节”期间，开封府景区开展了“河南省非物质文化遗产进景区 2019 春季大联展之包龙图打坐开封府——包公戏展演”活动。共演出五场，涵盖京剧、豫剧、越调、四平调和曲剧等多种剧种，此外，与省高级人民法院联手打造“包公司法文化博物馆”，吸引了众多机关事业单位前来开展党员廉政建设，目前开封府是国家4A级景区、河南省廉政教育基地、河南法院廉政教育基地、开封市法院系统廉政教育基地、焦裕禄干部学院现场教学点、开封市委党校教学基地、开封市公务员培训基地、开封市委组织部党员培训基地、河南大学文旅产业基地、开封文化艺术职业学院管理系实习实训基地等。

（二）融合成效明显

“融合”是开封实施“文化+旅游”战略的关键。开封高质量发展文化旅游产业狠抓“融合”不放松，在文旅产品的打造、文旅商品的研制、文旅产业链的完善、文旅产业和相关产业的融合等方面已取得初步成效。

开封城墙大梁门景区CAVE影片，运用CAVE沉浸式虚拟现实显示系统，通过“文化”和“科技”的融合，将精心选择的大梁印象、东京梦华、明代兴盛等历史时期串联起来，带领观众穿越开封几千年历史进程，进而唤起观众对一个城市乃至国家兴衰的思考，以及对未来的展望，使观众在强烈的沉浸式体验中，有一种获得感。

宋都皇城国家文化旅游休闲度假区，作为开封宋文化展示的“精品店”，涵盖了开封旅游金字招牌的龙亭湖风景区内9个景区，该景区的创建对于开封文旅产业由观光型向休闲度假型转变有重要的促进和引领作用。

清明上河园始终坚持文化与旅游的深度融合，通过活化历史并不断创新文化的表现形式，最大限度地满足游客日益丰富的多样化需求，实现了从“名画”到“名园”的华丽蜕变。2019年清明上河园最大程度淡化景区门票经济，摆脱景区对门票收入的过度依赖，由单一的观光型景区向休闲度假型景区转型提升。非门票收入占比持续扩大，逐步摆脱对单一门票经济的过度依赖。

开封府景区发挥开封包公研究会这个平台优势，通过出版包公研究专著、参与国内颇具影响的“包公文化研讨会”“包公廉政文化研讨会”等，确立了开封“包公扬名地”的特殊历史地位，利用包公文化在国内外的影响力，提高开封市和开封府在海内外的知名度。同时与开封宋都文旅产业园区、上海黑骏文化传媒有限公司共同开发的九集系列动漫《铁面包公》，已全部制作完毕，进入推广和发行阶段。

万岁山景区加大产业链条建设，筹划建设了海盗船、水浒宴和风云庄等大型餐饮购物娱乐项目，努力形成吃、住、行、游、购、娱等为一体的多种消费发展模块。

朱仙镇国家文化生态旅游示范区（启封故园景区）通过科技与文化的融合，创新了具有科技含量、新时代气息的文创产品，打造集创作设计、装饰包装、展示交流、旅游休闲一条龙的传统工艺产业链条。

二　开封文化旅游高质量发展的实践经验

开封文旅产业高质量发展是市委市政府有效推动的结果，其实践经验主要体现在以下几方面。

（一）突出高端引领，注重文旅融合顶层设计。在工作理念上，强化全域旅游的理念；在工作布局上，健全完善“十个一”推进机制；在政策设计上，在全省率先出台《关于促进文化事业、文旅产业和旅游业高质量发展的若干意见》（文旅 30 条），为文旅融合发展提供全方位政策保障。在产业谋划上，聚焦延链补链强链、聚焦做大做强、聚焦高水平转型提升，形成有效的“六个一”培育机制。

（二）聚焦项目带动，注重培育融合发展新动能。2019 年借力文旅机构整合和产业融合，重点抓了 23 个文旅项目，总投资达到 1198 亿元。深入开展“项目推进效率年”活动，建立了重大项目领导分包、县区会商、联席会议等“六项机制”，“一对一”组建专班，“一企一策”搞好服务。四大班子亲自抓。书记、市长每 2 个月主持召开一次古城保护和文旅产业发展例会，雷打不动集中听取项目进度情况汇报，研究解决重点难点问题。行业部门合力抓。推出“便捷开工”审批事项流程图，出台“便捷全程”代办系列政策，实施联审联批、一站式服务，持续优化营商环境，为重点项目开绿灯；把文旅项目纳入全市重大项目、纳入全市双月点评，由市委古城保护和旅游发展委员会办公室、市委市政府督查局、市重点办跟进督办。属地县区主动抓。鼓楼区实施了复兴坊城市微改造等项目，新区开工了恒大童世界文旅综合体等项目，祥符区实施了朱仙古镇项目，顺河区谋划了清河坊历史文化街区项目，龙亭区谋划了黄河生态文化带项目，上下一心抓文旅在全市蔚然成风。

（三）着力景区提升，拓展融合发展新空间。聚焦宋文化，打造核心景区，将龙亭风景区整合打造为宋都皇城国家文化旅游休闲度假区。加强品牌监管，提升景区品质。坚持问题导向，引入第三方机构对 A 级景区逐一暗访评估；实施领导干部分包景区制；明确部门和属地管理责任，全力以赴打好“保 A”攻坚战。推动门票降价，倒逼景区转型。为促进大众旅游消费，各景区针对节假日推出旅游惠民政策。

（四）坚持守根护魂，让遗产“亮”起来、文物“活”起来。突出三条文化带，连点成线，以线带面，做好古城文物古迹的保护利用展示。一是打造开封城墙文化带。做好开封城墙修缮与保护工程，使开封城墙成为古城墙生态旅游和文化创意产业带，全面展示我国第二大古代城垣风采，为申遗做好准备。二是打造汴河水系文化带。主动融入大运河文化带，做好州桥及汴河遗址考古发掘与保护展示，大力推进相国寺州桥片区大型文旅综合体项目，着手东水门遗址考古发掘准备工作；提升大宋御河景区夜游运营水平，抓好“一渠六河”生态文化带建设。三是打造千年中轴线文化带。对宋都御街——中山路进行功能调整，抓好沿线景区及遗址文保单位的整合包装与保护展示。持续深化示范街区微修复微改造，做好双龙巷、复兴坊、前后保定巷、顺河坊历史文化街区保护利用，丰富旅游业态，完善休闲功能，让中外游客走进老城胡同，让老街道靓起来，老房子用起来，老字号活起来。

（五）创新节会营销，使历史文化名城展示新活力。做强节会品牌。2019 年清明文化节，开封把广告搬上了美国纽约时代广场纳斯达克大屏，微博点击率突破 7000 万人次；组织“河南省非物质文化遗产进景区 2019 春季大联展”，持续引爆假日旅游。

（六）加强市场管理，规范文旅大环境。以创建促提升。强化问题导向，聚焦民生"八需八难"，着力解决游客市民反映的热点问题，巩固创卫创园成果，持续开展国家文明城市、国家生态园林示范城市、国家食品安全示范城市、国家森林城市、公交优先示范城市"五城联创"，抓好创建统筹，实施"脏乱差堵污""六个专项"整治，着力提升游客满意度，打造新的城市名片。以改革促提升。深入推进文化领域"放管服"改革，全面实施"先照后证"联审联批，提高营商便利度；成立高规格旅游市场监管调度指挥中心，在省内首创"1+3+N+1"旅游综合监管模式；对全市300多家上网服务营业场所进行信用等级评定，评出A级场所32家、B级场所125家。以标准促提升。发布了《国际文化旅游名城划分与评定》《开封市夜市服务质量等级规范》《"开封礼物"旅游商品要求与评定》等16项具有开封特色的旅游地方标准，开展"金、银枕头"住宿企业和"汴梁人家"家庭旅馆评定，在全省为首创；统筹露天、室内夜市发展，促进传统夜市向观光夜市升级：对夜市实行标准化、网格化管理，规范管理提升服务，以鼓楼为代表的16家夜市成为"开封小吃"代名词；以小宋城、老味吃街为代表的室内夜市成功晋升A级景区，成为游客追捧的网红打卡地。以志愿服务促提升。组织开展文明旅游进景区、进社区、进校园等"六进"活动，设立了"文明旅游""诚信企业"红黑榜，扎实开展"最美导游""文明旅游先进单位"创评；文化、文博、旅游志愿者队伍不断壮大，服务实现常态化，增加了城市温度，成为古都一道道亮丽风景线。

三　开封文化旅游高质量发展存在的问题及建议

（一）存在问题

1. 国企活力不足，民企惠民意识有待加强。开封每年推出一批新的文旅项目，文旅企业不断涌现。伴随着文旅产业的发展，开封文旅企业呈现出国企经营活力不足，民企惠民意识较弱的现象，尤其是面对"门票降价，

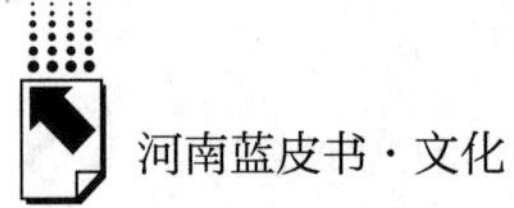

景区转型”，国企对政府的依赖依然存在，民企对惠民政策认识不足，社会责任淡化。这种不平衡，势必影响开封文旅产业的整体发展，改革有待深入开展。

2. 重规划轻策划。任何项目，如果没有科学的策划，后面的规划、设计、投资、运营，都将成为无根之木。开封有权威的覆盖古城保护和城市建设、产业发展多规融合的规划体系，但策划多含在规划中，对当地情况的准确把脉，对项目的精准定位，尤其是市场差异化的创意等被弱化，这在一定程度上影响了规划的效益。

3. 文化旅游资源配置不平衡。开封文化旅游资源比较集中，优化配置文旅资源，统筹景区规划、合理布局景区发展空间等有待加强。比如龙亭湖风景区（现宋都皇城休闲度假区）已经趋于成熟，各项城市公共设施、旅游交通、景区周边环境、亮化和绿化等都非常好，能够给游客带来赏心悦目的感觉，但包公湖风景区十几年来依然没有什么变化，景区周边环境差、道路不畅、公交车尚不能直达景区，也没有什么绿地公园，与开封旅游的大环境格格不入，影响开封市的整体旅游形象。

4. 文化旅游资源的产业化有待进一步加强。开封市委市政府与河南大学合作成立了宋文化研究院，但对文化和旅游资源的挖掘措施，主要以项目带动为主，统筹有待加强，而且研究成果的及时转化和效益跟踪评估有待加强。

5. 文旅商品层次不高，种类少。开封文旅产业发展基本上还处于门票经济阶段，文旅商品数量少，种类单一，文创产品的开发还需加强。

6. 文旅人才的使用。文旅产业发展的高度和深度取决于创意，文旅企业的核心竞争力是创意人才的竞争力。创意人才的竞争不仅仅是拥有多少创意人才，更重要的是如何用好“人才的创意”。开封高度重视人才工作，但人才和项目的结合有待加强。

（二）对策建议

旅游产业是一个综合性很强的产业，开封在全国率先提出“文化 +”

战略，开封文化旅游产业要有效实现高质量发展，应牢固树立“文化+”理念，切实贯彻落实“文化+”思想，用系统论方法探索开封“文化+旅游”的行动路径，紧抓发展机遇，借鉴产业融合的相关研究成果，明确“文化+旅游”行动中政府、企业、学者、客户等方面的特点及其相互关系，构建科学的运行机制，打造以不断创新的科技和创意系统为动力，以品牌集聚的企业系统为主体、以强劲的市场消费系统为导向、以一流的政府服务系统为保障的“文化+旅游”发展大格局，通过文化与旅游的深度融合，促进开封文旅产业高质量发展。

1. 构筑科技、创意动力系统

文化是土壤，创意是种子，产业是果实。实施“文化+旅游”行动，就要用“扬弃”涵养文化土壤，只有这样才能收获丰硕的产业果实。

一是用“扬弃”涵养文化土壤。宋文化研究院挖掘、整理、结集出版的《开封文化》，追本溯源，详细介绍了开封的文化，为“文化+旅游”奠定了坚实的基础。但不是所有的文化都可以产业化，不同的文化形式产业化的路径也不一样。有效推进“文化+旅游”，需要从市场需求出发，深挖历史文化的内涵，用辩证发展的观点，历史地看待传统文化，吸取其精华，剔除其糟粕，科学扬弃，而不是简单照搬、恢复，用猎奇获得市场叫好，更不是单纯追求经济效益，要对社会负责，要高度重视策划，加强顶层设计，要以社会主义核心价值观为标尺，精选文化资源，通过科学“扬弃”，涵养、精耕文化土壤，确保文旅产业科学发展，高质量发展。

二是用科技培育创意种子。创新是一个民族进步的灵魂，一个国家发展的不竭动力。创新力不足是目前开封产业发展存在的问题之一。推进“文化+旅游”，创意设计是推动产业创新的核心要素，好的创意需要与之适配的技术来呈现。传统文旅形式的创新，需要加强科技研发，用现代技术和传播手段盘活传统文化资源，把文旅产业推向市场；同时，要坚持内容为王，建设一批各具特色的文艺创作基地，丰富文化的表达形式和表现形式，让原创产品为文旅产业提供坚实雄厚的核心竞争力。

2. 形成品牌集聚的企业系统

企业是市场的主体，开封促进文旅产业高质量发展，必须培育一批以文化创意为核心竞争力的品牌企业，打造一批层级不同的以文化创意为核心的产业园区，形成包括品牌企业、品牌节会等在内的品牌集聚，借此推动“文化+旅游”行动快速、高效推进。

要聚焦优势资源，打造品牌文化企业。在实施企业品牌文化建设的过程中，应抓准切入点。一是构建企业识别系统，对内实施规范管理，调动企业员工的积极性和归属感、认同感；对外树立企业的独特形象，为企业产品或服务的推广提供视觉识别。开封宋文化品牌的打造，在视觉识别上，应明确宋文化的色彩、风格等，以此规范城市建设、广告宣传等；在行为识别上，借力全国文明城市的创建和全国旅游标准化示范城市的创建，规范市民行为，提高文明素质，让文明行为成为开封旅游的一道亮丽的风景；在理念识别上，把宋文化精神符号化，让先进的宋文化符号成为一种号角，吹响“文化+旅游”的冲锋号，推动“文化+旅游”行动一往无前，砥砺前行。二是强化品牌宣传。紧跟互联网时代步伐，依托节会、论坛等，通过“互联网+”，善用事件做好网络整合营销，提升品牌知名度。

要做强文化园区，集聚文化品牌。开封宋都古城文旅产业园区，是我国十大国家级文旅产业示范园区之一，为开封文旅产业提供了发展平台。自成立以来，初步打响了御河游、大宋上元灯会、两宋花朝节、开封城墙游、铁塔光影秀等系列品牌，但这些多是园区自有品牌。为了充分发挥文旅产业园区的集聚功能，建议在完善公共服务平台及公共配套设施的基础上，集聚文化品牌，做强文化园区。一是实施整体化招商，形成产业链式聚集。深入贯彻“文化+”理念，让优势的开封文化，通过产业链整合，把优势品牌、先进技术等引进来，实施整体化招商、招大商，形成特色产业集聚，打造宋文化特色产业核心区，强化宋文化品牌。二是鼓励引导产业融合。根据产业融合的方式，引导企业横向做好产业的延伸、交叉、渗透、关联等融合，纵向做好产品融合、产品结构融合和产业融合等，对融合成效显著的相关方给予有效激励。三是鼓励自主经营，激活文化企业活力。突出打造宋文化创意产品，形成拥有自主知识产权以及自主品牌竞争力的特色产业园区。培育一批骨干民营文化企业，发展一批“专、精、特、新”中小型民营文化企业，积极引导社会力量参与发展文旅产业，利用产业链带动相关产业发展。四是实施捆绑式营销，合作共赢。对现有核心资源进行整合，实行营销上的捆绑与合作。改变文化景区单一的门票盈利模式，实施错位营销，整合营销，各景区、景点，各具特色，又相得益彰，在强势的宋文化品牌下，抱团发展，实现文化景区由单一的门票经济向多元经济的转换。

要创新策略实现文化与经济社会的全方位融合。落实“文化 + 旅游”理念，要勇于创新，勇于突破，在优势文化资源及其创新成果的带动下，突破城乡、县区界限，实施跨区域融合、跨行业融合、跨产业链融合、跨台阶融合，通过填补产业链、改进产业链、整合产业链、创造产业链等积极探索，统筹关联文化，做大做强“文化 + 旅游”。逐步形成以开封文化为基础，以宋文化为特色，以文化园区为核心，辐射周边县区的三产联动式的文旅产业一体化发展大格局。

3. 开拓强劲的市场消费系统

外向度低是开封经济发展的短板之一。补短板，开拓强劲的市场消费系统，开封已做了一定努力，但仍需加强。

一是强化市场培育，普及开封文化。

推进“文化 + 旅游”，要进一步做好市场培育，要围绕产业，聚焦有效的特色文化，借力科技创意，让以宋文化为特色的开封文化融入开封生活的每一个细节，深入开封人民的心中，成为开封人生活必不可少的一部分，成为来开封旅游的必选体验内容，让开封精神成为推动“文化 + 旅游”的永续动力。

二是借船出海，让开封文化走出去。

补齐短板，让开封文化走出去，需要借船出海。即用开封的优势文化，对接品牌产品、品牌事物，实施品牌合作，把开封的汴绣和域外的服装企业、名山大川、名人、名胜等对接，在域外研发、生产、消费，共享品牌市场等。还可以通过与国内、外一流的创意研发团队合作，深挖开封文化资源，创造开封品牌文化创意产品，或动漫，或影视，或名著等，打响开封品牌，以此带动文化旅游等相关产业的发展。

三是实施共时行销，提升竞争力。

创办“文旅产业共时行销平台”。通过共时行销平台，将开封已经成功的文化产品，同时打入多个文化市场，将产品、品牌优势，快速变现为巨大的经济效益；防止文化产品的知识产权被盗版和侵权。

避免消费者的消费热情随着时间的流逝而淡化；凭借域外市场的渠道优势，获得先进文化产品的销售代理权，吸引文化基金的投资，实现整合效益。简单来说，通过共时行销平台把发达地区、国家的技术优势、产品优势、品牌优势、资金优势、人才优势、资源优势为我所用，转变为开封的优势，为开封文旅产业提升竞争力找到突破口。

四是以大数据引爆新市场。

高度重视网络时代特点，不仅要关注消费群体正态分布曲线图的头部——VIP 客户，还要关注其尾部——广大的中小企业客户和终端客户，发挥“长尾”效益，借助大数据技术，从无限市场发掘海量机遇。抓住、用好这些机遇，实现开封文旅产业的系列突破，实现开封经济社会的跨越式发展。

4. 建设“文化 + 旅游”服务型政府系统

“文化 + 旅游”是跨领域、跨产业的重大行动，它将形成更广泛的、以文化为基础条件和创新要素的经济社会发展新形态。新形态对政府服务提出了新要求。为此，必须从系统论的角度建设“文化 + 旅游”政府服务系统。

一要牢固树立“融合”理念，让“融合”统领经济社会科学发展。“融合”是实施“文化 + 旅游”的关键，也是推动开封文旅产业高质量发展的必由之路。牢固树立“融合”理念，就要严格按照“宜融则融，能融尽融，以文促旅，以旅彰文”的要求，把“融合”落实在经济社会的方方面面，确保实现文化产业内部人、财、物等经济要素之间的融合，以及各经济要素在空间上、部门间、区域间等的融合；确保实现文化要素及其文化产业和相关产业要素以及相关产业之间的融合，确保实现文化产业内部各生产环节之间的融合；确保实现文化产业和文化事业的融合，确保国企和民企的融合，让国企彰显活力，让民企勇担使命；树立“大文化产业”“大旅游”的理念，实现“文化+旅游”三产联动，有效促进文旅产业的转型升级和高质量发展。

二要强化组织领导，建设科学的指挥部体制。构建“文化+旅游”组织体系。优化“文化+旅游”指挥部体制，依据系统论思考，建立以“政府支持、院校研发、园区依托、企业发展、共同培养”为原则的“政、产、学、研”一体化的科学组织体系，加快“政、产、学、研”一体化平台建设，充分调动整个社会的力量参与“文化+旅游”建设，政府、社会团体、文化企业、专家学者共同发力，以此形成强大的合力，有效推进“文化+旅游”的实施。

三要强化品牌意识，打造品牌环境。品牌的打造重在策划，品牌的实施重在诚信。有效推进“文化+旅游”实现开封文旅产业高质量发展，要深化顶层设计，做精做细系列策划，让科学的策划支撑规划落地、开花结果，要紧密结合创文工作，加强诚信建设，增强全市人民的诚信意识，注重解决诚信方面的突出问题，推进诚信建设常态化，树立诚实守信的良好风气，为“文化+旅游”打造品牌的社会环境。

四要创新服务，打造高满意度的服务型政府。创新服务，拼的不是坚持、意志，而是拼机制、保障。推进“文化+旅游”，就要建立一套与之相适应的政策、机制，确保服务规范化、制度化。一是坚持问题导向，建立有效的纠错机制，及时发现问题、纠正问题，确保文旅产业的健康发展；二是实施有效的激励机制，要聚焦项目建设目标，强化量化管理，实施360°考核，加强社会监督，把考核结果和干部的提拔、晋升、评先挂钩，为“文化+旅游”的实施提供有力的组织保障；三是在产业政策的制定上，把握好“政府有所为，有所不为”的“度”，充分发挥市场在资源配置中的决定性作用，积极作为，适时引导企业转型升级。在降低门票倒逼景区转型的同时，还可以设立产业链整合基金，支持成功占领外域市场的文化企业开发系列衍生产品，采用多元盈利模式，实现文化产品价值最大化，实现文旅产业的跨越发展。

B.19

洛阳市打造旅游文化名城的实践与探索

卢　冰*

摘　要： 洛阳市位于河南西部，山水秀美，人文厚重，文化旅游资源极其丰富。洛阳市在建设旅游文化名城的过程中，加大基础设施建设，加快构建生态环境体系，着力提升公共服务水平，同时以文化节庆为契机多方联动，打造全域旅游，加大惠民力度，培育消费增长点，获得了良好的成效。同时也存在文化资源开发力度不够，产业链条不够完整，文化创意产业发展不足等问题，需要通过各方努力，提高资源利用率，延伸文旅产业链条，同时把握科技创新的机遇，善用新技术和新媒体为文旅发展带来新的增长点，促进洛阳文化旅游业迈向新台阶。

关键词： 洛阳　文旅融合　新增长动能

洛阳位于河南省西部，地处黄河中下游，境内多山区丘陵，平原面积仅占八分之一左右，市内密布伊河、洛河、瀍河、汝河等多条河流，孕育了历史悠久、底蕴深厚的河洛文化。历史上曾有多个王朝在此建都，遗留下极其厚重的历史人文资源。截至2019年，洛阳市有A级旅游景区70处，其中4A级以上28处，全国重点文物保护单位43处，省文物保护单位122处，博物馆69个。洛阳的旅游资源大概可以分为以下几类。

* 卢冰，哲学博士，河南省社会科学院文学研究所助理研究员，研究方向为图书史与明清文化。

一是自然山水景观，洛阳境内山川丘陵交错，有伏牛、外方、熊耳及崤山四大山脉，周围又有邙山、嵩山等多座山脉。以自然山水为依托，洛阳开发了白云山、老君山、重渡沟、鸡冠洞、龙潭大峡谷等多个景区。

二是历史人文景观，洛阳留有二里头夏都遗址、偃师商城遗址、东周王城遗址、汉魏洛阳城遗址、隋唐洛阳城遗址等多处历史遗址。又有周王城天子驾六博物馆、千唐志斋博物馆等多座历史文化类博物馆，其中千唐志斋所存唐志差不多占中国出土唐志的三分之一，是中国收藏唐人墓志最集中的地方。龙门石窟、白马寺更是闻名世界的旅游胜地。

三是民俗文化景观，因为洛阳历史文明厚重，在此基础上形成了多样的民俗文化和非物质文化遗产，其中国家级非物质文化遗产就有 8 个，关林庙会、牡丹文化节期间就有多种非遗展演和产品展示。

一 洛阳文化旅游发展的现状

“十三五”以来，洛阳市着力构建文化传承创新体系，推动文旅融合发展，加大基础设施建设和生态环境治理，实施全域旅游，采取多项惠民措施，提高旅游服务品质，推动消费转型升级，获得了很好的经济效益和社会效益。2018 年，洛阳市接待国内外游客 1.32 亿人次，比上年增长 6.5%；其中接待入境游客 141.3 万人次，增长 6.0%。旅游总收入 1148.43 亿元，增长 10.1%，占生产总值的 24.7%；其中创汇收入 4.32 亿美元，增长 8.2%。年末共有 A 级旅游景区 71 处，比上年末增加 23 处，其中 4A 级以上景区 28 处。①

1. 加快城乡建设，提供优良旅游环境

洛阳市以新发展理念为指导，牢牢把握以绿荫城、以水润城、以文化城、以业兴城，有力推动了城乡建设提速提质提效。2016 年起，洛阳市着力实施“一中心六组团”的城市发展战略，加强中心城区与周边伊川、偃

① 《洛阳市 2018 年国民经济和社会发展统计公报》。

师等六地的交通、生态、产业等方面的承接，把好山好水好风光融入城市，打造居者心怡、来者心悦的宜居宜业现代化城市。

加快重大基础设施建设。洛阳中心城区与组团县之间都有重大基础设施紧密连接，都有河流、生态廊道自然对接。“十三五”以来，洛阳市谋划实施了一大批重大交通基础设施建设项目，建成了洛偃、洛宜、洛伊等快速通道，中心城区与六组团放射状快速通道网正在形成。洛阳市内建成十字与外环相交的快速路网，地铁项目也在加紧施工中，外联内通的城市交通网络初步搭建完成。

加快构建生态环境建设体系。推进国土全域绿化，以中心城区绿化、廊道绿化、河流沿岸绿化为重点，加快绿道、水道和通风廊道建设。深入实施蓝天、碧水、净土、国土绿化、生态修复“五大行动”，加快推进“四河同治、三渠联动”综合治理，基本实现“水清、岸绿、路畅、惠民”的治理目标。如今，洛阳是国家园林城市、国家森林城市，绿化覆盖率达 43.8%，绿地率 36.4%，建成 186 个小游园，人均公园绿地面积 11.7 平方米，“四季常绿、三季有花”成为市民家门口的绿色福利，也成为洛阳迎接八方游客的靓丽名片。

在大力推进基础设施建设以改善城市环境的同时，洛阳市也注重公共文化服务建设，为增强城市文化实力提供保障。自 2017 年以来就大力推进“河洛书苑”城市书房建设，着力打造“15 分钟阅读文化圈”，目前全市已有 160 座城市书房建成投用。牡丹文化节期间，城市书房和公共图书馆会举办知识讲座、经典诵读等活动，丰富市民精神文化生活的同时更为整个城市增添了文化气息。

2. 实施全域旅游，促进区域协调发展

为响应国家关于促进全域旅游发展的指导意见，2018 年 5 月，洛阳市提出积极创建国家全域旅游示范区，通过“文化 +”“旅游 +”的融合发展方式，将文化旅游与洛阳当地的优势产业和优势资源有效结合起来，并通过重要节庆活动带动周边旅游的方式，形成产业聚合效应，有力拉动旅游消费，同时也实现文化旅游资源的有机融合，满足游客的体验需求，促进区域内部经济社会协调发展。洛阳市除了推出 3 个全域旅游示范区建设之外，周边各个县域也发挥自身资源优势积极推动旅游业加速发展。孟津县依托国家级田园综合体项目发展高效农业，以“来孟津耍吧”引领农旅融合发展持续升温；宜阳县以“一带一区五园”为主线，主打“休闲宜阳”建设；栾川县以美丽乡村建设带动全域发展，以特色农业、生态旅游助力脱贫攻坚；同时汝阳、嵩县的“醉美汝阳”“5A 嵩县”等全域旅游模式也全面展开。

洛阳借助牡丹文化节、关林庙会等重大节庆活动期间游客数量激增的契机，积极策划特色旅游项目，将市区的游客分流到周边县域，形成互动发展的良好态势。2019 年牡丹文化节期间，洛阳各县举办了各具特色的旅游项目，杜鹃花节、樱花节、樱桃文化节、骑行邀请赛、栾川摩旅故事等多项文化旅游活动全面开展，提升了牡丹文化节的旅游吸引力，同时也满足了游客多样化的体验需求。2019 年牡丹文化节期间，龙潭大峡谷就接待游客 15.97 万人次，老君山接待游客 14.9 万人次，其他如重渡沟、白云山等景区也吸引了大量游客，全域旅游的发展模式呈现出良好的带动效应。

3. 转变增长方式，旅游消费势头强劲

2018 年以来，国家陆续推出政策鼓励景区下调门票价格，门票降价将助推旅游景区从“门票经济”向“产业经济”转型，引导市场提供更优质的旅游服务体验，满足游客多样化的需求。洛阳市运用科技手段提高景区的服务水平，发展夜间经济和体验经济培育消费增长点，通过各种优惠联动措施增加景区吸引力，多措并举积极推动景区提质增效，努力探索旅游产业转型升级的新路径。

龙门石窟成为全省率先实现 5G 全覆盖的 5A 景区，身临其境的远程 VR 旅游、AR 游龙门等特色应用为游客提供全新的视听感受。龙门古街项目未来将被打造成集文物展示、文化传播、文化创意、文化交流、研学旅行、数字龙门科技体验、旅游服务等于一体的综合型文化旅游展示区。此外，洛阳市也将文化元素融入景区演艺活动之中，应天门的灯光秀、隋唐洛阳城的国风音乐季等夜游项目人气爆棚，九洲池的非遗展演、洛邑古城的街头音乐节等文化内涵丰富的节目也受到游客的欢迎。洛阳市的旅游产业通过提升文化内涵，丰富文化体验，增强游客的体验感和互动感，使得旅游消费呈现出强劲的增长势头。

洛阳市转变过去景区过度依靠门票的思维，在重大节庆活动期间推出各种惠民措施，景区门票半价、高速免费、刷年票直接入园等优惠措施带来的聚客效应十分明显，仅牡丹文化节期间持年票入园游客就达60.68万余人次，洛邑古城共接待游客73.05万人次。

4. 文化助力旅游，推进文旅融合发展

文化是旅游的灵魂，旅游是文化的载体，推进旅游业供给侧结构性改革，实现旅游产业转型升级，满足人民群众对高质量旅游体验的需要，需要文化助力旅游产业发展。洛阳市拥有丰富的文化资源和深厚的文化底蕴，在充分挖掘这些文化资源的基础上，开发了更多独具特色的旅游产品，提升洛阳旅游产业的文化品质。洛邑古城注入非遗产业、现代服务业态和灯光演艺，融传统文化底蕴和现代气息于一体。关林在2011年恢复了春祭活动（即关林春节庙会），邀请了河洛地区非物质文化遗产的表演项目和工艺美术品，展示河洛文化的独特风貌。九州池有武皇迎宾、乐舞表演、“行吟洛阳”诵唐诗等项目，入园游客不仅可以感受女皇武则天的生活场景，还可以免费进行唐妆体验。“五一”小长假期间，九洲池还将邀请众多非遗大师，进行茶艺、唐乐、书等展演活动，游客在欣赏技艺、与演员互动的同时，还可跟着大师学习非遗技艺。牡丹文化节期间举办的“洛阳诗词飞花令”“马金凤艺术周”等丰富多彩的文化活动，为牡丹花城增加了文化底蕴和艺术气息。王城公园开展《周礼迎宾》实景演出，“武皇武则天”盛装出巡，牡丹仙子采风、编钟乐舞表演、汉服秀等文化游园活动，全年共接待游客260万人次，旅游总收入超1000万元。

洛阳还积极举办博览会等推介交流活动，为洛阳旅游产业走出去搭建合作平台。“一带一路”旅行商大会，通过举办主题推介活动、文化旅游活动等，让与会旅行商全面了解体验了洛阳丰富的文化旅游产品。第三届河洛文化大集，有100多家客商参展，共吸引中外游客近15万人次；举办的中原文化旅游产业博览会，邀请国内外1000多家文化旅游企业参展，打造文化旅游产品展示交易与合作采购平台，现场共达成采购合作协议31个，总金额达4.7亿美元，为中原地区与世界各国交流合作搭建了重要平台。

二　洛阳发展文化旅游产业过程中存在的问题

洛阳市通过种种举措提升城市形象和旅游业的整体服务质量，取得了明显的效果，但在发展过程中还存在文化资源利用率不高、产业链不够完善等问题值得关注，需要在以后的发展规划中进一步完善。

1. 文化资源开发有待深化

虽然洛阳以隋唐文化、牡丹文化等为主线，利用千年帝都的资源优势进行了一系列的文化旅游资源开发，但是洛阳的文化资源利用率不是特别高，文化资源开发力度和广度都有待加强。牡丹节、关林庙会等重大节庆活动之外应该再开发一些精准的旅游产品，吸引游客在节庆日之外也能来到洛阳旅游观光。另外传统的游览之外还可以结合研学游、周末游、红色游等开发差异化的旅游路线，满足不同游客群体的需要。

2. 文化创意产业有待提高

2009年《文化产业振兴规划》将文化创意产业提升为国家战略性支柱产业，使得文化创意产业规模不断扩大。在文化消费的热潮下，文化创意产业大幅增长。洛阳的文化创意产业也有了一定的发展，出现了牡丹瓷、三彩艺、镇捣蛋、豫游纪等一批知名的文化创意企业，但是整体上存在产业结构不平衡，市场发育不充分，产品缺乏创新，行业缺乏人才等问题。文化创意产业对于推进行业创新和产业结构调整至关重要，因此要大力发展文化创意产业，促进文旅深度融合发展和区域经济增长。

3. 产业链发展不足

面对景区门票降价的大趋势，从门票经济向产业经济转变需要产业链条延伸。只有产业链条延长细分，参与者越多，才有大量的利益增长点。有研究表明，旅游产业链的效益约为门票价值的7倍，包括食宿、交通、购物及间接创造的社会财富。西湖景区免票之后吸引了更多的游客，创造了更高的旅游收入就得益于产业链的强大支撑。需要进一步把握吃、住、行、游、购、娱等旅游要素，进一步发展产业链，完善相关服务业提质升级，提升旅游配套服务的品质。

4. 景区与周边环境不协调

游客来到一地不仅仅是游览单独的景区，景区周边乃至整个城市都在游客观光范围之内，但洛阳市部分景区与景区周边的环境不协调，景区之内风景优美、建筑宏伟，景区周边杂乱无绪，二者形成了鲜明对比，整体风格割裂感严重，影响游客的体验感。解决景区与周边环境的连贯性问题，需要从整体上规划协调，统筹考虑把景区的历史文化元素创造性地融入周边环境。

三　对洛阳文化旅游发展的对策建议

虽然洛阳市在建设旅游文化名城，发展文旅融合助力旅游产业提质增效等方面取得了一些成果，但在产业链延伸、资源开发力度等方面仍存在一些问题，需要通过政府统筹规划，企业发挥积极主动性提升整个文旅产业的活力。

1. 提高资源开发力度

中国旅游研究院近日发布的《2019上半年全国文化消费数据报告》显示，居民赴外地旅游期间文化消费潜力巨大，超过八成的受访者表示2019年上半年在外地旅游参加和体验了文化活动，预计未来消费水平和消费质量仍有很大提升空间，文化消费拉动经济作用显著。洛阳有十分丰富的历史文化旅游资源，但是开发力度不够，应该细分游客群体，细化产品类型，结合自身资源优势开发文化游、周末游、山水游等地域特色鲜明的旅游产品，提升文化场馆周围交通、餐饮等配套设施，提高游客满意度。体验消费热潮之下，游客越来越注重旅游景区的文化内涵和人文关怀，更加重视精神层面的体验和感受，注重旅游项目的参与性，因此洛阳在旅游资源开发的过程中，还需要加强设计参与性旅游项目、开发休闲娱乐项目，发展体验式个性化旅游产品，逐步实现旅游产业供给侧结构性改革。洛阳周边县域也可以发展以观光旅游为基础、以休闲度假旅游为主导的综合性旅游产品体系，吸引更多的游客进入景区进行选择性消费，增强景区的吸引力。

2. 大力发展文化创意产业

文化创意产业不仅能够满足人们的精神需求，形成新的消费市场而且能够与其他产业融合发展，促进产业结构优化升级，有效地推动中国的经济转型和产业融合发展。2016 年 12 月，数字创意产业被确立为国家战略性新兴产业，中国文化创意产业也将迎来一次全新的产业变革。洛阳拥有丰富多彩的山水景观资源、体量巨大的文化资源和众多非物质文化遗产，有众多广为人知的文化 IP，有数量众多的博物馆，洛阳的文化创意产业大有可为。但要把资源转化为产业，需要各方共同努力。洛阳应该加强产学研结合，培养文化创意产业方面的人才，提升整个行业的创新创造能力，深入挖掘历史文化资源，结合洛阳历史文化元素加大产品研发力度。政府也应加大政策扶持，重视发挥市场作用，鼓励多种投融资方式，促进文化创意产业大规模发展。

3. 延伸文旅产业链条

文旅产业虽然以旅游为核心，但游客的吃、住、行、游、购、娱等每一个消费环节都与当地的有关产业息息相关，“门票经济”向“体验经济”的转型，也需要深度挖掘整个产业链上每个环节的消费潜力。洛阳的文旅产业链条延伸细分应以丰富游客体验为导向，需要充分考察旅游、度假、居住、商业乃至产业发展等各方需求，打造复合型的创意旅游产品，因地制宜地设计丰富旅游体验的产品和项目。还可以在原有产业链要素的基础上衍生出新的要素，如出版、影视、动漫等行业，又可以结合文艺演出、文化创意、IP 开发衍生出新的市场。此外产业链的形成还需要发挥核心企业的主导作用，核心企业在整个文化旅游产业链中经济实力强、辐射面广，能够带动上下游相关企业的发展，可以更好地整合资源，增强文旅产业发展的内生动力，助力文化旅游深度融合发展。

4. 把握科技创新的机遇

目前游客需求越来越多元化，越来越重视旅游中的文化内涵、体验感和参与感。在此背景下，文旅产业与高新科技融合发展已经成为推动旅游产业转型升级的重要手段，旅游产业中科技手段发挥着越来越重要的作用。洛阳的文旅产业也要把握科技创新的方向和机遇，通过科技手段打造旅游地场景端，如洛阳的博物馆等景区可以通过 VR、AR 等科技手段让文化、文物更接地气，增强游客的体验感和互动感，让游客在高仿真的体验中感受到传统文化的魅力。洛阳一些景区的演艺项目中，也可以运用影音、机械以及 AR、VR 手段来增强节目表现力，深化游客体验。洛阳的隋唐洛阳城等景区也增加了夜游项目，但是夜游不仅仅是视觉秀、灯光秀，夜游项目需要将影像技术和当地文化要素精准结合，使每一位游客产生精神上的共鸣。目前洛阳旅发集团正在积极建设“洛阳旅游大数据服务平台”项目，将打造面向全国服务的“数据 + 文旅”“数据 + 金融”“文旅 + 产业”等“互联网 +”数字经济平台。目前大数据产业正处于向融合发展转型的关键机遇，以文化旅游为特色的公共服务大数据产业必将助力文旅融合实现跨越式发展。

5. 善用新媒体拓宽宣传渠道

在当前的文旅产业中，无论是对旅游产品的品牌塑造还是对产品的推广宣传，新媒体都功不可没，尤其是“两微一抖”（微信、微博、抖音），正成为旅游目的地营销的最热门渠道。要善于运用新媒体平台，发挥新媒体快速高效的传播优势，运用新媒体矩阵加大景区的宣传力度。洛阳在这方面也有实践，关林管理处和洛报 · 融媒合作推出的 2016 年洛阳关林春节庙会就是一个很好的尝试。栾川老君山景区邀请今日头条、抖音短视频、火山小视频、西瓜视频等媒体平台粉丝超过 3 万的用户到景区游览创作，获得了很高的曝光量和关注度。此外还可以利用短视频、微博等平台对新的文化旅游体验进行互动式交流，及时获取游客真实意见和感受，进而改进产品和服务水平。

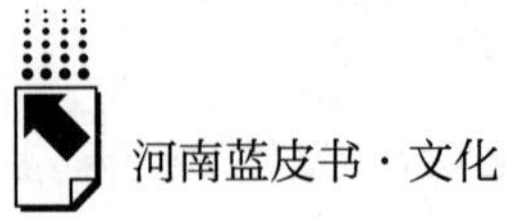

参考文献

1.《打造洛阳文化产业新高地——访洛阳关林管理处处长郭挺彩》，《洛阳日报》2015 年 12 月 17 日。
2. 王虹、张烨：《新时代文化产业发展问题探究——以洛阳和景德镇文化产业的比较为例》，《四川戏剧》2018 年第 5 期。

B.20

安阳市推动文化旅游融合发展调查报告

席 格*

摘 要： 安阳市拥有殷墟、甲骨文、《周易》文化等特色鲜明的传统优秀文化资源和红旗渠所代表的当代文化资源。在充分利用文化资源发展旅游过程中，安阳市致力于打造特色文化旅游线路、文化旅游产品，并紧紧抓住研学旅游蓬勃发展的机遇，探索出了一条适宜安阳文化旅游深入发展的路子。正是在此基础上，安阳市提出了“打造文化旅游千亿主导级产业”的目标。而要实现这一目标，安阳市尚需采取优化旅游链条、做强研学旅游、壮大访客旅游、开发新文化旅游产品等有效措施。

关键词： 安阳 文化旅游 融合发展

安阳虽然并不属于河南旅游的郑、汴、洛黄金旅游带，但作为国家历史文化名城，凭借着世界文化遗产殷墟、甲骨文、《周易》文化、红旗渠精神等的知名度和影响力，依然在文化旅游产业方面取得了可喜成绩。但相较于其他市的文化旅游发展状况来看，安阳市的文化旅游尚有巨大发掘潜力。正是看到了这一点，安阳市委市政府提出要推动文化旅游产业加快发展，“打造文化旅游千亿主导级产业”，与新能源汽车及零部件、精品钢及深加工、高端装备制造相并列，可谓赋予了文化旅游产业以极其重要的地位。这也是

* 席格，哲学博士，河南省社会科学院文学研究所所副研究员，研究方向为审美文化。

安阳出台一系列政策，致力于推动优秀传统文化创造性转化、创新性发展，助力中原更加出彩的重要举措，意义重大。

一　安阳市文化与旅游融合发展的现状

（一）文化旅游资源特色鲜明

安阳拥有众多的文化遗产，就文化遗产的产业化开发的可能性来看，可开发的殷墟、汉字文化等具有得天独厚的优势和鲜明的文化特色。2019年10月16日，国务院正式发布《关于核定并公布第八批全国重点文物保护单位的通知》，其中安阳永和桥被新增进入古建筑类、滑县县委县政府早期建筑被新增进入近现代重要史迹及代表性建筑类，成为安阳新增的两处全国重点文物保护单位。至此，安阳市拥有殷墟、大运河（安阳段）2处世界文化遗产，全国重点文物保护单位26处，国家级历史文化名城1处，国家级历史文化名镇1处，千年古县1个。非物质文化遗产资源方面，拥有7项国家级非物质文化遗产项目；曲沟镇的抬阁、安阳县吕村镇的战鼓、内黄县的农民画都已远近闻名，这三个地方被命名为“中国民间文化艺术之乡”；汉字文化、殷商文化、《周易》文化等历史悠久、底蕴深厚、特色鲜明的优秀传统文化资源，和作为当代文化资源的红旗渠精神。如何将这些独特的文化资源与旅游产业发展深度融合起来，在传承、保护优先的基础上合理开发，直接关乎安阳文化旅游产业发展目标的实现。

（二）文化旅游产业体系完善

安阳市文化旅游产业经过多年的发展，文化产业体系可谓门类齐全，文化演艺业、文化娱乐业、节庆会展业及相关配套衍生产业等都得到了有效发展，并形成了国家级文化产业示范基地安绣文化产业有限公司、国家文化出口重点企业河南凯瑞数码股份有限公司等一批优秀文化企业。同时，经过多年的努力建设，形成了殷墟遗址景区、红旗渠—太行大峡谷旅游景区两个5A级景区，以及汤阴岳飞纪念馆、羑里城、马氏庄园和香山寺等4A级景区。为了深化文化资源与旅游产业的深度融合，安阳市充分利用特色文化资源打造了一批特色文化旅游商品，如后母戊鼎（复制品）、汉字泉、相州窑复古陶瓷、红旗渠版画、文峰塔泥塑、滑县木版年画、内黄李新张木版年画、安绣等。另外，还联合河南省话剧艺术中心打造了话剧《红旗渠》，先后荣获了“文华大奖”、中宣部精神文明建设“五个一工程奖”、曹禺戏剧文学奖等。正是得益于文化旅游产业体系的完善，使安阳在文化旅游方面逐渐形成了甲骨文、殷墟、红旗渠等一批知名文化旅游品牌，有力地推动了安阳文化与旅游的融合发展。

（三）文化旅游新业态蓬勃发展

为充分发挥文化品牌效应，安阳市采取了系列措施促进文化资源与旅游的深度融合。如通过节会带动文化旅游，持续举办安阳航空运动文化旅游节，借助充满魅力与挑战性的航空产业拉动文化旅游；举办内容丰富的文化研讨活动带动文化旅游，如“纪念甲骨文发现120周年学术研讨会”“凤归大邑商——殷墟妇好文物安阳故里展”、“中国汉字巡展”、“甲骨文书法篆刻展”、中国文字发展论坛等。其中，最为令人瞩目的措施乃是培育以研学旅游为代表的文化旅游新业态。如在马氏庄园举办研学旅行开笔礼活动，在殷墟举办“世界大同·文明安阳”研学游·国际学子成人礼、“安阳未解之谜”研学游、“厚重河南，渊源中国”安阳历史文化研学游等，还编制发行了国内第一本《研学游手册》。这既充分履行了对传统文化资源的传承、保护与弘扬，又以适当的形式拉动了文化旅游产业的发展。现在，安阳市已经荣获国家旅游局授予的首批“中国研学旅游目的地”称号，红旗渠景区则是获得了首批“全国研学旅游示范基地”称号；中国文字博物馆、殷墟、岳飞庙纪念馆、红旗渠风景区等被列入教育部全国中小学生研学实践教育基地；殷墟、羑里城、马氏庄园、红旗渠·太行大峡谷旅游区等，被评为河南省首批研学旅游示范基地。可以说，安阳市已经成为国内外研学旅游的标

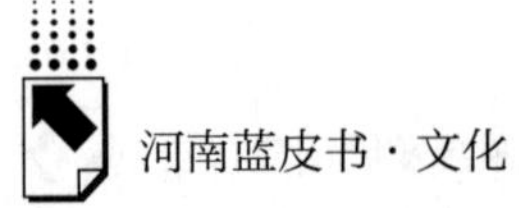

杆。另外，安阳市还注重培育了时兴的民宿旅游，打造了“一家人·归墅”“淇心小筑”、庙荒村等一批有地域风情的民宿品牌。

（四）文化旅游融合措施得力

安阳市为了推动文化与旅游的深度融合，首先制定了一系列行之有效的政策，如《安阳市文化旅游产业发展三年行动计划》《安阳市文化旅游资源开发利用工作方案》《安阳市人民政府关于培育新能源汽车及零部件、精品钢及深加工、高端装备制造、文化旅游四大千亿级产业的实施意见》等；其次加大财政支持及投资力度，2019 年全力推进 21 个文化旅游建设项目，其中包括 18 个重点文化旅游项目，其中包括殷墟国家考古遗址公园、安阳古城保护复兴政治工程、安阳历史文化科技主题公园等，总投资估算大约为 449 亿元，2019 年计划投入资金约 45 亿元；再次深化文化体制机制改革，在 2019 年挂牌成立了安阳市文化广电体育旅游局，理顺了文化旅游产业管理体制机制，为文化旅游产业深度融合奠定了坚实基础；最后积极宣传推介，开展“火车向着太阳跑”“跟着课本游安阳”“日本千人游安阳”等活动，利用抖音、网红等进行宣传，并加入了“一带一路”城市联盟。

（五）文化旅游产业稳步发展

安阳市通过大力发展智慧旅游、全域旅游等，“活化、融化、转化”文化资源等系列有效措施，切实推动了安阳由文化旅游资源大市向文化名城、旅游胜地的转型，从而实现了文化旅游产业收入的稳步提升。据《2017 年安阳市国民经济和社会发展统计公报》发布的数据：“2017 年接待国内外游客 4743.04 万人次，增长 17.9%。旅游总收入 436.43 亿元，增长 30.2%。”①据《2018 年安阳市国民经济和社会发展统计公报》发布的数据：“2018 年接待国内外游客 5338.9 万人次，增长 12.6%。旅游总收入 506.6 亿元，增

① http：//www.ha.stats.gov.cn/sitesources/hntj/page_pc/tjfw/tjgb/sxsgb/article42e076553ca7459c855f0a4baa1e37ad.html。

长 16.1%。”[①]。再以国庆假期旅游为例，2018 年安阳市“全市 7 天共接待游客 262.36 万人次，同比增长 32.89%；旅游总收入达 21.94 亿元，同比增长 37.21%”[②]；而 2019 年国庆假期，尽管受连日降雨降温的影响，安阳市的游客数量和旅游收入有所下降，但仍然可观，安阳“全市共接待国内外游客 177.61 万人次，较 2018 年下降 32.3%；旅游收入累计 140600 万元，同比下降 35.92%”[③]。

二　安阳市文化与旅游深度融合存在的问题

（一）文化资源整合力度不够

从发展文化旅游的角度整合文化资源，就是要最大限度地发挥文化资源的影响力。目前，安阳市对文化资源的整合，主要是两种路径：一种是打造富有独特性的文化旅游商品，从而将非物质文化遗产资源与物质文化遗产资源有机结合起来；另一种则是打造精品旅游线路，如由殷墟、羑里城、岳飞庙与马氏庄园组成的文化游，由殷墟、红旗渠、太行大峡谷组成的经典游，由红旗渠、谷文昌纪念馆、扁担精神纪念馆和马氏庄园组成的红色游等。这在一定程度上推动了安阳文化旅游的发展，但力度是不够的。一方面，以小南海遗址与石窟、曹操高陵等为代表的文化资源，并没有得到有效开发；另一方面，文化资源在向旅游产业整合转化时，仍局限于文化资源借助旅游产业发展水平和规模、旅游产业借助文化资源的知名度和认同度，并没有深度发掘文化资源的内容。而只有深度梳理、整合和发掘文化资源，才能在传承、保护的基础上进行转化、开发。加大整合文化资源的力度，是安阳市推动文化与旅游深度融合必须解决的问题。

---

① http：//www.ha.stats.gov.cn/sitesources/hntj/page_pc/tjfw/tjgb/sxsgb/article1b3be715d2a540c2a788a4f4dc6b9d49.html。

② https：//www.henan.gov.cn/2018/10－09/693767.html。

③ https：//news.dahe.cn/2019/10－08/544356.html。

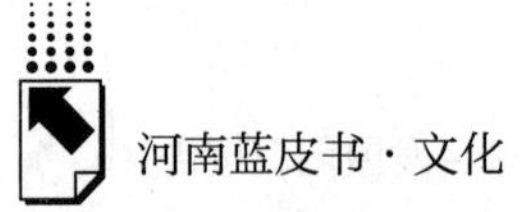

（二）文化精神转化普及不够

文化资源中所蕴含的文化精神，游客很难直接在文化旅游中深刻体验到，必须诉诸可感可知的文化产品形象生动地呈现出来。如红旗渠精神，仅仅依靠对红旗渠的观光游览，虽然可以感受到艰苦创业、团结协作等精神内涵，但还不足以震撼人心，不足以带来精神的洗礼。辅之以红旗渠开凿的纪录片、话剧《红旗渠》、实景演出之“凌空除险”和“铁姑娘打钎”等，便能让游客直观深刻地体验到“自力更生，艰苦创业，团结协作，无私奉献”的精神。但这种创造性的转化、发掘在传统历史文化资源中应用得很不够。如对殷墟、甲骨文、周易、青铜器等资源的发掘，主要是开展学术性研究、学术性会议。对于普通游客而言，显然缺乏相关的专业基础、历史文化知识，进而也就难以对甲骨文、殷墟等文化资源的意义、价值等形成深刻认识。如果要展现这些文化资源的价值，就必须对其进行创造性转化、创新性发展，用通俗易懂、深入浅出的形式讲出文化资源的深刻内涵与文化精神。以殷墟为例，作为商的都城，在都城规划中蕴含了深刻的象天法地、天人合一精神，而要鲜活地呈现在游客面前便必须创造性转化，进而达到宣传、弘扬的目的。

（三）文化旅游融资渠道不够

充足投入，是文化与旅游实现融合发展的资金保障。针对安阳市文化与旅游的融合发展而言，相较于文化旅游较为发达的城市，安阳市文化企业规模偏小，缺少龙头文化企业的带动。究其原因，投入资金的短缺乃是制约文化企业进一步发展壮大的关键所在。从当前安阳文化旅游发展的投融资渠道来看，仍然是财政资金投入为主。无论是被列入重点工程的殷墟遗址公园、历史文化科技园等，还是非物质文化遗产保护项目。以后者为例，安阳市财政每年安排 20 万元专项资金，用以支持非遗项目、非遗传承人。显然这对安阳众多非遗项目保护、传承实际所需要的资金而言，是不够的。文化旅游产业发展资金匮乏困局的出现，根本在于以财政投入为主的投融资渠道。那么，破解文化旅游资金匮乏的困局，就要拓宽投融资的渠道。除进一步加大财政投入、安排专项资金外，更需要积极调动金融资本、民间资本、风险投资等。但这些资金的调动，又需要充分发挥政府相关部门的主导性作用，以优厚的回报进行招商引资。可喜的是，安阳市已经着手拓宽文化旅游投融资渠道。如将殷墟、曹操高陵、安阳古城、岳庙古城等重点项目整合打包，以对接资金实力雄厚的文化旅游企业，进行投资、建设、运营一体化招商。

（四）文化旅游机制完善不够

尽管安阳市出台了一系列旨在促进文化与旅游融合发展的政策措施，也在完善文化旅游基础设施、文化旅游投融资机制等方面进行了探索，但相对于文化与旅游深度融合对相关机制的要求而言，尚有亟待完善之处。首先是人才机制不完善。安阳市在文化创意人才、文化经营人才、文化管理人才和非物质文化遗产传承人才等方面都处于严重匮乏状态，亟待革新人才机制，打造和完善文化与旅游融合发展的人才队伍。其次是文化旅游融合机制不完善。关于文化与旅游的融合，缺乏统一的规划布局，以致文化基础设施建设滞后、文化遗产保护与城市发展难以兼容、文化产业链条完善针对性不足等。再次是非物质文化遗产传承、开发机制不完善。非物质文化遗产的管理机构不完善，管理人员不足，缺乏相应的编制、人才与经费。最后是文化旅游产业扶持机制不完善。文化旅游企业的发展壮大，离不开政府在财政、税收、土地等方面政策的大力支持，以及相应的奖励激励。安阳虽然拥有以安绣文化产业有限公司为代表的优秀文化企业，但整体而言规模企业数量不足，更缺少龙头企业带动、知名企业品牌。

三　推动安阳市文化与旅游融合发展的建议

（一）强化顶层设计，推动文化与旅游深度融合

文化与旅游的深度融合，是一项复杂的系统工程，必须强化顶层设计进

行系统性规划。针对安阳市文化与旅游深度融合发展的瓶颈，需要通过顶层设计来进行突破。首先，要转变固有的重经济轻文化的观念。传承和弘扬优秀传统文化是社会主义文化建设的重要组成部分，是新时代满足人民美好生活的重要内容。并且，文化旅游产业属于绿色经济，是转变经济增长方式的重要内容。其次，出台文化与旅游融合的政策。在梳理和评估安阳市文化资源的基础上，制定促进文化与旅游深度融合发展的政策，并配套制定避免政策“棚架”的具体实施细则。再次，制定文化人才保障机制。培训提升安阳市现有文化旅游行业管理人才、市场经营人才和文化创意人才；大力引进安阳市文化旅游发展缺乏的高端创意人才和文化创意领军人才；搭建文化人才在安阳市施展才华的平台。最后，完善文化旅游投融资机制。设立文化旅游专项资金，并依据 GDP 增长速度，按比例逐年提升文化旅游专项资金金额；完善财政投入、税收优惠、奖励补贴、金融支持等实施细则；鼓励金融资金、风险基金、民间资本等进入文化旅游产业。

（二）打造品质旅游，提升文化与旅游融合质量

随着人民日常生活水平的大幅度提高，对文化旅游的品质也提出更高的要求。第一，要求文化旅游的体验度高。游客希望能够切实体验所关注的文化项目，如甲骨文的辨认和书写，青铜器皿的制作等，在体验过程中学习更多的知识，进而感受传统文化的魅力。第二，要求文化旅游的纯粹度高。文化旅游是作为产业进行发展，除了遵循经济规律外，更要遵循文化规律、审美规律。丰富的、有创意的文化内容才能吸引游客，也即审美价值、文化价值是文化旅游展现经济价值的基础。如果一味追求经济价值，甚至以牺牲文化旅游的审美价值为代价，最终只能成为文化垃圾而被市场淘汰。第三，要求文化旅游的舒适度高。文化旅游与山水旅游不同，需要游客慢慢感受、认识与体悟，从而对吃、住、行、游、购、娱每一个环节都提出了高标准要求。可以说，高品质的文化旅游已经成为文化与旅游深度融合发展的目标，也是文化与旅游深度融合发展的方式。对于安阳的文化旅游而言，更要强调高品质旅游的发展目标。因为，安阳蓬勃发展研学游、民宿游，本身就是高

品质旅游的有机内容。特别是对研学游而言，尽管安阳成为研学旅行的标杆，但随着研学游的发展，研学旅游市场竞争会愈加激烈，只有提升研学游的品质，才能在竞争中发展、壮大。

（三）发挥文化创意，创新文化与旅游融合产品

文化旅游业发展至今，文化与旅游相互利用的表层融合既难以适应文化旅游提升的要求，也难以适应文化旅游激烈竞争的现实。而充分发挥文化创意，乃是文化与旅游深度融合发展的必由之路。只有积极运用文化创意，才能实现对文化与旅游融合瓶颈的突破，才能实现对文化旅游产品的创新。就安阳文化旅游产品的现状来看，虽然融入了一定的创意元素，与当下的文化审美趣味有一定的结合，但整体而言创意水平不高、创新程度不够。事实上，讲好优秀传统文化的故事，是一件十分艰难的工作，需要围绕文化创意进行多方面的共同努力。安阳市要深化文化与旅游的融合，便需透过殷墟、甲骨文、羑里城、马氏庄园等物质文化遗产与历史文化的结合，深度发掘物质文化遗产在产生、传承过程中的历史故事，进而诉诸文化创意进行现代创新、转化；通过深入发掘非物质文化遗产的内涵，在打造原汁原味的非物质文化遗产商品的同时，诉诸文化创意创新性地融入具有现代文化特征的产品之中。只有充分发挥文化创意，才能提升安阳文化旅游产品的市场影响力、竞争力，才能最大限度地借助文化旅游进行传承和弘扬优秀传统文化。

（四）提升服务质量，夯实文化与旅游融合基础

文化旅游业服务质量的高低，直接决定着文化旅游品质的高低，进而影响到文化旅游的竞争力，关乎文化旅游由一般性游览到访客游的转型。安阳市要推动文化与旅游的融合发展，提升文化旅游服务质量是应有之工作。要达成这一目标，便需从两个方面着手。一方面，要加快文化旅游基础设施完善进度。只有高品质的硬件基础，才能提供打造高品质旅游的可能。无论是交通设施，还是宾馆、酒店，以及旅游景区的具体配套设施，都应该纳入一个建设考核标准，打造一流的标准化建设。另一方面，要提升文化旅游的柔

性服务质量。这直接与文化旅游目的地的美誉度、影响力相关。只有提升游客的满意度、舒适度、赞誉度，才能推动高品质旅游、访客旅游。而柔性服务质量的提升，关键在于文化旅游从业人员素质的提升，尤其是直接与游客交流的一线从业人员。当然，柔性服务还包括很多具体的内容，如旅游信息发布渠道的便捷性，App、小程序、查询网站的建设与回复速度；旅游景区在旺季提供服务的周到程度、便捷程度等。这两者有机结合在一起，针对性地完善服务体系、提升服务质量，是文化与旅游的深度融合发展所必需的坚实的物质基础。

B.21
汝州市汝瓷小镇（蟒川镇）文化旅游业融合发展调研报告

赵俊璞　王 淼　刘梦佳*

摘　要： 汝州市汝瓷小镇（蟒川镇）是第二批全国特色小镇，以汝瓷文化产业为引领的三产融合特征明显，在发展乡村振兴的大背景下，具有很强的代表性。汝瓷小镇文化旅游融合发展资源丰富，优势明显，在推进文化＋旅游“强强联手”的同时，敏锐地把控到乡村文化旅游发展中文化产业和现代农业的相辅相成的关系。深层次地将手工艺从业者、农业畜牧业从业者进行有机结合，为旅游业增加内容，调动群众参与的积极性和广泛性。汝瓷小镇以汝瓷文化产业为引导，以历史文化遗存为载体，以观光农业充实旅游内涵，以旅游带动文化发展，把汝瓷小镇历史悠久的文化资源和绚丽多彩的旅游资源优势转化为产业优势，推进文化和旅游真正融合，服务经济社会发展。

关键词： 汝瓷小镇　文旅融合　三产融合　蟒川镇

近年来，汝州市文化旅游业紧紧围绕建设“汝瓷文化名城、山水宜居绿城、豫西南区域性副中心城市”的总定位，深入贯彻文化强国和发展全

* 赵俊璞，汝州市文化广电和旅游局副局长；王淼，河南省财经政法大学助教；刘梦佳，汝州市汝瓷电子商务产业园管委会对外联络办主任。

域旅游战略，以文促旅、以旅彰文，扎实推进文旅融合，抢抓发展机遇，积极创建河南省旅游标准化示范市，文化旅游资源优势逐步转化为经济发展优势，产业产值稳步提升，取得了良好的社会效益和经济效益。特别是获评住建部第二批全国特色小镇的汝州市汝瓷小镇（蟒川镇），以汝瓷文化产业为引导，以历史文化遗存为载体，以观光农业充实旅游内涵，以旅游带动文化发展，创新出的文旅融合发展新模式，取得了良好的社会效益和经济效益。

一 汝州市情和文化旅游业发展整体情况

汝州市位于河南省中西部伏牛山余脉地带，总面积1573平方公里，总人口约120万，是河南省委省政府确定的省直管试点县市之一、省对外开放重点市、省加快城镇化建设重点市。汝州市是汝瓷之乡，曲剧故里。先后荣获“中国陶瓷历史文化名城”“中华名窑·瓷魁之乡”“国家第二批全域旅游示范区创建单位”“中国优秀旅游城市”“国家园林城市”“国家卫生城市”“全国文化城市提名城市”“全国电子商务进农村示范市”以及旅游标准化示范市、美丽乡村建设示范市、垃圾治理达标市、“最多跑一次”改革试点市、公交优先示范市、河南省戏曲之乡等荣誉称号。

汝州市文化旅游业呈现了健康发展局面。基础设施，如道路、景点景区、引导标识等建设水平逐步提高。服务能力、接待能力明显提升，2018年接待游客405.81万人次，同比增长38.87%，旅游收入6.22亿元。汝瓷，位于五大名窑之首，享誉海内外，是汝州的一张金字招牌和国际名片，汝州市陶瓷企业达到了260多家，涵盖汝瓷生产、销售和电商推广等行业，年产值突破8亿元。文化产业、文化旅游市场管理体制日趋完善，文化市场综合执法改革稳步推进，监管和服务能力日益提升。

汝州市地理环境特殊，自然条件优越，两山夹一川的地理优势带来了农林牧渔和观光业的兴旺。汝州是全国小麦商品粮生产基地、全国肉类生产百强县和国家商品猪生产基地。全市农林牧渔业增加值389530万元。全年粮食播种面积达1438485亩，油料播种面积18.05万亩，蔬菜种植面积10.48

万亩。粮食总产量452141吨，经济作物中，棉花产量650吨，油料产量38809吨，烟叶产量5567吨，蔬菜产量299259吨。猪牛羊禽肉总产量8.81万吨，禽蛋产量6.15万吨，奶类产量4.20吨。农产品加工业、传统手工业、文化旅游业与观光农业相互融合渗透，生产性服务业、旅游观光、高新技术等也融入农村各产业，呈现出文化、农业与旅游产业融合发展的良好局面。

汝州是一个传统的资源型城市和历史文化、自然资源都比较丰富的城市，在宏观经济下行的压力之下，经济转型迫在眉睫，汝瓷文化产业的发展是一个很好的突破口。2015年，市委市政府高瞻远瞩，在蟒川河沿岸宋元古窑遗址高标准、高规格规划设计了中国汝瓷小镇，规划建设汝瓷产业园、创客园、汝瓷博物馆、汝瓷研究所和汝瓷大师园。

二　汝州市汝瓷小镇（蟒川镇）基本情况

汝瓷小镇（蟒川镇）位于汝州市城区西南15公里，下辖34个行政村，212个自然村，289个村民组，6.7万人，面积146平方公里，耕地面积6.1万亩。是第二批全国特色小镇，国家农村产业融合示范基地，以打造汝瓷文化为主导的陶瓷名镇，省级田园综合体建设试点乡镇，省级文明村镇、生态乡镇，河南省园林单位。

汝瓷小镇（蟒川镇）汝瓷产业园先后被河南省人民政府授予“河南省重点文化产业园区”，中共河南省委宣传部、河南省科学技术厅授予“首批河南省文化与科技融合示范基地”、“2015年度河南省最具吸引力电子商务园区”、“河南省青年创业创新示范园区”、“河南省服务业专业园区”和“第五批河南省文化产业示范园区”等荣誉称号。

三　汝州市汝瓷小镇（蟒川镇）文化旅游业融合发展的基础与优势

汝州市汝瓷小镇（蟒川镇）内现有汝瓷产业园区、现代农林生态花海田园综合体示范园区、万里茶古道半扎古镇申报世界文化遗产项目区、蒋姑山自然景观旅游开发项目区四个区域。小镇基础设施完善，产业融合主体多元化，产业融合发展活力强。汝瓷企业、非遗大师、景区运营单位、农民合作社、种养大户等在产业融合中发挥了强大作用，带动作用明显。

一是汝瓷小镇汝瓷产业园区。位于小镇北部，依托严和店汝窑遗址区和蟒川河宋元窑址群的历史积淀，利用蟒川河两岸的优美自然风光，积极打造具有汝州地域特色和承载历史文化传承的特色艺术小镇。项目区全长近4公里，规划面积约12平方公里。总投资约35亿元，项目总建筑面积约50万平方米，建设中国汝瓷博物馆、河南省陶瓷质量监督检验中心、汝瓷文化遗址公园、非物质文化遗产展示馆、汝帖文化中心、蟒川河滨水生态文化旅游度假区、曲剧艺术大舞台、汝石文化展示中心等。着力打造“文化+生态+产业+电商+旅游+健康养生”的具有园区特色的滨水文化小镇。目前，正在建设汝瓷文化产业项目中国汝瓷博物馆、陶瓷企业产业园、创新创业创客源、河南省陶瓷产品鉴定检验中心等已基本竣工。民生基础设施项目蟒川河治理、污水处理厂、中小学校、养老院、廊道绿化、燃气暖气、水库水渠、棚户区改造等正在加速推进。

二是现代农林生态花海田园综合体示范园区。位于小镇西北部，该项目被省财政厅评为河南省田园综合体试点项目。是河南蒋姑山农林发展有限责任公司规划建设，以汝州市农民梦种植专业合作社、王岭村油用牡丹种植专业合作社、郝沟村油用牡丹种植专业合作社、娘庙村元宝枫种植专业合作社、腾店村元宝枫种植专业合作社、腾口村有机农产品专业合作社6个农民合作社为载体，倾力打造的生态花海田园综合体项目。2016年被评为河南省林业产业化省重点龙头企业、汝州市农业产业化重点龙头企业。

该项目一期规划总面积为4万亩总投资15.61亿元人民币，以西北农林科技大学等科研单位为技术支撑，着力打造四季有花、四季常绿、环境优美、生产生活生态“三生同步”、集农林产业文化旅游“三位一体”综合发展、中东部地区规模最大最美的，集创意农业、循环农业、农事体验、生态花海田园景观为主要载体，国内一流、国际知名、一二三产业“三产融合”

的现代化农林田园综合体。项目全部建成后，预计每年可实现综合营业收入10.34亿元，上缴税收1.07亿元，税后利润3.06亿元。可为周边百姓提供2200余个就业岗位，年支付各项劳务费用3000万元以上。同时可引导周边百姓种植木本油料，带动周边农林产业发展。让群众在园区内月月有事做、年年有收入，实现真正的家门口务工。目前，该项目已流转土地2万亩，种植花草、树木约1.5万亩。

三是万里茶道半扎古镇申报世界文化遗产项目区。万里茶道—半扎寨坐落在汝州市蟒川镇半扎村东西走向的石龙岭上，地势西高东低，因先有宛洛古道沿河而行，而后有村民建房而居，形成了一个集生产、生活及防御于一体的建筑组群。从清代汝州地域图中可以看到半扎坐落在贯穿汝州全境且唯一通往外地的古道上，万里茶道从中国境内的福建崇安（现武夷山市）起，途经江西、湖南、湖北、河南、山西、河北、内蒙古等地，从伊林（今二连浩特）进入现蒙古国境内，沿阿尔泰军台，穿越沙漠戈壁，经库伦，最终到达当时中俄边境的通商口岸恰克图，全程约4760公里。半扎寨又名半扎古镇，作为中俄万里茶道必经驿站之一，是茶道上重要的物资补给地，也是商队重要的休整地，是古人遗留给我们的一笔丰厚的文化遗产。2014年11月17日半扎寨所在的半扎村被列入第三批中国传统村落名录。

寨内两条古道（前街、后街）贯通整个寨子，街道两侧则错落建房而居，倒座则辟为店铺，形成“前店后居”的中国传统商业模式。山西的“八大兴”等大商号都曾在这里开分号、做生意。在当地，流传着“吃不完的大营饭、住不完的半扎店”之美誉。目前，半扎寨有明代的半扎桥，明清时期见证万里茶道之路的车辙痕迹；清代的山陕会馆（关帝庙）、西寨门、石龙头、石板桥、樊光明宅院、土地庙、土地神祠、古泉等；烟行、粮行等轻工业、金融商贸建筑及附属物。

全寨东西长约930米，南北宽150～300米，寨墙周长约2300米。半扎寨南、北两侧以天然河道为屏障，沿河谷自下而上以石筑墙垒护，东、西两侧则积土筑墙，在石龙岭山脊上形成较大面积且相对平整的场地，目前全寨共4000余口居民，姓氏很杂，有60余姓，足以证明古镇因商贾云集而导致

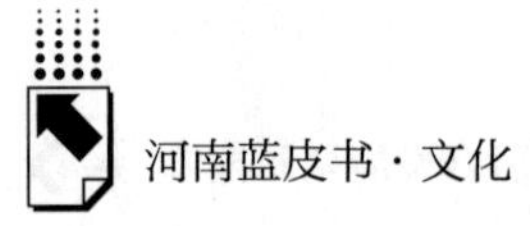

人口迁移频繁，打破了我国由一个或几个宗族组成的村落构成。

半扎是古代万里茶道上的一个驿站，是古代的一条商道，是古代商人向南贩盐，向北贩卖茶叶、布匹的必经之路，河南省在万里茶道的文物只有10处，蟒川即是一处，目前半扎申报世界文化遗产已通过省文物局的验收，2019年5月，到湖北文物局对接，现正在聘请湖北省古木石规划设计进行规划设计，力争通过2～3年的努力成功申报世界文化遗产。

四是蒋姑山自然风光旅游开发项目区。位于小镇南部，蒋姑山风景区林木茂盛、山峰起伏，层峦叠嶂、连绵不断，自然风光神奇秀丽，人文景观绚丽多彩，内有冬青沟、鸳鸯湖、石门峡谷、天子坟寺、喀斯特地貌蝙蝠溶洞等景观资源，是优质的天然氧吧，具有极大的开发价值。现与河南省半扎旅游开发公司合作投资20余亿元，对南部山区进行深度开发。

在此基础上，汝瓷小镇还有总投资2.2亿元，年出栏种猪10万头，商品仔猪15万头，存栏母猪1.3万头，实现销售收入2.8亿元的河南省汝州市驰骋农牧科技项目。还有其他众多亿元以下千万元以上一产项目、种植项目30多个，养殖项目15个，如总投资1.5亿元占地400亩年出栏21500头肉牛河南博旺农牧项目。总投资7000万元，占地300亩，年出栏30000只肉羊河南万丰源实业项目等，资源丰富。

四　汝州市汝瓷小镇（蟒川镇）文化和旅游业融合发展的主要成效

通过几年来的产业发展和文旅融合推进规划，汝州市汝瓷小镇（蟒川镇）文化和旅游业融合发展已初见成效，成为全省文化旅游和农村产业融合发展的示范样板，带动了汝州市农村一二三产业融合发展，促进了手工业复兴、旅游业兴旺，拉动农业增效、农民增收、农村繁荣。

一是文化和旅游业融合发展提升了乡镇发展综合实力。通过文化和旅游业融合发展，确保了小镇农村经济持续快速发展。汝瓷产业集聚发展，手工艺产业带动效应日趋完善；大力推进特色旅游观光业，推出精品旅游线路，用文旅融合带动产业互联。主要农产品产量持续增长，三农综合实力持续提升。汝瓷生产、鲜果采摘、吸引游客量、生猪、家禽、肉牛、肉羊出栏量均位居全市前列。

二是文化和旅游业融合发展促进了要素集聚。在文化和旅游业融合发展过程中，科技、人才、资金、政策等成为必不可少的关键发展要素。通过文化和旅游业融合发展，促进了“文化 + 农村”一二三产业深度融合，促进了农业生产要素的重新配置，形成了更有利于现代农业健康发展的根本动力。农业科技支撑明显进步。蒋姑山农林公司引进涉农领域西北农林大家专家 81 名，驰骋农牧引进畜牧专家 20 多名，加大了观光农业的创新发展。汝瓷小镇汝瓷产业园分别与景德镇陶瓷大学、中央美术学院、清华大学美术学院、平顶山学院陶瓷学院合作成立了陶瓷培训基地，建设了河南省陶瓷鉴定中心，科技、人才、品牌、项目等综合优势得到日益彰显。产业融合促进传统手工业、传统农业与高新技术的结合，重点建设了河南省现代农林生态花海田园综合体示范园区项目、中国汝瓷小镇汝瓷产业园区项目、中国万里茶道半扎古镇申报世界文化遗产项目、蒋姑山自然风景旅游开发项目等，支撑现代农业发展。

三是文化和旅游业融合发展加快了社会资本进入农业。通过文化和旅游业融合发展使得农村产业由传统向现代、由低效向高效转变、由分散向集中不断转变，吸引了大量社会资金投入，形成资本回流、城市资本进入农村发展的局面，中国汝瓷小镇汝瓷产业园的建设吸引了总投资近 15 亿、约 70 余家汝瓷企业入驻投资，河南省现代农林生态花海田园综合体示范园区项目吸引了近 16 亿元的资本回流，大型企业入驻农村已成为该园区农村经济“新引擎”。

四是文化和旅游业融合发展加快了特色人才培养。随着文化和旅游业融合发展的加快，城镇化进程提速，农村劳动力转移明显加快。为解决农业从业人员老龄化、边缘化的困境，按照“知识化改造农民”的内在要求，培养了一批有知识、有干劲的专业大户、家庭农场主、农民合作社带头人等新型职业农民。在新型经营主体中，有新型职业农民经营的占 5 成以上，有效地带动了农民就业，吸纳新型职业农民近 2000 人。

五是文化和旅游业融合发展快速提高了农民收入。随着汝瓷产业和旅游产业、观光农业、田园产业、养殖业等产业的相互融合，通过农业链条的延伸，农业的职业种类增加和农民的就业机会都随之增加，农民工资性收入比例也加快增长。目前小镇居民人均收入达到16143元，位居汝州市第1名。

六是文化和旅游业融合发展加快了“四化同步”进程。通过文化和旅游业深度融合，充分利用工业化和城镇化水平相对较高的优势，为解决农业现代化和新型城镇化这两个薄弱环节注入了新的活力，改变了现有不利于发展的格局。通过引导生产要素向农村地区流动、基础设施向农村地区延伸，同时推动了“新型城镇化要和农业现代化相辅相成”的发展目标。小镇立足文化产业发展带动小城镇建设，对汝瓷产业园范围内的英张、严和店进行了棚户改造，改善了村民的居民条件，河园综合体的建设绿化了当地近2万亩的荒山，半扎古镇的保护开发使半西、半东、代湾村、石灰窑村等村纳入省级美丽乡村建设。

五　汝州市汝瓷小镇（蟒川镇）文化和旅游业融合发展的主要做法

一是健全推进小镇创建新机制，创造小镇管理服务好环境。汝州市委市政府高规格成立了副处级汝瓷产业园管理委员会，构建了协调联动、主动高效、分级负责的工作推进机制，同时将管委会与蟒川镇政府进行了机构套合，建立了条块结合、精干高效、充满活力的管理运行机制。同时出台了《关于推进农村一二三产融合发展的意见》《汝州市人民政府关于加快旅游产业发展的意见》《汝州市支持大众创业万众创新扶持政策》等一系列鼓励措施。明确市财政设立专项扶持资金，在示范区内的企业服务、融资贷款、技术创新、市场开拓、品牌建设、项目投资等10个方面提供政策资金支持。对于入驻示范区内的项目，按照项目审批目录，设置集中办公窗口，按流程实行“一站式”办公，在建设过程中，实行窗口单位全程跟踪服务，现场办公解决涉及本职能部门的事务。

二是高标准编制示小镇发展规划，准确定位小镇主导产业。汝瓷小镇

（蟒川镇）在规划过程中，坚持按照个性突出、品位彰显、有机协调、和谐统一的要求，融入汝州市打造海绵城市、智慧城市、田园城市、文明城市发展理念，坚持突出特色，准确定位示范园内主导产业。在汝瓷小镇汝瓷产业园区规划方面，定位于发展汝瓷产业，聘请由上海合城规划建筑设计有限公司和清华大学建筑规划设计有限公司为园区设计建筑规划。按照“适用、经济、绿色、美观”的建筑方针，将“宋风瓷韵”和“田园风光”有机结合，延续了历史文脉，形成了别具特色的园区风貌。

三是全力加强小镇内基础设施建设，提升小镇的承载能力。基础设施建设是小镇快速发展的前提。为了保证小镇建设的需要，近年来，汝州市不断加大小镇基础设施投资力度，先后投资近 2 亿元，完善示范园区内水、电、路、气、信等基础设施建设。先后完成九峰山旅游专线、镇政府所在地等路段的硬化、绿化、照明、排水工程。目前，电网架设总里程 30 公里，路网铺设总里程 50 公里，煤气管网总长度 80 公里，自来水管网总长度 100 公里，热力管网架设总长度 3 公里。还拟投资 1. 3 亿元建中小学校、养老院、医院，投资 3. 5 亿元对部分村进行了棚户区改造等，小镇内的基础设施日益完善。

四是创新小镇建设金融服务，搭建建设小镇投融资平台。在小镇建设的项目，综合运用奖励、补助、税收优惠等相关政策，要求金融机构与手工业从业者、新型农业经营主体建立紧密合作关系，推广产业链金融模式，加大对文化和旅游业的信贷支持。成立了汝州市文化投资有限位公司、云水蟒川投资有限公司，专门来承接小镇的投资建设工作，引进河南三建、中国六冶、中信集团等社会资本方，签订了 30 多个亿的 PPP 合作协议，并且成功入选省财政厅 PPP 项目推介库，成为全省示范推介项目，确保了小镇建设发展的资金。

五是注重小镇的人才科技创新，为小镇的发展提升动力。一是落实各项财税优惠政策，加大对从汝州市以外的地区引进及新入驻小镇企业的财政资金投入。出台《汝州市自主创新体系建设及发展规划 2011 ~ 2020》，鼓励和支持企业加大研究开发投入，给予投融资支持。二是深化产学研合作的小镇人才培养模式，推动小镇科技创新课题研究。在汝瓷小镇汝瓷产业园区，联合成立汝州陶瓷学院实训基地，培养陶瓷后备人才。三是深入实施重大人才工程和人才落地政策，注重人才引进团队化，加大力度引进和培养高层次、专业化、高水平创业创新人才和团队。建立叶大年院士工作站，为汝瓷发展提供技术支持。实施“瓷都文化名家带动工程”“高层次人才培养工程”等重点人才工程，培养和引进一批高层次专业技术人才、经营管理人才、复合型文化人才、急需型人才。建设创客园区，建立高科技研发平台，提升小镇产业科技含量。同时加强职业教育，特别是加大农村实用人才和新型职业农民培育力度，尤其是陶瓷技能领域。引导各类科技人员、大中专毕业生等到小镇创业，提高小镇人才落地便利性，开展乡村旅游创客行动。这些先进人才的引进，措施的实施，为小镇的发展带来了巨额的经济收益、社会效益，也为小镇今后的发展提供了源源不断的动力。

六　汝州市汝瓷小镇（蟒川镇）文化和旅游业融合发展目前面临的主要问题

一是文旅资源优势转化程度较低，速度较慢。文旅产业产值不高，在经济发展中占比较低，文旅资源优势未能转化成经济发展优势。汝瓷、曲剧、花海、半扎古镇等文旅资源虽发展迅猛，逐步打响，但资源优势还未得到充分发挥。如，汝瓷与其他历史名窑相比产值还有非常大的提升空间。汝州在整体资源配置、发展方向、产业投入、对外宣传等方面起步较晚，错过了旅游市场蓬勃发展的爆发式增长期，短期内无法形成鲜明的旅游产品特色和地域特征。

二是文旅产品品种相对单一，开发利用较低。观光旅游尚处于主体地位，活动内容比较单一，特点不突出，享受型、文化型、体验型旅游项目比较少。汝瓷产业园还在建设完善期，游览项目尚未开放，九峰山整体风景质量有待提升，花海项目还没有真正形成自己的独特品牌。旅游时间期限较短，一般多为一日游，2～3 天或 3～5 天的旅游比较少。山顶村、半扎古镇等传统村落的开发利用刚刚起步。旅游纪念产品主要是汝瓷产品，众多非遗资源，如剪纸、糕点、糖画等传统手工作品尚处于待开发状态。乡村旅游、农家乐等市场亦有待开发。

三是景点散乱不成规模，市场体系不健全。汝瓷大师园、九峰山、硕平花海、华予生态园、半扎古镇、山顶村、罗圈、严和店汝窑遗址、水库等众多文化旅游资源遍布汝州城乡，但是众多景点、景区分散在各地，串不成线，形不成面，整体合力有待加强。虽然汝州初步形成了东西方向的南洛高速及南北方向上的林桐高速交叉的高速格局，也有焦柳铁路贯穿，但是交通便利程度还相对较低，严重制约了对市域外尤其是长三角、珠三角等地游客的吸引力。

四是品牌打造力度不足，社会影响力不高。汝州市历史文化底蕴厚重，具有众多人文景观和自然景观，但是品牌打造力度不足，社会影响力不高，市场优势不明显。与周边洛阳古城牡丹、开封宋城文化、栾川山水风光、鲁山登山漂流等具有明确宣传重点不同，汝州旅游对于市域外的游客形象模糊，没有一个统一的、清晰的自身定位。如世人知汝瓷，但不知汝州，众人听曲剧，亦不知汝州。温泉水质突出，效果明显，但外地人多数不了解。汝州人和外地人关注的重点存在较大差异。

五是体制机制作用发挥不充分，财政投入有限。文化旅游业发展的相关机制、体制还有待完善，相关管理部门的作用发挥有待加强。文化旅游业人才不足，高学历、高能力高素质专业人才不足，人才成长空间不高，人才引进难度较大，财政全供编制数量较少，自收自支编制较多。文化旅游业工作开展所需的财政经费保障力度有待加强。受防范系统性金融风险政策影响，项目融资速度和进度受到一定影响，相关投资企业资金压力较大。

七　汝州市汝瓷小镇（蟒川镇）文化和旅游业融合发展工作建议

一是加强统筹和顶层统筹设计。在汝瓷小镇文化旅游推广、规划设计、人才共用、数据共享、门票通用、交通优惠等方面加强统筹规划。

二是争取市级政策支持。争取市级支持，为汝瓷小镇文化和旅游融合发展工作开展制定专门的政策文件支撑。制定跨行业的激励政策，对小镇内文化旅游业发展好的地方和企业、个人进行奖励，加大对文化旅游业发展资金支持力度。

三是加强从业人员培训。建议充分发挥联合高校和科研机构的高平台作用，面向从事汝瓷小镇文化和旅游融合发展基层一线人员和相关企业，组织大规模培训交流活动，拓展眼界和思路，提升一线工作人员能力和服务水平。

综上所述，汝州市汝瓷小镇（蟒川镇）文化旅游融合发展资源丰富，优势明显，在推进“文化 + 旅游”强强联手的同时，敏锐的把控到乡村文化旅游发展中文化产业和现代农业的相辅相成的关系。深层次地将手工艺从业者、农业畜牧业从业者进行有机的结合，为旅游业增加内容，调动群众参与的积极性和广泛性。汝瓷小镇以汝瓷文化产业为引导，以历史文化遗存为载体，以观光农业充实旅游内涵，以旅游带动文化发展，把汝瓷小镇历史悠久的文化资源和绚丽多彩的旅游资源优势转化为产业优势，推进文化和旅游真正融合，服务经济社会发展，必将为汝州建设山水宜居绿城，在中原文旅融合发展中出彩，贡献积极力量。

B.22

附录：2019年河南省文化发展大事记

李玲玲*

1月

1月1日，2019姓氏文化展在郑州图书馆举行，本次活动由郑州市委外宣办、郑州市侨联主办，郑州图书馆承办，郑州市侨青会、中华姓氏·寻根联盟等单位协办，持续至2月20日。活动主旨在于展现中原姓氏文化特色，彰显郑州文化城市内涵，打造“姓氏之都”符号，增强广大市民的民族文化认同感。

1月8日，2018年度国家科学技术奖励大会在北京人民大会堂隆重举行，河南省共有16项成果荣获国家科技奖励。按奖项类别分，其中有国家技术发明奖1项，国家科技进步奖15项；按牵头情况分，河南省主持的项目有4项，参与项目有12项。

1月8日，“第六届河南省博物馆文化产品创意设计大赛（邀请赛）”在河南博物院启动。此次大赛由河南省文物局、河南省美术家协会、河南省博物馆学会、河南博物院共同主办。

1月10日，2019年全省文化科技卫生“三下乡”集中示范暨“我们的中国梦”文化进万家活动启动仪式在郸城县汲冢镇谢寨村举行，此次活动由省委宣传部、省文明办等18家省直单位联合主办，省委常委、宣传部部长赵素萍出席启动仪式。

---

* 李玲玲，河南省社会科学院历史与考古研究所助理研究员，研究方向为先秦史与中原文化。
本部分资料来源为《河南日报》、河南文化网、河南省文化和旅游厅官网。

1月12日，“春满中原　老家河南”主题系列活动在郑州市紫荆山公园、兰考东坝头张庄、安阳殷墟、商丘汉文化旅游区芒砀山、驻马店生态旅游示范区老乐山和三门峡民俗文化区地坑院等6个地方全面启动。此次系列活动由河南省文化和旅游厅举办，省委常委、宣传部部长赵素萍，副省长戴柏华出席启动仪式。

1月18日，河南省大数据产业技术联盟在郑州市郑东新区龙子湖智慧岛成立，中国工程院院士王家耀担任联盟理事长，首批20多家学界、业界企事业单位和社会团体成为联盟成员。

1月23日，2019年全省文化和旅游工作会议在郑州召开。会议对2018年河南省文化和旅游工作进行了全面总结，并对2019年的工作进行了部署。

1月24日，“学习强国”河南学习平台正式上线。省领导喻红秋、赵素萍、戴柏华出席上线仪式并共同按动启动球。

1月24日，全省宣传部部长会议在郑州召开。会议高举习近平新时代中国特色社会主义思想伟大旗帜，贯彻落实全国宣传思想工作会议和宣传部部长会议精神，贯彻落实省委十届六次、七次、八次全会，全省宣传思想工作会议精神，总结工作、分析形势，安排部署2019年工作。

1月24日，“丝路杰出大使”年度颁奖盛典在北京举行，新乡民间博物馆——久鼎筌篌博物馆被评为“丝绸之路优秀文化机构”。

2月

2月14日，省科协发布信息，洛阳龙门博物馆等113个单位被认定为2019~2023年河南省科普教育基地。目前全省共有全国科普教育基地27个、省级科普教育基地338个。

2月15日，由河南省文化和旅游厅组织的2019年“寻找同根同源的感动”中原文旅宝岛行宣传推广团到达台湾高雄，与当地相关部门、企业、公司等共商两地文旅交流与合作。

2月16日，在平顶山市新华区“中国曲艺之乡”授牌仪式暨中国曲艺牡丹奖艺术团“送欢笑到基层”专场演出现场，中国曲艺家协会正式授予平顶山市新华区“中国曲艺之乡”称号。

2 月 17 日，第十一届中国（鹤壁）民俗文化节在浚县浮丘山广场开幕。这是鹤壁弘扬传统春节民俗文化、对外展示浚县古城的重要节会。

2 月 17 日，“中国曲艺史活化石”马街书会在宝丰县杨庄镇马街村开锣，来自全国各地的 1300 余名曲艺艺人会聚于此，弹唱献艺。

2 月 18 日，文化和旅游部、财政部公布了第三批国家公共文化服务体系示范区名单，全国共有 30 个城市入选，济源市是河南省唯一入选城市。第三批国家公共文化服务体系建设示范区（项目）中，全国共有 54 个公共文化服务体系建设示范项目入围，平顶山市“文化客厅”公益课堂位列其中。

2 月 22 日，河南省社科联第九次代表大会在郑州开幕。省委书记王国生出席会议并讲话。

2 月 28 日，全省智慧旅游工作推进会在林州市召开。会上，文化和旅游部数据中心河南分中心宣布正式成立。

3月

3 月 12 日，国家知识产权局办公室、教育部办公厅发布了《关于公布首批高校国家知识产权信息服务中心名单的通知》，郑州大学位列其中，是河南省唯一入选高校。

3 月 14 日，中宣部文改办副主任李建臣率调研组到开封对市文化产业发展、文化遗产保护等工作进行调研。

3 月 21 日，第四届中国鹿邑 · 河南省非物质文化遗产传统戏剧展演活动在老子故里鹿邑县举行。此次活动由河南省文化和旅游厅、周口市人民政府主办，依托河南省非物质文化遗产代表性项目——老子生日拜典、老子生日庙会，组织全省部分传统戏剧类国家级非物质文化遗产代表性项目进行集中展演。

4月

4月1日，河南省文学艺术界联合会第八次代表大会在郑州开幕。中国文联党组书记、副主席李屹到会致辞，省委书记王国生出席会议并讲话，省长陈润儿、省政协主席刘伟出席会议。

4月2日，2019中国（开封）清明文化节开幕式暨开封市文化旅游产业转型发展大会在开封举行。中国文联副主席左中一，省委常委、统战部部长孙守刚，省人大常委会副主任徐济超，省政协副主席张震宇等出席开幕式。左中一宣布2019中国（开封）清明文化节开幕。中国（开封）清明文化节由中国文联、河南省人民政府、中国民协主办，自2009年起连续举办了11届。在开封市文化旅游产业转型发展大会上，开封市委、市政府发布了《关于促进文化事业、文化产业和旅游业高质量发展的若干意见》。

4月5日，以“黄帝文化与强国之路”为主题的第十三届黄帝文化国际论坛在郑州工业应用技术学院召开。此次论坛由中华炎黄文化研究会、中国先秦史学会、中华黄帝故里建设促进会、郑州市政府、郑州市政协联合主办。黄帝文化国际论坛是黄帝故里拜祖大典的“灵魂工程”，目前已连续成功举办12届。

4月7日，己亥年黄帝故里拜祖大典在新郑黄帝故里隆重举行。十三届全国政协副主席刘新成、十二届全国人大常委会副委员长张宝文、十二届全国政协副主席齐续春、省委书记王国生、省长陈润儿、省政协主席刘伟出席大典。本届黄帝故里拜祖大典延续“同根同祖同源，和平和睦和谐”这一主题，由河南省人民政府、政协河南省委员会、国务院台湾事务办公室、中华全国归国华侨联合会、中华全国台湾同胞联谊会、中华炎黄文化研究会主办，郑州市人民政府、政协郑州市委员会、新郑市人民政府承办。

4月7日至11日，由省台办举办的海峡两岸媒体“姓氏寻根”联合采访活动走进郑州、平顶山、南阳、信阳、驻马店、周口等地，以河南姓氏文化资源为中心，通过实地走访、座谈交流等形式，深入探寻河南姓氏文化发展现状。

4 月 8 日，第十三届中国（河南）国际投资贸易洽谈会 2019“空中丝绸之路”经济合作论坛在郑州开幕。此次论坛由河南省人民政府、商务部、中国国际贸易促进委员会、中国人民对外友好协会联合主办。来自世界各地的客商、嘉宾齐聚一堂，共商发展合作。省委常委、统战部部长孙守刚，中国国际贸易促进委员会副会长卢鹏起出席开幕式并致辞。

4 月 9 日，在第十三届中国（河南）国际投资贸易洽谈会的重要活动之一河南省生态旅游招商暨文化产业项目洽谈会（河南省首届民宿投资大会）上，95 个项目进行集中签约，签约总金额 577. 18 亿元。

4 月 10 日，由国家文物局、河南省人民政府主办的第二届中国—中东欧国家文化遗产论坛在洛阳开幕。国家文物局局长刘玉珠，波黑民政部副部长苏瓦德·扎非奇，省委常委、洛阳市委书记李亚，副省长霍金花等出席开幕式并致辞。

4 月 10 日，由省政府主办，省文化和旅游厅、洛阳市政府承办的第 37 届中国洛阳牡丹文化节在隋唐洛阳城定鼎门遗址广场开幕。十届全国政协副主席李蒙出席并宣布开幕。省委常委、洛阳市委书记李亚，省委常委、宣传部部长江凌，省人大常委会副主任王保存，副省长霍金花，省政协副主席谢玉安，北部战区原副司令员兼参谋长王西欣等出席开幕式。

4 月 12 日，第 37 届中国洛阳牡丹文化节主体活动——第三届河洛文化大集在洛邑古城开集。本届大集由河南省文化和旅游厅、市人民政府主办，总体架构为“四区一街一舞台/多节点表演互动”，全面展示来自全国、全省 200 多家企业的文化旅游产品、非物质文化遗产、博大而厚重的民俗、民间文化等。

4 月 18 日，河南省“2019 全民阅读”活动在省少儿图书馆正式拉开序幕，系列活动将持续到 2019 年年底。本次活动由省文化和旅游厅主办，以“倡导全民阅读、共建书香河南”为主题，全省各级文旅部门及公共图书馆以文化展览、主题演讲、阅读推广、知识竞赛等活动为抓手，推动全民阅读深入开展，满足人民群众对优质公共文化服务的需求。

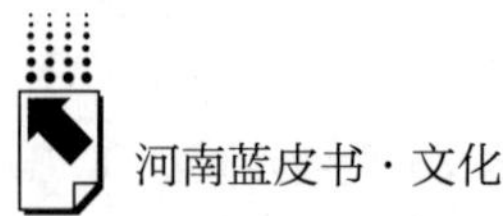

4月24日，2019中国（河南）—立陶宛经贸洽谈会“立陶宛欢迎您”推介会在郑州举行。副省长徐光会见立陶宛交通与通信部副部长里卡多斯·德古迪斯及立陶宛驻华大使伊娜·玛邱罗尼塔一行，并出席推介会。

4月25日，由安阳学院主办的“2019联合国中文日甲骨文书法艺术展”在联合国总部开幕，参加此次展出的甲骨文书法作品，是从20多个国家和地区的甲骨文书法爱好者书写的700余件作品中筛选而出。

4月25日，来自濮阳的杂技、古乐、非物质文化遗产亮相正在奥地利维也纳举行的2019年联合国中文日活动，与世界共同分享濮阳文化发展成果。

4月27日至30日，第十一届中国国际旅游商品博览会第14届中国义乌文化产品交易博览会在浙江省义乌市国际博览中心举办。河南省文化和旅游厅组织全省27家文化和旅游企业参展。在本届文交会上，河南省文化和旅游厅荣获“展会组织二等奖”，河南国脉文化产业园有限公司的非遗文创产品等8个产品分别荣获工艺美术奖银奖和铜奖。

4月28日，由中国茶叶流通协会和信阳市人民政府联合主办的第27届信阳茶文化节开幕。中华全国供销合作总社党组成员、监事会主任宋璇涛，中国国际茶文化研究会会长周国富，省人大常委会副主任徐济超，海峡两岸茶业交流协会创会会长张家坤，海峡两岸茶业交流协会会长陈绍军，中国茶叶流通协会会长王庆等领导和嘉宾出席开幕式。

4月28日，2019世界月季洲际大会在南阳开幕，18个城市主题展园集体亮相，全球18个国家的友人和月季大师齐聚南阳，共谋发展。省政协副主席李英杰出席开幕式。世界月季洲际大会是由世界月季联合会主办、41个成员国轮流申请承办的全球月季界高级别专业盛会，每三年举办一次，此次月季洲际大会是第二次在中国城市举办。

5月

5月9日，2019地方旅游协会座谈会在郑州召开，此次座谈会由中国旅游协会组织，来自北京、上海、江苏和山东等地的20余家省市级旅游协会和中国旅游协会分支机构近50人参加了会议。

5月10日，第三届全球跨境电子商务大会在郑州开幕。亚马逊、亿贝、阿里巴巴、网易考拉、京东、苏宁等60多家境内外知名跨境电商企业代表会聚郑州国际会展中心，围绕跨境电商创新与合作深入探讨交流。

5月10日，“首届全球文旅创作者大会”在信阳隆重开幕。来自国内外文旅业界的专家代表以及近千名文旅行业大咖、文旅达人参加了此次盛会，围绕文旅融合发展，文旅内容创作等进行了深入研讨。

5月16日至18日，河南省文化和旅游厅副厅长李延庆率领8个省辖市文旅部门，组织20余家优秀旅游企业和10余家省内文创企业，赴北京参加由中国文化和旅游部主办的亚洲文化旅游展，推介和宣传河南文旅新成果。

5月18日，光明日报社、经济日报社在第十五届中国（深圳）国际文化产业博览交易会上联合发布了第十一届“全国文化企业30强”名单，中原出版传媒集团连续第四次上榜，成为河南省唯一获此殊荣的文化企业。

5月19日，2019“中国旅游日”河南分会场活动在信阳新县拉开帷幕。此次活动以“文旅融合，美好生活”为主题，全省18个省辖市推出近百项文旅活动和旅游惠民措施，为广大群众和游客奉上丰盛的“文旅大餐”。

5月19日，2019年河南省科技活动周启动仪式暨第二届郑洛新国家自主创新示范区军民科技融合成果推介会在郑州举行。副省长戴柏华出席。本届科技活动周以“科技强国科普惠民”为主题，将于5月19日至26日在全省范围内开展1700多项丰富多彩的群众性科技活动。

5月23日，由清华大学、复旦大学、安徽大学和中国文字博物馆共同主办的第七届中国文字发展论坛在安阳开幕。来自复旦大学、吉林大学、故宫博物院、上海博物馆等全国各地的60多位专家学者出席了开幕式。

5月25日，2019中原文化与创新发展论坛在郑州举行。本次论坛由郑州高新区管委会与清华大学中华优秀传统文化传承发展研究中心、优清商学院联合举办，旨在深入研讨文化创意产业的发展趋势及文旅发展的新方向。

5月28日，洛阳市政府与郑州大学在洛阳博物馆举行签约仪式，双方将充分发挥郑州大学考古学科和洛阳历史文化等资源优势，共建郑州大学文物考古研究院、郑州大学博物馆研究院、郑州大学龙门石窟文化遗产研究院。省委常委、洛阳市委书记李亚，省政协副主席、郑州大学校长刘炯天出席签约仪式，并为三个研究院揭牌。

6月

6月1日，“豫见河南　出彩中原——河南省非物质文化遗产保护成果展”在河南博物院开幕，此次展览由河南省文化和旅游厅主办，河南博物院、河南省非物质文化遗产保护中心、河南省文化艺术研究院承办，旨在展示河南省非物质文化遗产保护成果，献礼祖国70周年华诞。

6月2日，在上海大剧院举办的第十二届中国艺术节闭幕式暨第十六届文华大奖颁奖典礼上，第十六届文华大奖揭晓。由河南豫剧院三团创作排演的豫剧现代戏《重渡沟》获得第十六届文华大奖。至此，河南省获得中国艺术节大奖“七连冠”和文华大奖“六连冠”的好成绩，持续保持全国获此殊荣的唯一省份。

6月4日至10日，河南省文化和旅游厅对外交流合作处处长田太平带领少林、太极河南功夫表演团一行50余人，赴柬埔寨、老挝参加“中国—柬埔寨文化旅游年”开幕式、“中国—老挝旅游年”中国文化旅游之夜推广活动。

6月12日，“2019范长江行动——香港传媒学子中原行”活动在郑州启动。省委常委、宣传部部长江凌出席启动仪式。从2014年起，“范长江行动”每年组织一批香港学子重走范长江之路，为他们提供实习、体验、感受和成长的机会。

6月14日至16日，由河南财经政法大学、中国大运河智库联盟、中共滑县县委、滑县人民政府主办的第五届中国大运河智库论坛在滑县举办。开幕式上，举行了中国大运河智库联盟滑县调研基地揭牌仪式，中国大运河智库联盟和滑县方共同揭牌。

6 月 15 日，由省社科院主办的学术期刊高质量发展研讨会暨《中州学刊》创刊40 周年座谈会在郑州举行。来自《新华文摘》《中国社会科学文摘》等数十家重要学术期刊的主编、社长和国内知名高校、科研机构的专家学者，近百人参加会议。

6 月 15 日至 18 日，2019 鬼谷子智慧与国学传承云梦山论坛开幕，来自全国各地的百余名专家学者、国学名师等共聚淇县云梦山，就鬼谷文化创新发展的智慧应用、鬼谷子国学经典智慧、国学传承与人文精神、国学经典智慧的实战应用等热点问题进行深入探讨。

6 月 19 日，由河南省文化和旅游厅与印度驻华大使馆主办，河南省嵩山少林寺武术馆和荷马仕瑜伽学院（中国）承办的第五届国际瑜伽日“当功夫遇上瑜伽”中印文化主题展示交流会在河南省嵩山少林寺武术馆成功举办。

6 月 20 日至 21 日，由郑州市文物考古研究院、北京师范大学联合主办的“青台遗址天文遗迹专家鉴定研讨会”在郑州召开，来自中国科学院国家天文台和自然科学史研究所、中国社会科学院、故宫博物院等单位的 30 多位天文学家、天文史学家和考古学家，围绕这一发现进行了深入探讨。专家表示，在荥阳青台遗址发掘的“北斗九星”天文遗迹，印证了 5000 多年前的古代先民已具备一定天文知识，并运用到农事、祭祀等活动中。这一发现将中国观象授时的历史提前了 800 ~ 1000 年。

6 月 23 日，北京世园会“河南日”活动启动，副省长徐光出席启动仪式并讲话。北京世园会“河南日”活动时间为 6 月 23 日至 25 日，活动以“生态中原出彩河南”为主题，通过非物质文化遗产项目展示、特色文艺演出等活动，展示河南特色文化和生态文明建设成就。

6 月 27 日，“中国共产党的故事”专题宣介会主题展在郑州举行，此次活动紧扣“中国共产党的故事——习近平新时代中国特色社会主义思想在河南的实践”主题，采取动静结合的方式，精心设计每个互动环节和展示作品，受到来自全球 35 个国家、26 个政党的 200 多名外国嘉宾的广泛关注和好评。

6月29日晚，第二届开封文化奖章颁奖典礼在开封市博物馆新馆举行。省人大常委会党组书记、副主任赵素萍出席颁奖典礼。开封文化奖章是开封市人民政府授予文化杰出人才的最高荣誉。2018年8月，根据《开封市人民政府关于设立开封文化奖章的决定》精神，为营造尊重劳动、尊重知识、尊重人才、尊重创造的良好氛围，决定对开封市在文化建设中做出突出贡献的优秀人才授予开封文化奖章，这是开封市人民政府授予文化杰出人才的最高荣誉。

6月26日至30日，澳门旅游局、澳门航空公司共同组织的澳门旅行商及媒体考察团一行11人，来河南省开展入境游产品体验活动。

7月

7月9日，“2019河南省两岸青年交流月暨第六届台湾大学生中原文化之旅”活动启动仪式在河南大学举行。省委常委、统战部部长孙守刚出席启动仪式。本次活动由河南省教育厅、河南省台办主办，共邀请台湾师范大学、中国文化大学、铭传大学等21所高校的220余名师生，以及省内的河南大学等10所高校的师生代表开展交流互动。

7月10日至20日，“我们的中国梦·中华文化耀和田”河南豫剧院青年团在新疆和田市的皮山县、墨玉县、民丰县、于田县、策勒县、洛浦县、和田县等地进行为期10天的专场系列文化演出活动，为和田各族群众奉献了丰盛的中原文化大餐。

7月18日，由郑州市文化广电和旅游局、郑州黄河文化旅游融合发展协作体主办，巩义市文化广电和旅游局等承办的郑州“黄河游”精品线路短视频创作活动启幕。本次活动是“黄河游”品牌线路推广系列活动的主题活动之一，目的在于挖掘沿黄旅游景区文旅特色、探寻优质旅游品牌线路，助力郑州打造黄河旅游品牌。

7月19日至22日，2019海峡两岸台北夏季旅展在台北世贸中心展览馆举行。河南省文化和旅游厅以“美丽中华”为主题，组织开封、洛阳、焦作、新乡、安阳、鹤壁等地文旅部门及省内主要入境社参加了此次展览，并成为本次展会签约最多的省份。

7 月 21 日，2019 海峡两岸鬼谷子文化交流大会在鹤壁举行。农工党中央联络工作委员会、农工党河南省委、省台办有关负责同志，以及中国先秦史学会鬼谷子研究分会、台湾鬼谷文化学会等代表逾 200 人参加会议。

7 月 26 日，2019 年英语加勒比国家新闻记者研修班来到河南日报报业集团参观考察。研修班学员由来自巴拿马、格林纳达、特立尼达和多巴哥、委内瑞拉等国家的新闻官员和媒体编辑记者组成。本次研修班由中宣部（国新办）和中国外文局指导，中国外文局教育培训中心承办，旨在促进中国与加勒比国家新闻领域的交流合作，增进双方友谊。

8月

8 月 1 日，第十届中国大禹文化之乡民间艺术节暨禹王祭祀大典在登封市大冶镇北五里庙举办。中华炎黄文化研究会副会长、河南省政协原主席王全书为艺术节题词：“大禹故里，华夏之源。”本次活动由河南省炎黄文化研究会、河南省先进文化研究会、河南省圣贤文化研究会、中国大禹文化研究中心主办。

8 月 6 日，深圳文化产权交易所河南自贸试验区运营中心在开封片区启动，将为开封乃至中原地区文化资源与资本合作提供广阔的平台，推动河南自贸试验区开封片区文化产业国际化，加快河南从文化大省向文化强省迈进。开封片区是目前国内唯一以“文化金融、艺术品交易，打造文创产业对外开放先行区”为功能定位的自贸试验区片区。开封片区可为深圳文化产权交易所提供文化金融、艺术金融改革创新的试验田。

8 月 12 日，第五届全国木偶皮影剧（节）目展演在扬州闭幕。由河南省木偶剧团排演的《森林历险记》作为河南省唯一一部参与展演的剧目，喜获此次展演“传承剧目奖”“木偶技艺操纵奖”两大奖项。

8 月 18 日，由省委宣传部、省文化和旅游厅主办，河南豫剧院承办的

“庆祝新中国成立70周年——河南省优秀剧（节）目展演”活动正式拉开帷幕。即日起至10月6日，来自全省10个院团的22台优秀剧（节）目将一一亮相，为中原百姓奉上艺术盛宴。

8月19日，第十五届精神文明建设“五个一工程”表彰座谈会在北京召开，评选结果同步揭晓，河南省报送的豫剧现代戏《重渡沟》和歌曲《小村微信群》荣获优秀作品奖。

8月16日至19日，由省作协、省诗歌学会、商丘市委宣传部联合主办的河南省第22届黄河诗会在商丘举行。黄河诗会始于1986年，由省作协、省诗歌协会主办，是具有全国重大影响的大型诗会。此前，黄河诗会已连续举办21届，是河南省一个重要的文化品牌。

8月21日，2019年文化和旅游产业专项债券及投资基金融资对接交流活动（河南专场）在郑州举行。本次活动由文化和旅游部产业发展司、国家发展和改革委员会社会发展司、河南省文化和旅游厅主办。

8月22日，全国文化和旅游市场信用和质量工作研讨培训班在郑州开班。此次培训班邀请到了社会信用体系建设部际联席会议牵头单位专家进行专题授课，还邀请部分信用和质量工作开展较好的省（区、市）文化和旅游行政部门、企业代表做经验交流和主题发言，文化和旅游部市场管理司相关负责人还对相关政策进行了解读。

8月28日，以“新中国考古70年”为主题的第二届中国考古·郑州论坛在河南省会郑州开幕，这场汇集400余名来自中国社会科学院考古研究所、中国国家博物馆、北京大学等七十多家国内文博单位的专家、学者，共同回顾新中国考古取得的丰硕成果。

8月28日，首届全国党报文旅宣传报道工作研讨会暨全国百名党报社长总编走进三门峡联合采访活动在三门峡市启动。来自《人民日报》、新华社、《经济日报》、《农民日报》等中央媒体的社长总编代表，地方党报党刊社长总编，相关行业报社领导，文化旅游界知名专家和学者等100余人参加了启动仪式并在三门峡市开展为期3天的采风活动。

8月30日，由河南省文化和旅游厅主办的河南文化旅游华东主题推广季在杭州启动。活动中，河南重点推介了中国功夫体验旅游线、中国古都文化旅游线、黄河—丝路华夏文明旅游线、中原山水休闲旅游线等 4 项“中华源”全新文旅产品。

8 月 31 日，“大运河文化带文化遗产创新创意设计大赛”闭幕式在北京举行，闭幕式上揭晓了获奖名单。依托河南博物院馆藏文物彩陶双连壶创作的“相拥”系列首饰设计、开封市博物馆馆藏文物大晟编钟创作的“CHIME”分别获得产品设计类服饰设计组、平面设计类办公用品组金奖。本次大赛由国家文物局、北京市委宣传部指导，中国文物保护基金会等单位承办。

8 月，河南省越调艺术保护传承中心受河南省文化和旅游厅派遣，组织一行 8 人赴比利时参加 2019 年那慕尔国际戏剧节。来自法国、巴西、乌克兰、瑞士等不同国家的 30 支艺术团体汇聚比利时那慕尔参加本次文化交流演出活动。

9月

9 月 1 日，“中国文字丝路行——汉字国际巡展”在匈牙利首都布达佩斯开幕。此次展览包括“汉字展”“结晶——中国当代书画名家精品展”“再造甲骨——甲骨文创意设计展”三个部分，由中国侨联主办，河南省新闻办公室、安阳市人民政府、中国文字博物馆、经济日报社旗下《艺术与设计》杂志社等承办。

9 月 3 日，2019 牡丹奖 · 全球文化创意设计大赛（洛阳）在河南省洛阳市隋唐洛阳城明堂启动。本次大赛由河南省文化和旅游厅联手腾讯共同举办，以“创意连接古今，文化沟通世界”为主题。

9 月 3 日，河南省越调艺术保护传承中心受河南省文化和旅游厅和周口市委市政府派遣，组织 25 人赴韩国参加 2019 年原州国际艺术节，演出越调原创剧目《老子》和结合戏曲舞蹈和武打的《龙腾虎跃展才华》。本次文化交流演出有来自中国、韩国、俄罗斯、印度尼西亚、菲律宾、泰国等 12 个国家的近百支艺术团体。这是河南省越调艺术保护传承中心 2019 年出访比利时传播越调后的第二次出访。

9 月 4 日，文化和旅游部正式公布了首批 71 个国家全域旅游示范区名单，河南省济源市、修武县、新县等三地入选。

9 月 4 日至 21 日，郑州市文化广电和旅游局组成“中国郑州文化交流团”远赴非洲尼日利亚最大城市拉各斯、加纳首都阿克拉、布基纳法索首都瓦加杜古、乍得首都阿恩贾梅纳开展《少林雄风》专场演出非物质文化遗产展示展演等文化交流活动，历时 18 天，演出 20 余场，受到非洲人民和驻外使馆及华人华侨的热烈欢迎和高度赞誉，圆满完成文化交流任务。

9 月 8 日，第十一届全国少数民族传统体育运动会在河南郑州开幕。中共中央政治局常委、全国政协主席汪洋出席开幕式。本届运动会为期 9 天，全国 31 个省（自治区、直辖市）、新疆生产建设兵团、解放军代表团以及台湾省少数民族代表团的 7009 名运动员将参加射弩、押加、独竹漂等 17 项竞赛项目和 194 项表演项目的比赛。运动会期间还将举办民族大联欢等文化活动。

9 月 11 日，由河南省文化和旅游厅、中国南方航空河南航空有限公司联合主办的河南文化旅游珠三角主题推广季在广州启动。活动中，河南重点推介了中国功夫体验旅游线、中国古都文化旅游线、黄河—丝路华夏文明旅游线、中原山水休闲旅游线等 4 项“中华源”全新文旅产品。

9 月 12 日至 15 日，第二届中原文化旅游产业博览会暨 2019 洛阳河洛文化旅游节开幕式在洛阳举行。本届中原文化旅游产业博览会暨 2019 洛阳河洛文化旅游节由省委宣传部、中国旅游协会、中国旅游研究院指导，省文化和旅游厅、洛阳市政府主办，以“文旅河南出彩中原”为主题，致力搭建中原文化旅游产品展示、研发、交流、交易的平台。

9 月 13 日，“2019 年中国（郑州）中秋文化节·中国农民丰收节·国庆节盛典”三节联动系列传统文化活动在郑州绿博园启动，即日起至 10 月底，全省各地的民间绝技绝活、非遗等传统文化将集中亮相。此次活动由中国民协、省委宣传部、省文联、河南日报报业集团主办，省民协、郑州市文联、郑州绿博园承办。

9月16日，中宣部新命名39个全国爱国主义教育示范基地，河南省中国文字博物馆、八路军驻洛办事处纪念馆、王大湾会议会址纪念馆、愚公移山精神展览馆入选。至此，河南省全国爱国主义教育示范基地增至18个。

9月16日，由中国文学艺术界联合会、中共河南省委宣传部、中国杂技家协会主办的第四届中国杂技艺术节在濮阳开幕。中国杂技艺术节是由中国文学艺术界联合会和中国杂技家协会共同主办的常设性重大活动。本次艺术节将持续至9月26日，主会场设在濮阳市，分会场分别设在北京、上海、重庆、河北承德等地。

9月16日，第十届中国焦作国际太极拳交流大赛暨2019云台山旅游节在焦作市太极体育中心体育场开幕。全国政协副主席、农工党中央常务副主席何维出席开幕式，并宣布开幕。大赛以“太极拳”“云台山”两大品牌为依托，融体育赛事、文化旅游、经贸活动、城市建设为一体，经国家批准每两年举办一届，是独具焦作特色的综合性节会活动，也是国际武术界和全国旅游界的盛事。

9月17日，习近平总书记在郑州考察，先后来到郑州煤矿机械集团股份有限公司、黄河博物馆、黄河国家地质公园，就制造业转型升级和企业科技创新、黄河流域治理和生态保护等进行调研。

9月18日，中共中央总书记、国家主席、中央军委主席习近平在郑州主持召开黄河流域生态保护和高质量发展座谈会并发表重要讲话。他强调，要坚持绿水青山就是金山银山的理念，坚持生态优先、绿色发展，以水而定、量水而行，因地制宜、分类施策，上下游、干支流、左右岸统筹谋划，共同抓好大保护，协同推进大治理，着力加强生态保护治理、保障黄河长治久安、促进全流域高质量发展、改善人民群众生活、保护传承弘扬黄河文化，让黄河成为造福人民的幸福河。

9月19日，第八届山东国际文化产业博览交易会在济南开幕。河南省文化和旅游厅副巡视员闫敬彩率队参加文博会。此次展会上，由河南优秀文化品牌及上百种特色产品组团的河南展馆精彩亮相“沿黄特色文化产业

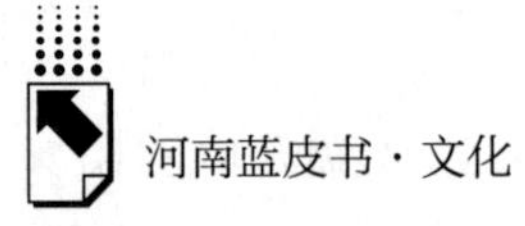

展”。

9 月 19 日，由中华炎黄文化研究会史前文化专业委员会和郑州中华之源与嵩山文明研究会联合主办的“五帝时代与中华文明学术研讨会暨 2019 郑州中华之源与嵩山文明研究会年会”开幕。

9 月 19 日，由河南省文化艺术研究院主办，河南财经政法大学艺术学院协办的声乐套曲《四季》音乐会在河南艺术中心音乐厅成功演出。该项演出是 2018 年度河南省政府购买公共文化服务专项资金扶持项目之一，是河南省文化艺术研究院精心打造推出的一项具有一定探索性、研究性、学术性意义的项目。

9 月 21 日，由郑州市文化广电和旅游局、拉萨市文化局、曲水县政府主办，曲水县文化局、郑州文化馆共同承办的 2019 年“春雨工程·全国文化和旅游志愿服务行动计划系列活动——郑州非物质文化遗产项目暨书画作品展”在拉萨市曲水县圆满落幕。本次活动以非遗项目和书画作品展为载体，共展出郑州市非物质文化遗产代表性项目 110 余件，代表中原风貌的书画作品百余幅。

9 月 21 日，“嵩山论坛——华夏文明与世界文明对话”2019 年会在登封市召开。嵩山论坛 2019 年会由中国国际文化交流中心、中国文物学会、北京大学高等人文研究院、河南省华夏历史文明传承创新基金会主办，来自海内外的 90 余位文化学者、华媒大咖、经济学专家，围绕“文明对话与人类未来”主题，进行了深入交流。

9 月 23 日，2019 年中国农民丰收节河南省主会场活动在洛阳市孟津县朝阳镇卫坡村举行。省委副书记、政法委书记喻红秋，省委常委、洛阳市委书记李亚，副省长武国定等领导出席活动。

9 月 26 日，河南省文化和旅游厅召开新闻发布会，宣布“掌游中原老家河南”智慧文旅项目正式启动，“老家河南”支付宝小程序同步上线。游客可在支付宝搜索“河南旅游”小程序或在支付宝首页城市服务频道直接进入，体验河南深厚的文化底蕴和旅游资源。“掌游中原老家河南”智慧文旅项目整合了包括小程序、刷脸 IOT、线下支付、AI、阿里云等多项核心技术和能力，助力河南实现旅游转型升级。

9月26日，第十九届中国·中原花木交易博览会在鄢陵国家花木博览园开幕，省政协副主席钱国玉等出席开幕式。本届花博会以“生态振兴·盛世祖国”为主题。

9月28日，“出彩河南人”庆祝新中国成立70周年优秀群众文艺精品展演活动在洛阳举行。此次展演活动由省委宣传部、省文化和旅游厅主办，旨在展现河南省加快完善公共文化服务体系、深入实施文化惠民工程的丰硕成果。

9月29日，第11届禹州钧瓷文化旅游节在禹州市神垕钧瓷文化主题公园开幕。本届钧瓷文化旅游节以“钧瓷走向世界，世界向往神垕”为主题。

10月

10月3日，2019年海外华裔青少年“寻根之旅”秋令营河南文化营开营仪式在郑州举行。本次“寻根之旅”秋令营河南文化营活动由中国侨联主办，河南省侨联、河南省华侨国际文化艺术交流协会承办，河南省文化和旅游厅支持。来自新西兰、澳大利亚、德国、泰国等国家和地区的海外华裔青少年及河南省各界人士120余人参加开营仪式。本次秋令营以“汉语、文化、寻根”为主题，围绕书法、绘画、中医、武术等具有中原特色的文化资源，通过课堂教学、文化体验和参观访问等形式，让海外华裔青少年深度探访郑州、许昌、洛阳等城市，领略博大精深的中华文明和源远流长的中原文化。

10月17日，中国开封第37届菊花文化节开幕式在开封市博物馆新馆举行。全国政协副主席、民革中央常务副主席郑建邦，省人大常委会副主任李文慧，副省长戴柏华，省政协副主席李英杰，宁夏回族自治区政协原副主席陈育宁等出席。

10月18日，由中央宣传部、教育部等8个部门联合主办，中国社会科学院中国历史研究院、安阳市人民政府等联合承办的纪念甲骨文发现120周年国际学术研讨会在甲骨文的发现地安阳开幕。教育部、文化和旅游部、国家文物局、中国社会科学院等部门的相关负责人，美国、法国、日本、韩国等国家和我国港澳台地区甲骨文研究领域的专家学者与爱好者，以及高校的专家学者，共计200多人出席开幕式。

10月18日，第六届中原（鹤壁）文化产业博览交易会在鹤壁市朝歌文化园鹿台阁广场开幕。省委常委、宣传部部长江凌，省人大常委会党组书记、副主任赵素萍，副省长戴柏华，省政协副主席张震宇等出席开幕式。本届文博会会期4天，共有来自“一带一路”沿线14个国家、全国20个省（区）35个城市、全省18个省辖市的435家企业参会。

10月18日，河南省国际文化交流中心第二届理事大会在郑州举行，会议总结了第一届理事大会以来的工作，并对今后工作做出部署安排。会议还通过了《河南省国际文化交流中心章程》，选举产生了第二届理事会，十一届河南省政协副主席张广智当选新一届理事长。河南省国际文化交流中心成立于2006年，是经省委、省政府批准，具有法人资格的社会组织，是河南省对外开放的重要平台。

10月19日，国家“十三五”重大文化工程——二里头夏都遗址博物馆正式开馆。国家文物局局长刘玉珠，省委常委、洛阳市委书记李亚，副省长戴柏华，国际博物馆协会副主席艾尔贝托·格兰蒂尼等，共同为二里头夏都遗址博物馆揭牌。当日，还举行了第二届世界古都论坛、纪念二里头遗址科学发掘60周年国际学术研讨会。

10月20日，“豫见中国·老家河南”河南文化旅游推介会精彩亮相第二十一届中国上海国际艺术节。河南省重点推介了“聆听黄河故事，感悟中华文明”——大黄河研学实践系列课程和中国古都文化游，并发布了赴豫旅游专项优惠政策。

10月21日，由中国人民对外友好协会、河南省人民政府主办的2019中国（安阳）国际汉字大会在中国文字博物馆开幕。中国（安阳）国际汉字大会两年一届，2019年是第三届。本届大会延续“汉字与世界”的主题，来自美国、德国、法国等29个国家的70余位知名汉学家，国内知名高校外国专家和留学生，国外华文教育机构代表，国内 20 余所大学、研究机构的 210 余位文字专家、学者参加了开幕式。

10 月 24 日，2019 河南（郑州）国际现代农业博览会在郑州国际会展中心开幕，会期为 10 月 24 日至 26 日。本届郑州农博会由河南省委批准，河南日报报业集团、河南省商务厅共同主办，河南省农业农村厅、河南省文化和旅游厅、河南省教育厅、河南省市场监督管理局、河南省妇女联合会共同支持。同期举办 2019 河南休闲农业与乡村旅游产业博览会暨休闲农业与乡村旅游产业发展论坛、2019 河南省植保信息交流与农药（械）交易会、2019 河南秋季种子博览会以及 2019 河南省首届大河食用菌论坛。

10 月 26 日，第二届中国・河南招才引智创新发展大会海外高层次人才暨项目对接洽谈专场活动在郑州举行。省委副书记喻红秋出席启动仪式并致辞，为 8 个河南省杰出外籍科学家工作室、河南省高等学校学科创新引智基地授牌。

10 月 26 日，第九届中原（固始）根亲文化节在固始县根亲文化公园开幕。省政协副主席张亚忠、中国侨联副主席齐全胜等出席开幕式。从 2009 年举办第一届根亲文化节至今，固始县已连续举办 9 届根亲文化节。本届根亲文化节由中国侨联指导，河南省侨联主办，信阳市侨联和固始县政府承办，为期 3 天。

10 月 28 日，第三届晋冀鲁豫四省传统戏剧展演活动在安阳举行。此次展演活动由省文化和旅游厅、安阳市人民政府主办，主要邀请晋冀鲁豫四省交界处的国家级、省级非物质文化遗产传统戏剧类代表性项目参加，演出为期 9 天，来自四省的 10 个剧团将上演 17 个传统剧目。

Abstract

The year 2019 is the 70th anniversary of the founding of new China, the historical juncture when the timeframes of the two centenary goals converge, and the crucial year to build a moderately well-off society in all-around way and to write a more brilliant chapter of Central China in the new era. The cultural sector of Henan province has been continuously developing with great vitality. The five-level public cultural service system has been basically established. Art and literature are thriving. Culture and tourism are deeply integrated. The key cultural industries and the distinctively cultural industries have both boomed. Great progress has been made both in the conservation and utilization of the tangible cultural heritage and the living continuity of intangible cultural heritage. Boosted by provincial tourism, ecological tourism and internet-assisted tourism, the tourist industries have realized a steady transformation. Generally speaking, the "Henan, our hometown" as a perfect image has been made into a highlight in the cultural exchanges with foreign countries. In 2018, the turnover of culture and the relevant industries above the designated scale reached 361.72 billion yuan, with the growth rate higher than the GDP growth rate for 13 consecutive years. With 2.2 billion yuan of the box office, Henan film market remained the ninth largest in China. Comparing with the first 10 largest provinces in box office receipt, Henan ranked first in terms of year-on-year growth. Henan received a remarkable achievement, with inbound tourists reaching 3.2173 million of 4.69% year-on-year growth and 1.034 billion exchange of 5.01% growth.

In 2020, we will remain true to our original aspiration of building a strong cultural province and firmly keep our mission in mind, actively drive culture and tourism to develop in a comprehensive, multidimensional and integrated way and thus to promote Henan culture as soft power and their tourism influence. We will make our effort on such aspects as continuously promoting cultural supply-side structural reform, pushing out varied prices for high-qualified cultural products, working hard to create high-end cultural brands, enhancing the core competitiveness of cultural enterprises, building a standardized and orderly modern cultural market system, extending the integrated chain of culture and tourism in industries, and deeply cultivating cultural talents. We will strive to develop with a clear plan, inherit with a specific aim, innovate with a clear pathway, and transform with high efficiency. All in all, we will strengthen our cultural construction in a high quality to propel Zhongyuan much more prosperous.

Keywords: Cultural Tourism; Cultural Brands; Cultural Soft Power; Core Competition; High-quality Development

Contents

I General Report

Abstract: The year 2019 is the 70th anniversary of the founding of new China. Keeping to the goal of "writing a more brilliant chapter of Central China in the new era", Henan has developed with great vitality in both integrated development of cultural and tourism and cultural undertakings. Public cultural service activities are carried out in order, and people' sense of gain and happiness is becoming stronger and stronger. Literary and artistic creations are frequently coming out and the sound of awards for outstanding works incessantly lingers. Culture and tourism industries are developing towards deep integration with the industrial added value growing steadily. The ways of conservation and inheritance are emerging for intangible cultural heritage, of which the "intangible cultural heritage + scenic spots" are making the "past" come back to life. We have actively integrated into the construction of "One Belt and One Road", and the cultural brand of "Chinese Origin" represented by Chinese Kungfu has been known well abroad in the foreign exchange activities. Comparing with the achievements, there still exist problems such as the lack of high-quality cultural products, slow development of deep integration of culture and tourism, and weak ability to integrate scientific and technological innovation with cultural industry.

There still exists a big gap between meeting people's needs at home and expanding cultural influence abroad. With the coming of the year 2020, the cultural construction of Henan province will show the following trends: cultural undertakings will reach new heights, cultural tourism will transform and upgrade in deeper integration, cultural talents will move towards cities more remarkably, and diversified cultural needs will give rise to multicultural consumption patterns. To solve the common problems in the cultural construction of Henan province, we should focus on the following aspects: to promote supply-side structural reform of culture, to create more high-quality cultural brands of variety, to put more efforts to create a number of high-end cultural brands of innovation, to enhance the core competitiveness of cultural enterprises, to build a standardized and orderly modern cultural market system, to extend the integrated chain of cultural and tourism industry, to take different measures to improve the different kinds of business environment, and to make more efforts to develop cultural talent project. We should develop with clear targets, pass on our culture with firm faith, innovate our undertakings with clear paths, and transform with rich efficiency. Generally speaking, we will focus on the construction of high-quality development to make Zhongyuan, the central China, more prosperous.

Keywords: Cultural Tourism Integration; Cultural Brand; Core Competence; Business Environment; HighQuality Development

Ⅱ Topical Reports

Abstract: In 2019, guided by Xi Jinpin Thought on Socialism with Chinese Characteristics for a new era, the department of culture and tourism of Henan province earnestly implemented the decisions and arrangements made by central and provincial party committees, and actively impelled culture and tourism to develop in a comprehensive, multidimensional and integrated way: The cultural undertakings flourished, artistic creations brought new achievements, cultural industries were thriving, cultural heritage was successfully conserved, tourism industries were steadily transformed, great achievement was gained from publicities with "Henan, our hometown" as the representative, and the income from inbound tourism grew steadily. However, there still exist some problems in the process of integrating culture and tourism, in which an integrated development situation hasn't formed. In order to continuously promote Henan culture as soft power and its tourism influence, we need to further practice innovation in the following aspects: Scientifically steer the integrated orientation, broaden the integrated vision, determine the integrated pathway, promote integrated efficiency, and strengthen the integrated guarantee.

Keywords: Culture and Tourism; Integrated Development; Cultural Soft Power; Tourism Influence; Basic Thinking

Abstract: The year 2019 is the first year for Henan province to integrate culture and tourism. All regions of Henan province have gained certain achievements in the aspects of scenic plan, upgrading and restructuring the existing infrastructures and creating cultural brands of tourism, etc. However, in the meantime, there have still existed some problems, for example, we are too narrow in vision to realize the importance of integration, we are too superficial in integrating culture and tourism to make full use of our historical and cultural resources, our investment and financing channels are so limited that we have got only single marketing mode, and we lack high-quality talents, all of which have seriously restricted our cultural tourism to develop to a higher level. Faced with the above problems, this paper for one hand generalizes the actual situation, and the experience borrowed from other regions, for the other promotes suggestions on how to impel the development of our cultural tourism in a high quality.

Keywords: Cultural Tourism; Integrated Development; Advice and Suggestion; Henan Province

Abstract: Henan enjoys a long history, profound traditional culture and numerous intangible cultural heritage resources. For so many years, governments at all levels of Henan province have attached great importance to protecting, carrying forward and developing intangible cultural heritage, and have also gained remarkable achievements under the guidance of applying a combination of measures. However, standing under the background of the great impact made by the present society with information and globalization on intangible cultural heritage, how to seek out a scientific way which for one hand adapts the current society and for the other fits the law of intangible cultural heritage constitutes the difficult and key point in our current conservation of intangible cultural conservation.

Keywords: Intangible Cultural Heritage; Digitally Cultural Conservation of Henan Province; Conservation, Continuity and Development

Abstract: Since the 18th National Congress, Henan provincial committee and government have been earnestly and vigorously implementing the decisions and arrangements made by the CPC central committee and the state council on accelerating the development of cultural industries. In 2017, the added value of the cultural industry in Henan was 134. 1 billion yuan, up 10. 6% , ranking the eighth in the country and the first in central China for the first time. The number of enterprises above State-designated scale reached 3424, up 6. 7% , ranking the sixth in China and the first in central China. The cultural industry was developing rapidly and healthily. However, comparing with the developed provinces, there still existed some problems, such as lack of deeper understanding about policies, inadequate transformation of resources, inappropriate development structure, insufficient innovation ability, and lack of financial and intellectual support. The cultural industry did not develop high enough in quality as expected, the total volume was relatively small, and the proportion in GDP was lower than the national average, so that the cultural industry hasn' t formed into pillar yet. In future we should do a good job in top-level design to align national strategies. We should focus on cultivating market players, strengthening scientific and intellectual support, promoting the integration of culture and tourism, increasing funding support, and cultivating highly skilled personnel.

Keywords: Cultural Industries; High-quality Development; Pillar Industries

Abstract: After more than 20 years of development, Henan has made remarkable achievements in rural cultural tourism, while in the meantime, problems have been appearing. In the past two years, the Ministry of Culture and Tourism of the People's Republic of China and the Bureau of Culture and Tourism of Henan province have taken a series of measures of selecting the country's key rural tourism villages and rural tourism villages with distinctive culture. What have been done indicate that the whole country and the whole province have paid more attention to the construction of rural tourism. Henan has his own advantages in rural tourism. If we can improve our vision and push ahead, we believe that with the new development of society, economy and culture in the whole country and the whole province, and with the increasing demand for rural tourism, the undertaking of rural cultural tourism will sure to develop better and faster.

Keywords: Rural Cultural Tourism of Henan Province; The Year 2019; Achievement; Problems; Suggestion

Abstract: Enjoying historical and cultural resources, Henan has the advantage of building theme parks, while Zhengzhou, the capital city of Henan province, is the most advantageous in resources of location, transportation and population for theme parks. The theme parks in Henan have developed to a considerable extent under the background of the integration of culture and tourism, mainly characterized by the following: The theme parks built in Zhengzhou, Kaifeng and Luoyang show the agglomeration effect which has extended to the second or third-tier cities as Nanyang, Xuchang, etc. ; traditional municipal parks and theme parks tend to permeate each other. Even so, the theme parks in Henan have also met problems in their development, such as the unclear themes for theme parks and disorder in dimensional design, the discordance between the theme content and the utilization of traditional human historic resources, the lack of professionals in theme park management, having no innovation in management, and difficulties in sustainable development. In order to develop theme parks well, we need to strengthen top-level design, make a general development plan for theme parks in term of the whole province, create brands to meet people's need for a better life, and do research well on theme park industry with the help of the relevant professional talents.

Keywords: Henan Province; Theme Parks; Development Report

Abstract: As an important type of distinctive villages, cultural villages are of great significance in implementing the national new urbanization strategy. Henan is rich in cultural resources, prominent in geographical advantages, prompt in cultural tourism economy, and swift in traffic construction, all of which have brought Henan a lot of convenience in setting up distinctive villages. Henan cultural tourism resources are so abundant in category that many types of villages are scattered over the province, of which the main types are as follows: historical and cultural villages, sports leisure villages, folk villages, and ecological villages. The development of the distinctively cultural villages usually relies on the local cultural resources, government leading and social participation. However, problems are still prominent: there are not province special policies, the vision cannot keep up with the latest development, the function of distinctive industries are not strong enough to give play in support and leading, and supporting facilities lag behind, etc. . Suggestions are promoted as follows: widen our horizon, do a good top-level design, push out special policies, perfect the relevant laws and regulations, highlight the local distinctiveness, make pillar industries bigger and stronger, strengthen the construction of basic facilities, and increase our capability of management.

Keywords: Henan; Cultural Tourism; Distinctive Villages

Ⅲ Special Reports

Abstract: Making cultural products publicized is one of important contents in promoting the integrated development of culture and tourism, as well as one of effective measures to build cultural tourism brands and cultivate high-quality cultural tourism routes. Basing on a large number of statistic data, the report analyzes in detail the product supply, market demand and tourist source structure in Henan province in recent three years, and points out that the cultural tourism brand of "Henan, our hometown" has been widely accepted in emotion by professionals and tourists at home and abroad. However, some problems are still prominent, for example, the innovative products are not sufficient in supply, the product factors do not match each other in product chain, and the marketing strategy is not precise enough, etc.. We should vigorously implement the following projects such as new product promotion, festival promotion, tourism route optimization, and brand remolding of "the Origin of China-Henan, Our Hometown". We should try to promote the status of "the Origin of China" of Henan into the world market, strengthen the influence of "Henan, Our Hometown" in domestic market, and promote the brand as soon as possible onto a higher and wider platform so as to build a development layout of all-dimension, multilevel, wide-ranging and intellectualization as early as possible. All of our purpose is to make full use of cultural brands as core competition in cultural industries.

Keywords: Publicity; Henan, Our Hometown; Cultural Brands

Abstract: Zhongyuan, the central plain of China, is the origin of Chinese civilization and the birthplace of Chinese nationalities. We have rich resources of history and culture to mold the brand of "the Origin of China-Henan, Our Hometown". Molding such a brand equals seizing the characteristics of Zhongyuan culture. After having cultivated the brand of "the Origin of China-Henan, Our Hometown" for many years, the brand has now basically showed its brand effect of complete category, wide distribution, good popularity, broad influence, low industrialization and deep development potential, etc.. While such problems as not very high cognition, competition and satisfaction are still waiting for us to pay much more attention to solve. We should focus ourselves on the aspects of top-level design, symbol refining, project cultivating, brand innovation and creation, high platform building, brand publicity and hardware and software construction.

Keywords: "The Origin of China · Henan, Our Hometown"; The Image of Tourism; Brand Cultivation

B. 11 Reach on Building a Cultural-Ethical New Countryside under the Background of Rural Revitalization Strategy

Research Group of the Academy of Social Sciences of Henan Province / 169

Abstract: The socialism with Chinese characteristics has entered a new era. To strengthen rural cultural-ethical construction and improve peasants' cultural and ethical level are the important contents in carrying out rural revitalization strategy, the strategic mission of building a moderately prosperous society in all respects and building a great modern socialist country, and the inevitable requirement to promote well-rounded human development and all-round social progress. In the process of carrying out the rural revitalization strategy, the CPC central committee with comrade Xi Jinping at its core attaches great importance to building cultural and ethical civilization in rural areas, seeking for the cultural sources and keeping a firm standing on our cultural basis to forge our socialist value. As a series of powerful measures were put out, the internal drive has been motivated, a firm foundation has been put for organization, economic support is getting stronger and stronger, environmental protection is gradually improving, the civilized customs are becoming better and better, and social etiquette and civility are steadily enhanced. But it is in the remarkable achievements that there still exists weak spot that the two civilizations are developing neither in a balance nor in coordination. In the process of building cultural-ethical countryside in the new era, we will deeply grasp the essence, the main task and the whole requirement. A more brilliant chapter for Zhongyuan prosperity in the new era is based on the concrete actions which are: strengthen the construction of basic organization, guard our ideological front, carry out ideological and ethical education, rejuvenate countryside culture, consolidate the achievements of targeted poverty alleviation, launch initiatives to raise the public's cultural-ethical standards, and heighten people's sense of talents for countryside rejuvenation.

Keywords: Rural Rejuvenation Strategy; Rural Cultural-ethnical Construction in the New Era; Implement Approach

Abstract: In recent years, Henan province has respectively set up four funds concerning cultural industry which are Henan Cultural Industry Development Fund, DengYaping Sport Industrial Investment Fund, Henan Zhongyuan Cultural Stock Equity Investment Fund and Henan Development and Guiding Fund for Highly Grown Services. In addition, Henan has performed a series of explorations in the pilot reform of provincial-level financial funds concerning enterprises. But because of the relatively late investment by the government on cultural industry, there still exist some places need to be further perfected, which mainly reflect in the following aspects: the mechanism of benefiting enterprises more is not as clear as expected, the enthusiasm of social capital attendance is not high enough, the selection of companies in fund management meets limitations, lack effective incentive and restraint mechanism, and regional development is unbalanced. All of the above imperfects, to some extent, have restricted the rapid development of cultural industry in our province. We should learn from the practice and experience both from the central government and the advanced provinces such Shaanxi, Hunan and Guangdong, combining the reality of Henan, set up the Integrated Development Fund in an integrated way as soon as possible to guide and drive Henan cultural industry towards high-quality development.

Keywords: Integrated Cultural Tourism Development Fund; Fund Reform; Management Mechanism; Platform for Investment and Financing

B. 13 Research on Practice and Effect of Cultural Relic Exhibition Abroad

Zhang Yuxia / 192

Abstract: Henan has made remarkable achievement in cultural relic exhibition abroad in more than 30 countries over five continents with over 140 cultural themes. More and more cultural relics have exhibited abroad shows the vigorous momentum. Nevertheless, there appear some lacks, for example, some competitive projects are not fine enough and the cultural brands are not created enough. As the vivid carrier of Chinese stories and Zhongyuan stories, Henan cultural relic exhibition has become an effective "name card" and a cultural ambassador and it has made a great contribution to the cultural activities of introducing Henan outside. Building on past successes to further advance our cause, Henan cultural relic exhibition abroad must be able to use wider international vision to publicize and carry forward Zhongyuan culture and Chinese civilization in a much wider environment, more than that, it will make new contributions for Henan to head for much wider international stage in the construction of the Belt and Road.

Keywords: Cultural Relic; Exhibition Abroad; Cultural Exchanges; the Belt and Road Initiative

B. 14 Analysis of Development Trend of Henan Novels in 2019

Guo Hairong / 207

Abstract: In 2019, as the cultural construction advanced continuously, the novel creation of Henan continues to develop vigorously and steadily, creating a number of excellent works. Literary activities have been carried out with vigor and vitality, among which, winning MaoDun Literature Prize became the highlight and it also made Henan the province that won the most Mao awards. Even so, as far as the whole novel creation of Henan is concerned, the number of works does not match the great team of Henan literature creation professionals, so does the works and times development. Therefore, we should strengthen the construction of writers and literature critics, thus can we promote Henan novels to develop with continuous prosperity.

Keywords: Henan; Novel Creation; Talent Construction

Abstract: During the whole year of 2019, what new development does Henan have in poems and proses? On one hand, relying on Henan Poetry Society as the core, many new poems have been published continually, poetry sessions, poetry reciting and poetry seminars have been appearing one by one, and more than that, there have been some people who have won national prizes; on the other, relying on Henan Prose Society and Henan Prose and Poetry Society, many activities and prose affairs such as publishing the relevant works, prose reciting and the relevant literature competitions, etc. were also held. Keeping close to the pulse of the times and following the development law of the literature style itself, the poetry and prose of Henan, on the most extensive folk basis, are containing infinite vigor and vitality. Generally speaking, comparing with the year of 2018, Henan literature, appeared much quieter. However, literature creation and its birth is a relatively long cyclical process, therefore, the period of quietness might be the accumulation of materials preparing for the next breaking out.

Keywords: Henan; Poem; Prose

B. 16　Investigation Report on Quyi of Henan Province in 2019

Lu Zhanying / 230

Abstract: Quyi is the general name of all kinds of "rap art" of Chinese nation. In recent years, the creation of excellent Quyi plays and the nurture of Quyi talents have been greatly supported and boosted in Henan province, thanks to the various funds established constantly, such as the National Art Fund, the Provincial Art Fund, the Special Fund for Provincial Cultural Transmission and Development, the Special Fund for Government-Purchasing Cultural Services and Guiding Fund for Highly Grown Services, etc. . In view of the lack of Quyi talents, the shrinking of consumer market and the conservativeness in creation, measures of reform and innovation can be adopted to drive Quyi, such as improving the performance level, stepping up government purchases, and letting Quyi enter campuses. As Quyi is spreading, more and more audience may feel the charm of Quyi, especially young audience will better accept and be indulged into it.

Keywords: Henan Quyi; Quyi Talents; Reform and Innovation; Consumer Market

Ⅳ　Regional Reports

B. 17　Investigation Report on Deep Integration of Culture and Tourism in Zhengzhou City

Xi Ge / 241

Abstract: To deeply integrate culture with tourism constitutes very important content for Zhengzhou city in stepping up efforts to build the national center city. In recent years, depending on the abundant cultural resources and perfect tourism industrial trains, a great achievement has been gained in the integration of culture and tourism. However, against the richness of the cultural resources that can be exploited, the width and the room that can be promoted and the better life that people pursuit through cultural tourism, Zhengzhou still has to make efforts to create a real sense of products with cultural tourism integration. On this basis, Zhengzhou city must clench closely the chance of building national center city, give full play to cultural creativity, make full use of science and cultural policies, and make the mutual utilization of culture and tourism transform into a real travel of cultural experiences, cultural visiting and cultural quality feeling.

Keywords: Zhengzhou City; Culture; Travel; Integration

Abstract: In 2019, Kaifeng city made remarkable achievement in high quality development on the basis of sustainable development. In terms of quantity, in the first half of this year, the city received 39, 596, 000 tourist visits, up 18. 9% of year-on-year growth, with tourism revenue totaled 33. 65 billion yuan, up 21. 3% year-on-year growth. In terms of quality, cultural quality has been improved and " integration " has shown remarkable results. The diversified integration reflected in the factors, industrial trains and performance has become clearer. In order to further promote Kaifeng's cultural tourism industries to develop in a high quality, we should take systematic theories to explore a path of "culture +tourism", make clear of the characteristics of government, enterprises, scholars and clients in the action of "culture +tourism", establish the scientific operating mechanism, and forge a big pattern of "culture + tourism" which will take continual creation and innovation as the impetus, take industrial system characterized by brand agglomeration as the main part, take strong market consumption system as the guide and first class government service system as the guarantee.

Keywords: Kaifeng; Cultural Tourism Industries; High Quality

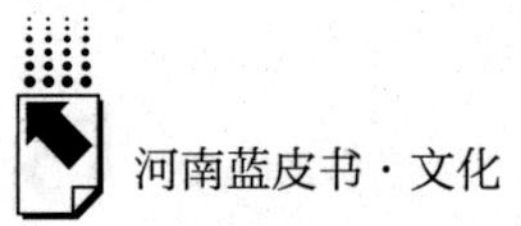

B. 19 Practice and Research on Forging a Cultural City of Tourism in Luoyang City

Lu Bing / 265

Abstract: Luoyang city is located in the west of Henan province. With rich natural scenery and cultural resources, Luoyang enjoys unique cultural tourism advantages. In building cultural tourism city, Luoyang focuses on the construction of infrastructure, ecological system and public service level. Taking traditional festivals as key links to coordinate others, many aspects such as the whole regional travel, the strength to benefit people, and cultivating consumption increasing have received good reward. Some problems at the same time still exist, for example, cultural resources have not been developed, industrial chains are not perfect enough, and cultural innovated industries have not developed well. Efforts should be made to increase the utilization of resources, extend cultural tourism industrial chains, grasp scientific opportunities, make good use of new technology and new media to bring new growth points for the development of cultural tourism, and push Luoyang to step onto the new stage of cultural tourism industries.

Keywords: Luoyang City; Integration of Culture and Tourism; New Growth Driver

B. 20 Investigation Report on Integration of Culture and Tourism of Anyang City

Xi Ge / 275

Abstract: Anyang city has owned traditional cultural resources characterized by distinctive culture such as Yin Ruins, Oracle bone inscriptions and the Book of Changes, etc. . In making full use of the cultural resources, Anyang is committed to creating cultural tourism routes with characteristics and making products of cultural tourism. Seizing the opportunity that the research and study tourism are greatly welcome, it explored a new rout suitable to Anyang's cultural tourism. It is on this basis that Anyang promoted its developing target to "forging a hundred-billion-yuan leading industry of cultural tourism". Nowadays, Anyang city needs to take effective measures of optimizing the tourism chains, strengthening the studying tourism, increasing the number of visitors and developing new cultural products.

Keywords: Anyang City; Cultural Tourism; Integrated Development

Abstract: Mangchuan, a little town located in Ruzhou city, is featured with Ru porcelain. Being one of the national towns with distinctive characteristics, Mangchuan completely integrates the porcelain producing, culture and tourism together with Ru porcelain industry as its leading industry. Under the background of revitalizing rural industries, the town is highly representative. It is rich with integrated development resources and has obvious advantages. In pushing hand-in-hand joint of culture and tourism, the little town sensitively saw the complementary relationship between cultural industry and modern agriculture. Handicraft practitioners and agricultural and animal husbandry practitioners were combined organically, adding flavor to tourism industries and widely mobilizing the enthusiasm of the people's participation. The porcelain town takes Ru porcelain as its leading industry, the historical relics as its carrier. It enriches the connotation of its tourism with sightseeing agriculture, and promotes cultural development through tourism. In that way, the cultural resources with a long history and the colorful advantages of tourism resources can both be transformed into industrial advantages, which in turn really promote culture to integrate with tourism and thus service economic and social development.

Keywords: Ru Porcelain Town; the Integration of Culture and Tourism; Three-industry Integration; Innovation Mode

皮 书

智库报告的主要形式
同一主题智库报告的聚合

❖ 皮书定义 ❖

皮书是对中国与世界发展状况和热点问题进行年度监测，以专业的角度、专家的视野和实证研究方法，针对某一领域或区域现状与发展态势展开分析和预测，具备前沿性、原创性、实证性、连续性、时效性等特点的公开出版物，由一系列权威研究报告组成。

❖ 皮书作者 ❖

皮书系列报告作者以国内外一流研究机构、知名高校等重点智库的研究人员为主，多为相关领域一流专家学者，他们的观点代表了当下学界对中国与世界的现实和未来最高水平的解读与分析。截至 2020 年，皮书研创机构有近千家，报告作者累计超过 7 万人。

❖ 皮书荣誉 ❖

皮书系列已成为社会科学文献出版社的著名图书品牌和中国社会科学院的知名学术品牌。2016 年皮书系列正式列入“十三五”国家重点出版规划项目；2013~2020 年，重点皮书列入中国社会科学院承担的国家哲学社会科学创新工程项目。

中国皮书网

（网址：www.pishu.cn）

发布皮书研创资讯，传播皮书精彩内容

引领皮书出版潮流，打造皮书服务平台

栏目设置

◆ **关于皮书**

何谓皮书、皮书分类、皮书大事记、

皮书荣誉、皮书出版第一人、皮书编辑部

◆ **最新资讯**

通知公告、新闻动态、媒体聚焦、

网站专题、视频直播、下载专区

◆ **皮书研创**

皮书规范、皮书选题、皮书出版、

皮书研究、研创团队

◆ **皮书评奖评价**

指标体系、皮书评价、皮书评奖

◆ **互动专区**

皮书说、社科数托邦、皮书微博、留言板

所获荣誉

◆ 2008 年、2011 年、2014 年，中国皮书网均在全国新闻出版业网站荣誉评选中获得“最具商业价值网站”称号；

◆ 2012 年,获得“出版业网站百强”称号。

网库合一

2014年，中国皮书网与皮书数据库端口合一，实现资源共享。

基本子库 SUB DATABASE

中国社会发展数据库（下设 12 个子库）

整合国内外中国社会发展研究成果，汇聚独家统计数据、深度分析报告，涉及社会、人口、政治、教育、法律等 12 个领域，为了解中国社会发展动态、跟踪社会核心热点、分析社会发展趋势提供一站式资源搜索和数据服务。

中国经济发展数据库（下设 12 个子库）

围绕国内外中国经济发展主题研究报告、学术资讯、基础数据等资料构建，内容涵盖宏观经济、农业经济、工业经济、产业经济等 12 个重点经济领域，为实时掌控经济运行态势、把握经济发展规律、洞察经济形势、进行经济决策提供参考和依据。

中国行业发展数据库（下设 17 个子库）

以中国国民经济行业分类为依据，覆盖金融业、旅游、医疗卫生、交通运输、能源矿产等 100 多个行业，跟踪分析国民经济相关行业市场运行状况和政策导向，汇集行业发展前沿资讯，为投资、从业及各种经济决策提供理论基础和实践指导。

中国区域发展数据库（下设 6 个子库）

对中国特定区域内的经济、社会、文化等领域现状与发展情况进行深度分析和预测，研究层级至县及县以下行政区，涉及地区、区域经济体、城市、农村等不同维度，为地方经济社会宏观态势研究、发展经验研究、案例分析提供数据服务。

中国文化传媒数据库（下设 18 个子库）

汇聚文化传媒领域专家观点、热点资讯，梳理国内外中国文化发展相关学术研究成果、一手统计数据，涵盖文化产业、新闻传播、电影娱乐、文学艺术、群众文化等 18 个重点研究领域。为文化传媒研究提供相关数据、研究报告和综合分析服务。

世界经济与国际关系数据库（下设 6 个子库）

立足“皮书系列”世界经济、国际关系相关学术资源，整合世界经济、国际政治、世界文化与科技、全球性问题、国际组织与国际法、区域研究 6 大领域研究成果，为世界经济与国际关系研究提供全方位数据分析，为决策和形势研判提供参考。

法律声明